Aufklärung und Historische Semantik

ZEITSCHRIFT FÜR HISTORISCHE FORSCHUNG

Vierteljahresschrift zur Erforschung des Spätmittelalters u. der frühen Neuzeit

Herausgegeben von

Johannes Kunisch, Klaus Luig, Peter Moraw
Heinz Schilling, Bernd Schneidmüller,
Barbara Stollberg-Rilinger

Beiheft 21

Aufklärung und Historische Semantik

Interdisziplinäre Beiträge zur westeuropäischen Kulturgeschichte

Herausgegeben von

Rolf Reichardt

Vincit Veritas D&H

Duncker & Humblot · Berlin

Die Deutsche Bibliothek – CIP-Einheitsaufnahme

Zeitschrift für Historische Forschung / Beiheft]
Zeitschrift für Historische Forschung : Vierteljahresschrift zur Erforschung des Spätmittelalters und der frühen Neuzeit. Beiheft. – Berlin : Duncker und Humblot.
Früher Schriftenreihe
Reihe Beiheft zu: Zeitschrift für Historische Forschung
ISSN 0931-5268

21. Aufklärung und Historische Semantik. – 1998

Aufklärung und Historische Semantik : interdisziplinäre Beiträge zur westeuropäischen Kulturgeschichte / hrsg. von Rolf Reichardt. – Berlin : Duncker und Humblot, 1998
(Zeitschrift für historische Forschung : Beiheft ; 21)
ISBN 3-428-09376-3

Fremddatenübernahme: Klaus-Dieter Voigt, Berlin
Druck: Berliner Buchdruckerei Union GmH, Berlin
Printed in Germany

ISSN 0931-5268
ISBN 3-428-09376-3

Gedruckt auf alterungsbeständigem (säurefreiem) Papier
entsprechend ISO 9706 ♾

Inhaltsverzeichnis

Historische Semantik zwischen *lexicométrie* und *New Cultural History*

Einführende Bemerkungen zur Standortbestimmung*

Von Rolf Reichardt, Mainz

I. Die „sprachliche Wende“ und kein Ende

Daß man über die Erklärung von Wortinhalten, über die Bedeutungsgeschichte von Wörtern ganz besonders unmittelbar und konzentriert die Kultur, den „Geist“, das Selbstverständnis einer Epoche aufschlüsseln könne, ist offenbar eine Grundüberzeugung, die trotz wissenschaftlicher Skepsis hartnäckig fortlebt und sich nicht zuletzt bei Herausgebern und Verlegern von Lexika ungebrochener Beliebtheit erfreut. Bestand einer der publikumswirksamsten historiographischen Beiträge zu den Zweihundertjahrfeiern der Französischen Revolution in einem *Kritischen Lexikon,* dessen Kernstück Essays über zwei Dutzend Konzepte von *Aristocratie* bis *Révolution* bildeten[1], und konnte Ende 1992 die Vollendung des großen Unternehmens der *Geschichtlichen Grundbegriffe* gefeiert werden[2], so haben sich die Historiker-Lexikographen nun auf das Zeitalter der Aufklärung verlegt. Deutsche, italienische und französische Herausgeber veranstalten derzeit geradezu einen Wettlauf um das beste Lexikon zur europäischen Aufklärung[3].

---

* Ich danke Fritz Hermanns und Peter Schöttler für wertvolle Hinweise und Axel Hof für die kritische Voraus-Lektüre der folgenden Bemerkungen, die sich im Rahmen des vorliegenden Bandes stärker auf einen berichtenden Überblick beschränken müssen, als es aus der Sicht Forschung wünschenswert wäre.

1 Dictionnaire critique de la Révolution française, hrsg. v. François Furet u. Mona Ozouf, Paris 1988; deutsche Ausgabe: Kritisches Wörterbuch der Französischen Revolution, 2 Bde., Frankfurt/M. 1996.

2 Geschichtliche Grundbegriffe. Historisches Lexikon der politisch-sozialen Sprache in Deutschland, hrsg. v. Otto Brunner, Werner Conze u. Reinhart Koselleck, Bd. 1 - 8, Stuttgart 1972 - 93. Dazu das Heft: The Meaning of Historical Terms and Concepts. New Studies on „Begriffsgeschichte“, hrsg. v. Hartmut Lehmann und Melvin Richter (German Historical Institute Washington, D.C., Occasional Paper 15), Washington 1996.

3 Lexikon der Aufklärung. Deutschland und Europa, hrsg. v. Werner Schneiders, München 1995; Dizionario critico dell'Illuminismo, hrsg. v. Vincenzo Ferrone u. Daniel Roche, Rom 1997; Dictionnaire européen des Lumières, hrsg. v. Michel Delon u. Jochen Schlobach, Paris 1997. Die beiden letztgenannten Werke sollen, wie man hört, auch auf englisch bzw. auf deutsch erscheinen.

Wie wenig sich die meisten dieser Projekte auch um ihre theoretische Absicherung kümmern mögen, ihre aufsteigende Konjunktur kommt nicht von ungefähr. Sie hängt zusammen mit einem internationalen Trend, den man im Anschluß an eine Fachdiskussion der Philosophen[4] den „linguistic turn" der Historiographie genannt hat[5] – eine „sprachliche Wende", wie sie insbesondere Sammelrezensionen von Neuerscheinungen zur europäischen Geistesgeschichte der Frühen Neuzeit wiederholt beobachtet haben[6]. Ausgehend von der versprachlichten Form der Überlieferung verstünden immer mehr neue Quellenstudien die geschichtliche Wirklichkeit als „Text", als sprachliches Konstrukt, das keine scharfe Trennung mehr erlaube zwischen Ereignis und Fiktion. Die Konzepte „Bedeutung" und „Erfahrung" als neue Kategorien historischer Wirklichkeitsbeschreibung überholten die gewohnte Gegenüberstellung von Idee und Realität, Theorie und Praxis. Mit Recht lege diese Erforschung untereinander verknüpfter „Bedeutungswelten", die wir „Kultur" nennen, besonderes Gewicht auf sprachliche Phänomene, denn die Sprache sei nicht nur das wichtigste Medium, sondern auch ein Hauptfaktor sowohl der Verarbeitung von Erfahrung wie der Konstruktion geschichtlicher „Wirklichkeit".

In einem weiteren Sinne reicht die „sprachliche Wende" bis in die anthropologisch orientierte „New Cultural History" hinein[7]. Im Anschluß an das Konzept der symbolischen Ethnologie von Clifford Geertz bringt

---

4 *Martin Jay,* Braucht die Geistesgeschichte eine sprachliche Wende? Überlegungen zur Habermas-Gadamer-Debatte (1982), in: Geschichte denken. Neubestimmungen und Perspektiven moderner europäischer Geistesgeschichte, hrsg. v. Dominick LaCapra u. Steven L. Kaplan, aus dem Amerikan. v. Hans Günther Holl, Frankfurt/M. 1988, 87 - 114. – Siehe auch: The Linguistic Turn. Essays in Philosophical Methods, hrsg. v. Richard M. Rorty, Chicago 1992; sowie *Siv Bublitz,* Der „linguistic turn" der Philosophie als Paradigma der Sprachwissenschaft. Untersuchungen zur Bedeutungstheorie der linguistischen Pragmatik, (Internationale Hochschulschriften 116), Münster 1984.

5 Aktuelle und problemorientierte Überblicke geben vor allem *Ernst Hanisch,* Die linguistische Wende: Geschichtswissenschaft und Literatur, in: Kulturgeschichte heute, hrsg. v. Wolfgang Hardtwig u. Hans-Ulrich Wehler (Geschichte und Gesellschaft, Sonderh. 16), Göttingen 1996, 212 - 230; und *Peter Schöttler,* Wer hat Angst vor dem „linguistic turn"? in: Geschichte und Gesellschaft 23 (1997), 134 - 151. Siehe auch *Geoff Eley,* De l'histoire sociale au „tournant linguistique" dans l'historiographie anglo-américaine des années 1980, in: Genèses n° 7 (März 1992), 163 - 193. – Spezieller zu den geisteshistorischen Positionen von Dominick LaCapra vgl. *Anthony Pagden,* Rethinking the Linguistic Turn: Current Anxieties in Intellectual History, in: Journal of the History of Ideas 49 (1988), 519 - 529. – Eine eher abwehrende Darstellung mit der Autorität des „Insiders" gibt *Georg G. Iggers,* Zur „Linguistischen Wende" im Geschichtsdenken und in der Geschichtsschreibung, in: Geschichte und Gesellschaft 21 (1995), 557 - 570, bes. 557 - 60 u. 569.

6 *John E. Toews,* Intellectual History after the Linguistic Turn: The Autonomy of Meaning and the Irreducibility of Experience, in: American Historical Review 92 (1987), 879 - 906; *Dorinda Outram,* „Mere Words": Enlightenment, Revolution, and Damage Control, in: Journal of Modern History 63 (1991), 327 - 340.

dieser Ansatz eine „neue, bedeutungsorientierte sozialwissenschaftliche Verwendungsweise des Kulturbegriffs" in die Sozialhistorie ein, indem er Kultur als ein textartiges Gewebe von Bedeutungen und symbolischen Sinnwelten, soziales Handeln als einen Zusammenhang symbolischer Prozesse versteht – entsprechend seinem Grundsatz, „Welt- und Gesellschaftsdeutungen in ihrer Relevanz für soziales Handeln und Verhalten, für gesellschaftliche Kontinuitäten und Diskontinuitäten ebenso ernst zu nehmen wie sozioökonomische oder andere Strukturen[8]." Es mag hier genügen, an die anthropologischen Fallstudien von Robert Darnton[9] sowie an die buch- und lesergeschichtlichen Arbeiten von Roger Chartier[10] zu erinnern, um anzudeuten, welch großen internationalen Erfolg heute eine Kulturgeschichtsschreibung erreichen kann, die sich wirkungsvoll benachbarte linguistische und ethnologische Konzepte zueigen macht.

---

7 Vgl. u.a. The New Cultural History, hrsg. v. Lynn Hunt, Berkeley 1989; Interpretation and Cultural History, hrsg. v. Joan H. Pittock u. Andrew Wear, New York 1991. Zu beidem die Rezension von *Laurie Nussdorfer,* in: History and Theory 32 (1993), 74 - 83.

8 *Ute Daniel,* „Kultur" und „Gesellschaft". Überlegungen zum Gegenstandsbereich der Sozialgeschichte, in: Geschichte und Gesellschaft 19 (1993), 69 - 99, hier 72 u. 93. Siehe auch *Thomas Mergel,* Kulturgeschichte – die neue „große Erzählung"? in: Kulturgeschichte heute, hrsg. v. Wolfgang Hardtwig u. Hans-Ulrich Wehler (Geschichte und Gesellschaft, Sonderh. 16), Göttingen 1996, 41 - 77, bes. 59 - 76. – Richard van Dülmen hebt hervor, daß die neue Kulturgeschichte sich auch „auf die soziale Praxis, Wahrnehmungsweise, Gefühlswelt, die Subjektivität der Menschen" richte, ohne daß er die Semantik als entsprechendes Verfahren erwähnt: *Richard van Dülmen,* Historische Kulturforschung zur Frühen Neuzeit: Entwicklung – Probleme – Aufgaben, in: Geschichte und Gesellschaft 21 (1995), 403 - 429, hier 421.

9 Vgl. *Robert Darnton,* Das große Katzenmassaker (1984), aus dem Amerik. v. Jörg Trobitius, München 1989; und die von ihm ausgelöste Kontroverse: bekräftigend *Roger Chartier,* Text, Symbols, and Frenchness, in: Journal of Modern History 57 (1985), 682 - 695; sowie *Pierre Bourdieu, Roger Chartier* u. *Robert Darnton,* Dialogue à propos de l'histoire culturelle, in: Actes de La Recherche en Sciences Sociales 59 (1985), 86 - 93; dagegen *Dominick LaCapra,* Chartier, Darnton, and the Great Symbol Massacre, in: Journal of Modern History 58 (1986), 95 - 112; und als Replik *Robert Darnton,* The Symbolic Element in History, in: ebenda, 218 - 234.

10 Genannt seien hier „nur" die neueren theoretisch-programmatischen Veröffentlichungen von *Roger Chartier:* Geistesgeschichte oder „histoire des mentalités"? (engl. 1982), in: Geschichte denken. Neubestimmungen und Perspektiven moderner europäischer Geistesgeschichte, hrsg. v. Dominick LaCapra u. Steven L. Kaplan, aus dem Amerikan. v. Hans Günther Holl, Frankfurt/M. 1988, 11 - 44; Die unvollendete Vergangenheit. Geschichte und die Macht der Weltauslegung, Berlin 1989, 7 - 20 das Kap.: „Kulturgeschichte zwischen Repräsentationen und Praktiken"; Die Welt als Repräsentation (frz. 1989), in: Alles Gewordene hat Geschichte. Die Schule der „Annales" in ihren Texten 1929 - 1992, hrsg. v. Matthias Middel u. Steffen Sammler, (Reclam Bibliothek 1479), Leipzig 1994, 320 - 347; Zeit der Zweifel. Zum Verständnis der gegenwärtigen Geschichtsschreibung, in: Geschichte schreiben in der Postmoderne. Beiträge zur aktuellen Diskussion, hrsg. v. Christoph Conrad u. Martina Kessel, Stuttgart 1994, 83 - 97; L'Histoire culturelle entre „Linguistic Turn" et Retour au Sujet, in: Wege einer neuen Kulturgeschichte, hrsg. v. Hartmut Lehmann, Göttingen 1995, 29 - 58.

Zusammengenommen laufen diese allgemeinen Trends auf ein historiographisches Paradigma hinaus, das die Erforschung von „Bedeutung" im weiten, linguistisch-semiotischen Verständnis zu einem zentralen Anliegen erklärt, mit diesem methodischen Eklektizismus allerdings der Kritik eine offene Flanke bietet. Auch semantisch ausgerichtete historische Arbeiten selbst, so scheint es dem „teilnehmenden Beobachter", verraten gelegentlich eine gewisse Unsicherheit darüber, was nach der „Abschaffung" des Autors eigentlich das Subjekt des Textes bzw. des Diskurses sei, was die historische Semantik überhaupt zu leisten vermöge und wie sie betrieben werden sollte, um die erhöhten sozial- und kulturgeschichtlichen Erwartungen, die in sie gesetzt werden, nicht zu enttäuschen.

II. Begriffsgeschichte, Conceptual History oder Diskursanalyse?

Ohne hier einen allseitigen Überblick über die vielfältigen Arbeitsrichtungen der historischen Semantik geben zu wollen[11], beschränken sich die folgenden Beobachtungen auf drei tonangebende „Schulen", bei denen Probleme der Theoriebildung, der Methodik und der internationalen Kooperation besonders deutlich hervortreten.

1. Wie sie in der Bundesrepublik hauptsächlich betrieben wird und anerkannt ist, firmiert die historische Semantik in erster Linie als „Begriffsgeschichte". Der methodische Ansatz und die Verdienste ihres monumentalen Hauptwerks[12] *Geschichtliche Grundbegriffe,* das in dem ehrgeizigen Projekt eines *Historischen Wörterbuchs ästhetischer Grundbegriffe* als Modell fortwirkt[13], sind so nachdrücklich gewürdigt

---

11 Die folgenden Bemerkungen schließen an an *Rolf Reichardt,* Einleitung, in: Handbuch politisch-sozialer Grundbegriffe in Frankreich 1680 - 1820, hrsg. v. Rolf Reichardt u. Eberhard Schmitt, (Ancien Régime, Aufklärung und Revolution 10), Heft 1/2, München 1985, 39 - 148, hier 60 - 85; die dort zitierte Literatur wird im folgenden nicht noch einmal besprochen. – Weitere und neuere Ansätze werden besonders kenntnisreich und eindringlich diskutiert von *Peter Schöttler,* Sozialgeschichtliches Paradigma und historische Diskursanalyse, in: Diskurstheorien und Literaturwissenschaft, hrsg. v. Jürgen Fohrmann u. Harro Müller, Frankfurt/M. 1988, 159 - 199; *ders.,* Mentalitäten, Ideologien, Diskurse. Zur sozialgeschichtlichen Thematisierung der „dritten Ebene", in: Alltagsgeschichte. Zur Rekonstruktion historischer Erfahrungen und Lebensweisen, hrsg. v. Alf Lüdtke, Frankfurt/M. 1989, 85 - 136

12 Die ältere philosophiegeschichtliche Forschungstradition ist dadurch allerdings nicht gebrochen worden. Vgl. Historisches Wörterbuch der Philosophie, hrsg. v. Joachim Ritter u. Karlfried Gründer, Bd. 1 ff., Basel/Stuttgart 1971 ff.

13 *Karlheinz Barck, Martin Fontius* u. *Wolfgang Thierse,* Ästhetik, Geschichte der Künste, Begriffsgeschichte. Zur Konzeption eines „Historischen Wörterbuchs ästhetischer Grundbegriffe", in: Ästhetische Grundbegriffe. Studien zu einem historischen Wörterbuch, hrsg. v. denselben, Berlin 1990, 11 - 48; siehe auch dieselben, Historisches Wörterbuch ästhetischer Grundbegriffe, in: Archiv für Begriffsgeschichte 32 (1989), 7 - 33.

worden[14], daß sich eine weitere Präsentation erübrigt. Nicht so allgemein bekannt dürfte die konstruktive Kritik dieser „Schule“ sein[15], welcher der Germanist und Linguist Dietrich Busse ein ganzes Buch gewidmet hat[16]. Busse stellt zunächst fest, daß der klassischen Begriffsgeschichte die theoretischen Grundlagen weitgehend fehlten. Ohne ein schlüssiges Konzept über das Verhältnis von Begriff und Bedeutung zu besitzen, ohne theoretisch begründete Kriterien für die Bestimmung und Auswahl von „Grundbegriffen“, für die Bestimmung der Sprachnorm, für die Vernachlässigung von Alltagstexten anzugeben, betreibe sie im Grunde weiter altgewohnte Ideengeschichte. Ohne deutlich zwischen Sach- und Begriffsgeschichte zu unterscheiden, ohne das Bedeutungskontinuum der Sprache zu berücksichtigen, ohne sich darüber im klaren zu sein, wie Wortbedeutung überhaupt konstituiert werde, isoliere sie vorschnell einzelne Wörter zu abstrakten Begriffs-Entitäten und schreibe ihnen eine Eigenkraft und Autonomie zu, die der vergangenen sprachlichen Wirklichkeit kaum entspreche.

Doch von dieser grundsätzlichen Kritik gelangt Busse dann zu einer konstruktiven Theorie, die er aus den sprachphilosophischen Schriften von Ludwig Wittgenstein, Herbert Paul Grice und Hans Hörmann entwickelt. Danach ist Sprache als Instrument und als Institution menschlicher Verständigung und gesellschaftlicher Weltdeutung kein homogenes System, sondern eine dialogische Handlungsform. Sie funktioniert zunächst unbegrifflich in vielfältigen und veränderlichen konkreten Wortverwendungen im Rahmen kommunikativer Handlungen, aus denen sich erst im erfahrungsgesättigten, reflexiven Nachvollzug vorherrschende, doch kaum sehr konsistente Bedeutungen hervorheben. Der kommunikative Akt besteht nicht allein in der sprachlichen Äußerung des „Sprechers“, sondern auch sowohl in dessen Absicht, verstanden zu

---

14 Zu nennen sind hier vor allem zahlreiche Veröffentlichungen des New Yorker Politologen *Melvin Richter:* Conceptual History (Begriffsgeschichte) and Political Theory, in: Political Theory 14 (1986), 604 - 637; Begriffsgeschichte and History of Ideas, in: Journal of the History of Ideas 48 (1987), 247 - 263; Begriffsgeschichte in Theory and Practice: Reconstructing the History of Political Concepts and Language, in: Main Trends in Cultural History, hrsg v. Willem Melching u. Wyger Velema, Amsterdam/Atlanta 1994, 121 - 149; The History of Political and Social Concepts. A Critical Introduction, New York/Oxford 1995, 26 - 78; Appreciating a Contemporary Classic: The „Geschichtliche Grundbegriffe“ and Future Scholarship, in: The Meaning of Historical Terms and Concepts (Anm. 2), 7 - 19.

15 Siehe auch *Horst Dreitzel,* Ideen, Ideologien, Wissenschaften. Zum politischen Denken in der Frühen Neuzeit, in: Neue Politische Literatur 25 (1980), 1 - 15, hier 16 - 20 (Kritik an Lucian Hölscher, Öffentlichkeit und Geheimnis, Stuttgart 1979); sowie *ders.,* Monarchiebegriffe in der Fürstengesellschaft: Semantik und Theorie der Einherrschaft in Deutschland von der Reformation bis zum Vormärz, 2 Bde, Köln 1991.

16 *Dietrich Busse,* Historische Semantik. Analyse eines Programms, (Sprache und Geschichte 13), Stuttgart 1987. Auf die Details der sprachgeschichtlichen Forschungen geht Busse hier allerdings nicht ein.

werden, wie in ihrer Wirkung, d. h. im verstehenden Nachvollzug dieses Handlungskalküls durch den „Hörer“. Und weiter: indem die Hörer beim Verstehen auf in ihrem Gedächtnis sedimentiertes Wissen von Wortbedeutungen und deren Verwendungszusammenhängen in Sätzen, also auf den Hintergrund ihrer Sinn- und Weltdeutung, zurückgreifen, überschreitet ihr kommunikatives Handeln den unmittelbaren Kontext und die konkrete Situation im Bestreben, das Gehörte in ihr Vorverständnis einzuordnen und vorausgesetzten Sinn bestätigt zu finden. So gesehen sind sprachliche Äußerungen nicht bloß Informationen, sondern zugleich Realisierungen von vorhandenem Sinn; ihre umfassende Interpretation läuft auf die Freilegung von Mentalitäten hinaus. Eine Historische Semantik, die der fundamentalen sozialen Funktion und der Komplexität sprachlicher Kommunikation gerecht werden will, muß also nicht nur die intentionale Rolle des Sprechers, sein Situations- und Weltwissen, seine Erwartungen und die Formen seines sprachlichen Handelns berücksichtigen, sondern ebenso die Erwartungen, das Kontext- und Handlungswissen des Hörers, die beide verbindenden Rahmenbedingungen, wechselseitigen Rationalitätsannahmen und sozialen Handlungsregeln. Über die Wortgeschichte hinaus muß sie zu einer Geschichte der kognitiven und semantischen Strukturen vorstoßen.

Wenn dieser Versuch einer systematischen linguistischen Fundierung der historischen Semantik sich allerdings hauptsächlich gegen die *Geschichtlichen Grundbegriffe* wendet, so fragt es sich, ob solch ein Langzeitunternehmen, das schon aus redaktionellen Gründen Kompromisse schließen muß, der richtige Adressat ist. Reinhart Koselleck jedenfalls, der spiritus rector des Werkes, ist über die programmatischen Erklärungen in den ersten Bänden der *Geschichtlichen Grundbegriffe* natürlich längst hinausgewachsen. Er räumt ein, daß „Begriffsgeschichte“ eigentlich keine zutreffende Bezeichnung seiner Arbeitsrichtung sei, weil sie „eine logische Lässigkeit“ enthalte; denn: „ein einmal geprägter Begriff als solcher entzieht sich der Veränderung“. Was sich ändere, sei nicht der Begriff, sondern der „Wortgebrauch“[17]. Wie eine ganze Reihe seiner Aufsätze belegt[18] und nicht zuletzt die von ihm ent-

17 *Reinhart Koselleck,* Begriffsgeschichtliche Probleme der Verfassungsgeschichtsschreibung, in: Gegenstand und Begriffe der Verfassungsgeschichtsschreibung. Tagung der Vereinigung für Verfassungsgeschichte..., (Der Staat, Beih. 6), Berlin 1983, 7 - 46, Aussprache 22ff.; Zitate nacheinander 14, 34.

18 *Reinhart Koselleck,* Vergangene Zukunft. Zur Semantik geschichtlicher Zeiten (1979), Frankfurt/M. 1989; Sozialgeschichte und Begriffsgeschichte, in: Sozialgeschichte in Deutschland. Entwicklungen und Perspektiven im internationalen Zusammenhang, hrsg. v. Wolfgang Schieder u. Volker Sellin, Bd. I, Göttingen 1986, 89 - 109; Sprachwandel und Ereignisgeschichte, in: Merkur 43 (1989), 657 - 673 (engl. Übers. in: Journal of Modern History 61, 1989, 649 - 666); Some Reflections on the Temporal Structure of Conceptual Change, in: Main Trends in Cultural History, hrsg v. Willem Melching u. Wyger Velema, Amsterdam/Atlanta 1994, 7 - 16.

wickelten Kategorien „Erfahrungsraum“ und „Erwartungshorizont“ zeigen[19], zielen Kosellecks Arbeiten letztlich auf eine Sozial- und Mentalitätsgeschichte begrifflich orientierter Sprachhandlungen, die dem Programm von Busse gar nicht so fern steht. Auch sollten Kritiker[20] wie Verteidiger[21] der Begriffsgeschichte nicht vergessen, daß diese sich ursprünglich gerade gegen jene idealistische Ideengeschichte im Stil Friedrich Meineckes wandte, als deren Fortsetzung sie inzwischen gelegentlich erscheint: „Die Begriffsgeschichte richtet sich ganz spezifisch gegen eine abstrakte Ideengeschichte [...; sie] richtet sich eher auf den konkreten Sprachgebrauch im sozialen, politischen oder rechtlichen Leben. Dabei werden die konkreten Erfahrungen und Erwartungen ausgemessen, wie sie sich in der sprachlichen Erfassung der jeweiligen rechtlichen, sozialen oder politischen Bereiche wiederfinden lassen. Dazu bedarf es immer zentraler Begriffe, die ihrerseits theoretische Ansprüche mehr oder minder hohen Abstraktionsgrades enthalten. Die Begriffsgeschichte liefert gleichsam die Gelenke, die zwischen der text- und sprachgebundenen Quellenebene und der politischen und sozialen Wirklichkeit eine Verbindung herstellt[22].“ Dieses Programm ist bisher freilich nur in seltenen Fallstudien eingelöst worden, die sich dann praktisch über die Begriffsgeschichte hinaus zu sozialhistorischen Diskursanalysen weiten[23].

2. Mit der deutschen Begriffsgeschichte in mancher Hinsicht vergleichbar erscheint die anglo-amerikanische „Conceptual History“, wie sie besonders in der Cambridge School institutionellen Rückhalt gefunden hat. Auch die Conceptual History möchte die sprachliche Dimension der historisch-politischen Quellentexte zu systematischen geistesgeschicht-

---

19 *R. Koselleck,* „Erfahrungsraum“ und „Erwartungshorizont“ – zwei historische Kategorien, in: ders., Vergangene Zukunft (Anm. 18), 349 - 375.

20 *Schöttler,* Sozialgeschichtliches Paradigma (Anm. 11), 173 - 176, charakterisiert die Begriffsgeschichte zutreffend als „eine durch sozialhistorische Fragestellungen und Methoden geschulte und transformierte Ideengeschichte“, die aber „die Prozesse der Sinnproduktion durch Sprache [...] als historische[n] Gegenstand kaum in den Blick“ bekomme. Diskursanalytische Fragestellungen und Arbeitsweisen spielten ebensowenig eine Rolle wie der Diskursbegriff.

21 So weist einer der Herausgeber des *Historischen Wörterbuchs ästhetischer Grundbegriffe* die sozialhistorische Kritik an einer allein auf die Ideen der großen „Dichter und Denker“ ausgerichteten Begriffsgeschichte als „Denunziation“ zurück, die man „mit Gelassenheit zur Kenntnis nehmen“ dürfe. Vgl. *Martin Fontius,* Begriffsgeschichte und Literaturgeschichte. Einige methodische Bemerkungen, in: Ästhetische Grundbegriffe (Anm. 13), 49 - 64, hier 59.

22 *Koselleck,* Begriffsgeschichtliche Probleme der Verfassungsgeschichtsschreibung (Anm. 17), 45. Siehe auch *ders.,* A Response to Comments on the „Geschichtliche Grundbegriffe“, in: The Meaning of Historical Terms and Concepts (Anm. 2), 59 - 70, hier 61f.

23 Vgl. zum Beispiel *Willibald Steinmetz,* Das Sagbare und das Machbare. Zum Wandel politischer Handlungsspielräume: England 1780 - 1867, (Sprache und Geschichte 21), Stuttgart 1993.

lichen Neuinterpretationen nutzen, auch sie ist erwachsen aus einer grundsätzlichen Kritik an der etablierten Ideengeschichte, zumal der „philosophischen" History of Ideas eines Arthur O. Lovejoy und seiner Schule: flüchtige, willkürliche und eklektische Verknüpfung einzelner künstlich isolierter Gedanken („unit ideas") über große zeitliche und geographische Distanzen hinweg, dazu eine dreifache Mystifizierung der „Gedankengebäude", der „gewaltsamen Kohärenz" und der „geistigen Vorwegnahme" – so lauteten die zentralen Vorwürfe eines John G. A. Pocock und Quentin Skinner[24], der wichtigsten Wortführer der „conceptual historians". Diese haben mit der Schriftenreihe *Ideas in Context*, die Quentin Skinner zusammen mit Richard Porty, Jerome B. Schneewind und Wolf Lepenies bei der Cambridge University Press herausgibt, ihr eigenes wissenschaftliches Forum aufgebaut[25] und propagieren ihren Ansatz so wirkungsvoll, daß die traditionelle „History of Ideas" sich in „intellectual history" umbenennen will und Bereitschaft zeigt, sich dem „linguistic turn" zu öffnen[26].

Den meist essayartigen theoretisch-programmatischen Äußerungen[27] der – primär politologisch orientierten – „conceptual historians" sind vor allem vier Grundpositionen gemeinsam. Erstens gehen sie von einer „linguistischen Konstitution der Politik" aus: politisches Handeln setze sprachlichen Konsens voraus, weil es zu wesentlichen Teilen auf versprachlichten Grundüberzeugungen und Regeln („concepts") beruhe; Struktur und Wandel dieser Konzepte seien keine bloßen Reflexe politischer Verhältnisse und Veränderungen, sondern selbst eigenständige sprachliche Kräfte[28]. Da zweitens den Sprach-Handlungen, die einen großen Teil der Politik ausmachen, grundsätzlich ein kommunikativer

---

24 Vgl. bes. den berühmten Aufsatz von *Quentin Skinner*, Meaning and Understanding in the History of Ideas, in: History and Theory 8 (1969), 3 - 53. Siehe auch die Skinner-Bibliographie, in: Meaning and Context: Quentin Skinner and his Critics, hrsg. v. James Tully, Oxford/Princeton 1988, 342 - 44; sowie *James Tully*, The pen is a mighty sword: Quentin Skinner's analysis of politics, in: ebenda 7 - 25 u. 289 - 91.

25 Vgl. u.a. den Eröffnungsband The Languages of Political Theory in Early Modern Europe, hrsg. v. Anthony Pagden, Oxford 1987.

26 *Donald R. Kelley*, Horizons of Intellectual History: Retrospect, Circumspect, Prospect, in: Journal of the History of Ideas 48 (1987), 143 - 169, bes. 153 - 56 u. 169; *ders.*, What is Happening to the History of Ideas? in: ebenda 51 (1990), 3 - 25. Siehe auch den Sammelband: History of Ideas – Canon and Variations, hrsg. v. Donald R. Kelley, Rochester (N.Y.) 1991.

27 Für eine Würdigung der klassischen Fallstudien eines Pocock und Skinner sei verwiesen auf *Günther Lottes*, „The State of the Art". Stand und Perspektiven der „intellectual history", in: Neue Wege der Ideengeschichte. Festschrift für Kurt Kluxen zum 85. Geb., hrsg. v. Frank-Lothar Kroll, Paderborn 1996, 27 - 45, hier 39 - 42.

28 *James Farr*, Understanding conceptual change politically, in: Political Innovation and Conceptual Change, hrsg. v. Terence Ball, James Farr u. Russell L. Hanson, Cambridge 1989, 24 - 49, Zitat 26.

Charakter zuerkannt wird[29] und da diese politische Kommunikation auf Wörtern mit ihren wechselnden Bedeutungen und auf einem ständig fließenden „Diskurs" beruht, der von „Konzepten" strukturiert wird[30], gilt die Arbeitsregel: „conceptual historians must attend to speakers and hearers, writers and readers[31]." Drittens fordert man immer wieder eine umfassende Kontextualisierung der Texte („a fairly strong contextualism"); denn: „Konzepte bestehen und funktionieren nie allein für sich, sondern bilden ganze Sinngefüge oder Glaubenssysteme." Und daraus folgt schließlich eine grundsätzliche Ablehnung von Einzelwort-Studien[32]: „wenn ein Wort seine Bedeutung ändert, verändert sich zugleich sein Verhältnis zu einem ganzen Vokabular." Daher solle man „nicht so sehr die „innere Struktur" einzelner Wörter, sondern vielmehr ihre Rolle als Stütze ganzer gesellschaftlicher Gedankengebäude" untersuchen[33]. Quentin Skinner erklärt lapidar: „I remain unrepentant in my belief that there can be no histories of concepts; there can only be histories of their uses in argument[34]." Daher reagieren die „conceptual historians" auf wiederholte Versuche, ihnen die deutsche Begriffsgeschichte als Arbeitsmodell anzupreisen[35], in Einzelfällen zwar höflich[36], insgesamt aber ablehnend. Ohne deutlich zwischen „language" und „discourse" zu

---

29 Ebenda heißt es auf Seite 1 in der Einleitung der Herausgeber: „The social and political world is conceptually and communicatively constituted, or, more precisely, preconstituted."

30 Das erläutern anhand der amerikanische Verfassungsdebatte des ausgehenden 18. Jahrhunderts *Terence Ball* u. *John Greville Agard Pocock*, Introduction, in: Conceptual Change and the Constitution, hrsg. v. Terence Ball u. John G. A. Pocock, Lawrence (Kansas) 1988, 1 - 12. Siehe auch *Terence Ball*, Transforming Political Discourse: Political Theory and Critical Conceptual History, New York 1988.

31 *Farr*, Understanding Conceptual Change (Anm. 28), 41.

32 Ebenda, nacheinander 41, 33 und 38.

33 *Quentin Skinner*, Language and Political Change, in: ebenda, 6 - 23, hier 13.

34 *Quentin Skinner*, Reply to My Critics, in: Meaning and Context (Anm. 24), 257 - 288, hier 283.

35 *Melvin Richter*, Zur Rekonstruktion der Geschichte der Politischen Sprachen: Pocock, Skinner und die „Geschichtlichen Grundbegriffe" (engl. 1990), in: Alteuropa – Ancien Régime – Frühe Neuzeit: Probleme und Methoden der Forschung, hrsg. v. Hans Erich Bödeker u. Ernst Hinrichs, Stuttgart/Bad Cannstadt 1991, 134 - 174; *ders.*, The History of Political and Social Concepts (Anm. 14), 124 - 142.

36 Vgl. *Terence Ball*, Transforming Political Discourse. Political Theory and Critical Conceptual History, Oxford 1988, 9f. – *Ders.*, James Farr und Russell L. Hanson äußern im Vorwort zu Political Innovation and Conceptual Change (Anm. 28) freundliche „Bewunderung" für begriffsgeschichtliche Unternehmen in der Bundesrepublik, relativieren dies jedoch durch den Zusatz: „we have not sought to duplicate their encyclopedic efforts" (S. IX). Genau genommen hätte ein Anwendung etwa von Kosellecks Ansatz auf das ganz andere – meist englische – Quellenmaterial natürlich keine „Duplizierung" bedeutet, ganz im Gegenteil: der eklektisch-komparatistische Beitrag von John Dunn über „Revolution" (S. 333 - 356) z.B. hätte bei Berücksichtigung des entsprechenden Artikels von *Reinhart Koselleck* in den Geschichtlichen Grundbegriffen (Bd. 5, 1984, 653 - 788) wesentlich an Tiefenschärfe gewinnen können.

unterscheiden, sehen sie in der Sprache bzw. im Diskurs „eine komplexe Struktur mit eigenem Vokabular, eigener Grammatik und Rhetorik sowie einem Bündel gleichzeitiger Gewohnheiten, Annahmen und Implikationen"; genaugenommen „stehen jeweils mehrere solcher Sprachen in Konfrontation, Wettstreit und Interaktion miteinander", so daß „kein Begriffslexikon, wie umfassend und vollständig es auch sein mag, ein solches System, einen Organismus mit einer so komplexen Geschichte wie eine Sprache gleichsam additorisch darstellen kann[37]." Angesichts dieser Einsichten und Grundsätze verwundert es freilich, daß ein repräsentativer Band der Conceptual History wesentlich aus Abhandlungen über ein gutes Dutzend einzelner Begriffe von *constitution* über *patriotism* bis *revolution* besteht, ohne daß dabei vernetzte semantische Gefüge umfassender und deutlicher herausgearbeitet würden als in den gewohnten Begriffsgeschichten deutscher Provenienz[38].

Inkonsequent erscheint es auch, daß – von Ausnahmen abgesehen[39] – gerade die namhaftesten „conceptual historians" sich vorzugsweise mit einzelnen politischen Denkern beschäftigen und die Erforschung von „Diskursen" als Motto auf ihre Fahne schreiben, ohne zu klären, was das konzeptuell und methodisch bedeutet. In einem vielbeachteten Aufsatzband z.B., der ebenfalls in der Reihe *Ideas in Context* erschienen ist, distanziert sich der Frankreich-Historiker Keith M. Baker von der traditionellen History of Ideas, indem er die Geschichte einzelner Ideen („particular unit ideas") als unhistorisch ablehnt und stattdessen unter Berufung auf die Arbeiten von Régine Robin eine diskursanalytische Studie über die politische Publizistik im Frankreich der Aufklärung vorschlägt mit dem Ziel, „ein Feld politischer Diskurse, ein Gefüge („set") sprachlicher Muster und Beziehungen zu identifizieren, das Handlungen und Äußerungen möglich machte und ihnen Sinn gab. Kurzum, wir müssen die politische Kultur rekonstruieren, in deren Rahmen sich die revolutionäre Sprache von 1789 erst entwickeln konnte." Aufgrund seiner eigenen Bemühungen um die Bedeutung des

---

37 *John G. A. Pocock,* Concepts and Discourses: A Difference in Culture? Comment on a Paper by Melvin Richter, in: The Meaning of Historical Terms and Concepts (Anm. 2), 47 - 58, hier 48 u. 51. Ausführlicher erläutert *John Pocock* diese seine Auffassung in seinem Aufsatz: The concept of language and the „métier d'historien": some considerations on practice, in: The Languages of Political Theory in Early-Modern Europe, hrsg. v. Anthony Pagden, Cambridge 1987, 19 - 38.

38 Political Innovation and Conceptual Change (Anm. 28).

39 Insbes. *Gareth Stedman Jones,* Klassen, Politik und Sprache. Für eine theorieorientierte Sozialgeschichte, hrsg. u. eingel. v. Peter Schöttler, Münster 1988, 133 - 229. Vgl. dazu *Schöttler,* Mentalitäten, Ideologien, Diskurse (Anm. 11), 168f.; sowie kritisch *Dianne Mayfield* u. *Samuel Thorne,* Social History and his Discontents: G. Stedman Jones and the Politics of Language, in: Social History 17 (1992), 165 - 188.

öffentlichen Rechts und um die Natur der Sozialordnung im Frankreich der 1750er und 1760er Jahre mißt Baker nun drei diskursiven Hauptsträngen („three basic strands of discourse“) zentrale Bedeutung bei: dem Vernunft-, dem Gerechtigkeits- und dem Willensdiskurs („reason, justice and will“). Traditionellerweise „feste Attribute des Konzepts der monarchischen Autorität“, hätten sie sich aus diesem Verband gelöst, sie seien neu konzeptualisiert worden („reconceptualization“) und fungierten nun als „konkurrierende Definitionen (oder versuchsweise Neudefinitionen) der politischen Gemeinschaft (body politic)“. Mit anderen Worten: „Gemäß der überkommenen Sprache des Absolutismus ist das Merkmal der monarchischen Autorität die Ausübung der Gerechtigkeit, die in der hierarchischen Ständegesellschaft jedem das seine zuteil werden läßt. Wirksamkeit erlangt die Gerechtigkeit durch den königlichen Willen, den Vernunft und Rat vor Willkür bewahren. In der zweiten Hälfte des 18. Jahrhunderts scheint dieses Bündel von Attributen in drei Diskursstränge zu zerfallen, in denen jeweils einer jener Termini vorherrscht bzw. die analytical priority einnimmt. Der von mir so genannte Gerechtigkeitsdiskurs betont die *justice*. Der politische Diskurs legt sein Hauptgewicht auf die *volonté*. Der von mir so genannte Verwaltungsdiskurs ist auf die *raison* ausgerichtet. Diese drei konkurrierenden Wortschatzgruppen strukturieren nicht nur die Sprache, welche gegen die monarchische Autorität opponiert, sondern definieren auch Verteidigungsbemühungen und die Ziele der Monarchisten[40].“ Allerdings: wie suggestiv und bedenkenswert diese Thesen auch sind, so systematisieren sie doch nur nachträglich frühere ideengeschichtliche Arbeiten über jeweils ein bis zwei einzelne Quellen: die Remonstrationen des Pariser Oberfinanzgerichts von 1775 (Gerechtigkeitsdiskurs), die Selbstverwaltungsreformpläne Turgots aus dem selben Jahr (Vernunftdiskurs) und bestimmte Traktate von Mably und Saige mit ihrer naturrechtlich-aufklärerischen Absolutismuskritik (Willensdiskurs). Ob diese Quellen typisch sind, ob sie überhaupt die wesentlichsten Bereiche der politischen Zeitdiskussion repräsentieren und ob sie dabei eine signifikante Position vertraten – dies alles wird nicht nachgewiesen oder wahrscheinlich gemacht, sondern einfach postuliert und stillschweigend vorausgesetzt. So findet man die Einschätzung von Günther Lottes bestätigt, daß „es aus der Feder selbst der reflektiertesten anglo-

40 *Keith Michael Baker*, Inventing the French Revolution. Essays on French Political Culture in the Eighteenth Century, Cambridge 1990, 24f. Baker wiederholt seine Thesen ebenda im Teil über „Sprache und Politik am Ende des Ancien Régime“ (S. 127). Baker legt auf diese Thesen offenbar großen Wert, denn er hat sie wörtlich aus einem früheren Kongreßbeitrag übernommen: On the Problem of the Ideological Origins of the French Revolution, in: Modern European Intellectual History. Reappraisals and new Perspectives, hrsg. v. Dominick LaCapra u. Steven L. Kaplan, Ithaca 1982, 197 - 219.

amerikanischen Ideenhistoriker nach wie vor Publikationen [gibt], die quer zu ihren eigenen methodischen Einsichten liegen[41]."

3. Ist die historische Semantik in der Bundesrepublik hauptsächlich als „Begriffsgeschichte" und im anglo-amerikanischen Bereich als „Conceptual History" etabliert, so wird sie in Frankreich vorwiegend als „analyse du discours" betrieben. Welch international wirksame Schlüsselstellung dabei Michel Foucaults oft allzu oberflächlich rezipiertes Konzept der „Diskurse" als zeit- und praxisspezifischer institutionalisierter Denk- und Redeweisen einnimmt, kann hier als bekannt vorausgesetzt werden[42]. Darüber sollte jedoch die linguistische Variante der Diskursanalyse, wie sie insbesondere Michel Pêcheux aus der „Discours analysis" von Zellig S. Harris entwickelt hat[43] und wie sie im Forschungszentrum für „Lexicométrie et textes politiques" an der Ecole Normale Supérieure von Saint-Cloud institutionalisiert worden ist[44], nicht vernachlässigt werden. Vertretern dieser Richtung ist der Erfolg des Diskurs-Konzepts in der Historiographie allerdings nicht geheuer, weil *discours* dabei zu einem unspezifischen Modewort verkomme: die „analyse du discours" werde kaum noch in ihrer linguistischen, primär formalen Methodenstrenge angewandt, sondern zunehmend als „interpretatorische Disziplin", also inhaltlich, benutzt[45]. Indem sie zum einen die edv-gestützte Worthäufigkeitsstatistik systematisch zur empirischen Inhaltserschließung historischer Quellentexte einsetzt und diese Texte zum anderen mit Hilfe der rein formalen Distributionsanalyse in ver-

---

41 *Lottes,* „The State of the Art" (Anm. 27), 28

42 Vgl. den folgenden Beitrag im vorliegenden Band: *Hans-Jürgen Lüsebrink,* Begriffsgeschichte, Diskursanalyse und Narrativität. Siehe auch *Schöttler,* Sozialgeschichtliches Paradigma (Anm. 11), 164f.; *Lottes,* „The State of the Art" (Anm. 27), 35 - 38. Aus der unerschöpflichen Foucault-Literatur seien stellvertretend zwei Sammelbände genannt: Foucault and the Writing of History, hrsg. v. Jan Goldstein, Oxford 1995; The Impact of Michel Foucault on the Social Sciences and Humanities, hrsg. v. Moya Lloyd u. Andrew Thacker, Basingstoke 1996.

43 Vgl. als eine Art „Vermächtnis" *Michel Pêcheux,* L'inquiétude du discours, hrsg. v. Denise Maldidier, Paris 1990. Für deutsche Leser bieten sich an die Dokumentation: Sprachtheorie und Diskursanalyse in Frankreich. Harold Woetzel und Manfred Geier interviewen Michel Pêcheux und Françoise Gadet, in: Das Argument 24 (1982), 386 - 399; sowie *Michel Pêcheux,* Über die Rolle des Gedächtnisses als interdiskursives Material. Ein Forschungsprojekt im Rahmen der Diskursanalyse und Archivlektüre (frz. 1975), in: Das Subjekt des Diskurses. Beiträge zur sprachlichen Bildung von Subjektivität und Intersubjektivität, hrsg. v. Manfred Geier u. Harold Woetzel, (Argument-Sonderband 98), Berlin 1983, 50 - 58. Siehe auch *Schöttler,* Mentalitäten, Ideologien, Diskurse (Anm. 11), 100 - 102, 110f. u. 114f.

44 *Robert Jütte,* Moderne Linguistik und „Nouvelle Histoire", in: Geschichte und Gesellschaft 16 (1990), 104 - 120, bes. 110 - 17.

45 *Jacques Guilhaumou,* A propos de l'analyse de discours: les historiens et le „tournant linguistique", in: Langage et société n° 65 (Sept. 1993), 5 - 38; *ders., Denise Maldidier* u. *Régine Robin,* Discours et archive. Expérimentations en analyse du discours, Paris 1994, 16f.

gleichbare sprachliche Segmente zerlegt, hat die französische „analyse du discours“ in der Tat neue Maßstäbe für methodisch stringente, überprüfbare, kurz: objektive textsemantische Untersuchungen gesetzt – wenn auch meist um den Preis einer „punktuellen Mikroskopie“ und einer fachlinguistischen Darbietungsform, die auf Historiker eher abschreckend als anziehend wirkten. Nun scheint die wissenschaftliche Konjunktur dieser extrem aufwendigen Arbeitsrichtung inzwischen zwar nachzulassen[46], aber nicht zuletzt die Studien von Jacques Guilhaumou erweisen die linguistische Diskursanalyse bei eng begrenzten Korpora als tauglichen Ansatz, um die sprachliche Sinnkonstituierung und Wissensnormierung beispielsweise durch plebejische Aktivisten[47] und Slogans[48] der Französischen Revolution herauszuarbeiten.

Die Attraktivität der Diskurs-Theorie erweist sich auch darin, daß – vor dem Hintergrund eines wachsenden interdisziplinären Interesses an historischer Semantik[49] – erstmals eine Gruppe deutscher Germanisten das französische Konzept des *discours* aufgreift und zugleich intertextuell abwandelt. Unter Berufung auf Michel Pêcheux' Formulierung von den „interdiskursiven Beziehungen“[50] schlagen Dietrich Busse und Wolfgang Teubert vor, Diskurse neu als „virtuelle Textkorpora“ zu verstehen, „deren Zusammensetzung durch im weitesten Sinn inhaltliche (bzw.

46 So hat die neuere Monographie von *Guilhaumou, Maldidier* u. *Robin,* Discours et archive (Anm. 45), schon historischen Charakter, und eins der zentralen (methodisch sehr „pluralistischen“) Projekte von Saint-Cloud ist ins Stocken geraten: Dictionnaire des usages socio-politiques (1770 - 1815), Heft 1 - 5, Paris 1985 - 91. Andererseits belegen einige Beiträge zum dritten Lexikologie-Kongreß von Saint-Cloud eine anhaltende lexikometrische Praxis: Langages de la Révolution (1770 - 1815), hrsg. v. Nicole Arnold, Françoise Dougnac, Annie Geffroy u. Marie-France Piguet, Paris 1995.

47 *Jacques Guilhaumou,* Sprache und Politik in der Französischen Revolution. Vom Ereignis zur Sprache des Volkes (1789 - 1794), aus dem Französ. von Katharina Menke, Frankfurt/M. 1989.

48 Einen gedrängten Überblick über seine einschlägigen Arbeiten geben *Jacques Guilhaumou* u. *Denise Maldidier,* Effets de l'archive. L'analyse de discours du côté de l'histoire, in: Langages 81 (1986), 43 - 56. Siehe im einzelnen *Jacques Guilhaumou,* „Du pain ET X“ à l'époque de la Révolution française (1984), in: Guilhaumou, Maldier u. Robin, Discours et archive (Anm. 45), 133 - 150; *ders.,* Marseille-Paris: la formation et la propagation d'un mot d'ordre: „du pain et du fer“ (1792 - 1793), in: Les pratiques politiques en Province à l'époque de la Révolution française, Montpellier 1988, 199 - 210; *ders.,* La *Terreur* à l'ordre du jour (juillet 1793 – mars 1794), in: Dictionnaire des usages socio-politiques du français pendant la Révolution française, Heft 2, Paris 1987, 127 - 160.

49 Vgl. u.a. *Busse,* Historische Semantik (Anm. 16), passim; *sowie Andreas Dörner,* Politische Lexik in deutschen und englischen Wörterbüchern. Metalexikographische Überlegungen und Analysen in kulturwissenschaftlicher Absicht, in: Worte, Wörter, Wörterbücher. Lexikographische Beiträge zum Essener Linguistischen Kolloquium, hrsg. v. Gregor Meder u. Andreas Dörner, (Lexikographica: Series major 42), Tübingen 1992, 123 - 145.

50 *Pêcheux,* Über die Rolle des Gedächtnisses als interdiskursives Material (Anm. 43), 53.

semantische) Kriterien bestimmt wird." Zur Begründung verweisen sie darauf, „daß jeder Versuch einer linguistischen Konkretisierung des Diskursbegriffs letztlich auf das Problem der Zusammenstellung von Textkorpora verwiesen bleibt. Jede Konstitution einer (inter)diskursiven Materialität (Pêcheux) setzt zugleich die Konstitution eines Textkorpus voraus." Aufgrund seiner Kenntnisse über den dokumentarischen und semantischen Zusammenhang der Dokumente nimmt der Forscher bei deren Zusammenstellung hypothetische Interpretationshandlungen vorweg, deren Rechtfertigung erst die Ergebnisse der Diskursanalyse erbringen können. „Erst wenn [...] die aufgewiesenen Beziehungen, Strukturen, Gruppierungen von Aussagen, Aussagenelementen, Aussageverknüpfungen usw. durch das vorgewiesene Korpusmaterial und seine diskurssemantische Analyse als plausibel erscheinen, wenn sie durch die vorgefundene bzw. vorgeführte Materialität eine These ergeben, die [...] am Material objektivierbar ist, dann ist die Existenz des fraglichen Diskurses als sinnvolles Untersuchungsobjekt vollends erwiesen." Eine solche Diskursanalyse ist „ein fortschreitend die Korpusbildung korrigierendes Lesen [...;] ein Lesen, welches die impliziten Voraussetzungen der Möglichkeit des im Text Gesagten als Resultat interdiskursiver [...] Relationen herauszufinden trachtet". Sie geht über die Begriffsgeschichte hinaus, indem sie sich nicht nur an einzelnen Worteinheiten (Lexemen) orientiert – so sehr bestimmte „Leitvokabeln [...] als diskursstrukturierende und Diskursströmungen benennende Elemente" wichtig sind –, sondern ebenso auch „semantische Netze oder Begriffsgefüge sowie Aussagen und „Aussagennetze" berücksichtigt. Neben der wortsemantischen Analyse „ist die zweite, wichtigere Grundlage der Diskursanalyse [...] die textanalytische Erschließung des Sinns, der sich in den syntagmatischen Verknüpfungen der Wörter ausdrückt. [...] So gesehen könnte die Diskursanalyse auch als eine Form der Wort-, Satz- oder Textsemantik angesehen werden [...][51]".

Daran schließt Fritz Hermanns das Programm einer „linguistischen Mentalitätsgeschichte als Diskursgeschichte" an. Ihr geht es um Kontexte und „Textgeflechte", die wesentlich im „quasi-dialogischen Charakter" der Diskurse bestehen. „Der Begriff *Diskurs* als Leitwort der historischen Semantik könnte helfen, die Zusammenhänge wieder in den

---

51 *Dietrich Busse* u. *Wolfgang Teubert,* Ist Diskurs ein sprachwissenschaftliches Objekt? Zur Methodenfrage der historischen Semantik, in: Begriffsgeschichte und Diskursgeschichte. Methodenfragen und Forschungsergebnisse der historischen Semantik, hrsg. v. Dietrich Busse, Fritz Hermanns u. Wolfgang Teubert, Opladen 1994, 10 - 28, Zitate nacheinander 15, 17, 19 u. 22f. – Vorbereitende Ansätze schon in dem Sammelband Diachrone Semantik und Pragmatik, hrsg. v. Dietrich Busse, (Reihe Germanistische Linguistik 113), Tübingen 1991; sowie bei *Dietrich Busse,* Textinterpretation. Sprachtheoretische Grundlagen einer explikativen Semantik, Opladen 1992.

Blick zu rücken, denen Texte ihre Existenz und ihre Form und ihren Sinn verdanken. [...] In der Perspektive der Diskursgeschichte werden Quellentexte dergestalt zum Gegenstand der Sprachgeschichte, daß sie wieder zu Gesprächsbeiträgen werden; und zwar dadurch, daß man sie als Komponenten eines Zeitgespräches auffaßt. [...] Die Diskursgeschichte fragt nach den Zusammenhängen und nach den Funktionen, die die Texte darin hatten, und versucht, Beschaffenheit und Sprachgebrauch der Texte aus Funktionen dieser Texte in den intertextuellen und historischen Zusammenhängen zu erklären[52]."

Dürfte diese neue deutsche Variante des Diskurs-Konzepts einerseits bei den französischen „historiens linguistes" auf Skepsis stoßen, weil sie eine Abschwächung ihrer formalen Methodenstrenge bedeutet, so wird sie andererseits die weitgehende Zustimmung der „conceptual historiens" finden, weil sie deren Vorstellungen ergänzt. Tatsächlich scheint die Diskursanalyse - auch und gerade dann, wenn sie nicht von vornherein auf bestimmte Verfahren festgelegt ist - noch am ehesten geeignet, die anglo-amerikanischen, französischen und deutschen Semantik-Historiker, die bisher kaum Notiz von einander genommen haben, zu wissenschaftlichem Austausch[53], vielleicht sogar zur Erarbeitung gemeinsamer Konzepte zusammenzubringen. Jedenfalls bestätigt sich an ihrer neuen Entwicklung, was Peter Schöttler bereits vor geraumer Zeit beobachtet hat: „Das in der französischen, anglo-amerikanischen und deutschen Geschichtswissenschaft ungleichzeitig aufgekommene Interesse an Sprach- und Diskursanalysen hat - trotz aller Differenzen und länderspezifischen Debatten - einige sehr ähnliche, ja sogar konvergierende Orientierungen ergeben, die freilich mit unterschiedlicher Radikalität verfolgt werden. Die programmatische Abgrenzung der Sozialgeschichte gegenüber der traditionellen Ideengeschichte wird nicht mehr als ausreichend empfunden; die sozialhistorische Analyse von Kulturen, Mentalitäten und Ideologien hat überall auf das Problem aufmerksam gemacht, daß die Sprache mehr ist als nur ein passives Medium für den Transport von Bedeutungen. Sie ist nur scheinbar transparent und beliebig; je

---

52 *Fritz Hermanns,* Sprachgeschichte als Mentalitätsgeschichte. Überlegungen zu Sinn und Form und Gegenstand historischer Semantik, in: Sprachgeschichte des Neuhochdeutschen: Gegenstände, Methoden, Theorien, hrsg. v. Andreas Gardt, Klaus J. Mattheier u. Oskar Reichmann, (Reihe Germanistische Linguistik 156), Tübingen 1995, 69 - 101, hier 86 - 91. - Zu germanistischen Fallstudien der genannten Arbeitsrichtung vgl. *Georg Stötzel* u. *Martin Wengeler,* Kontroverse Begriffe. Geschichte des öffentlichen Sprachgebrauchs in der Bundesrepublik Deutschland, (Sprache - Politik - Öffentlichkeit 4), Berlin 1995; sowie *Karin Böke, Frank Liedtke* u. *Martin Wengeler,* Politische Leitvokabeln in der Adenauer-Ära, (Sprache - Politik - Öffentlichkeit 8), Berlin 1996.

53 Diese Übereinstimmung demonstriert exemplarisch *Matthias Jung,* Öffentlichkeit und Sprachwandel. Zur Geschichte des Diskurses um die Atomenergie, Opladen 1994.

genauer man sie betrachtet, desto deutlicher wird, daß ihre jeweilige Organisationsform – ihre diskursive Struktur – nicht unwesentlich an den „Bedeutungen“ beteiligt ist, die im historiographischen Alltag noch allzu oft den bewußten Intentionen der Subjekte zugerechnet werden[54].“

III. Für eine sozialhistorische Diskurssemantik der „mittleren“ dokumentarischen Ebene

Angesichts so vielfältiger internationaler Arbeitsansätze im Bereich der Historischen Semantik versucht der vorliegende Band, einen vermittelnden Beitrag zu leisten. Erwachsen aus der Sektion „History of Concepts of the Enlightenment“ des 9. Internationalen Kongresses zum Zeitalter der Aufklärung[55], vereinigt er exemplarisch die Tradition der deutschen Begriffsgeschichte[56] und Vorarbeiten zu einem niederländischen Projekt, das die begriffshistorische Vorgehensweise und diejenige der Conceptual History zu verbinden sucht[57], mit Überlegungen und Erkundungen aus dem Umkreis des Handbuchs politisch-sozialer Grundbegriffe in Frankreich 1680 - 1820, das einen Mittelweg zwischen Begriffsgeschichte und Lexikometrie anstrebt[58].

Man hat anerkannt, daß dieses *Handbuch* statt ideengeschichtlicher „Gipfelwanderungen“ einen sozialhistorischen Ansatz verfolgt, indem es durchgängig ein Korpus serieller Alltagstexte und „kollektiver“ Quellen zugrundelegt, und daß es zugleich die künstlich „atomisierende“ Untersuchung einzelner Begriffe abzumildern sucht, indem es möglichst mehrere semantisch verwandte bzw. komplementäre Wörter mit ihren Wortfeldern jeweils in ein und demselben Artikel zu bearbeiten sucht[59].

---

54 *Schöttler*, Sozialgeschichtliches Paradigma (Anm. 11), 179f.

55 Er fand statt an der Westfälischen Wilhelms-Universität Münster (23. - 29. Juli 1995) und hatte erstmals eine „begriffshistorische“ Sektion. Hans-Jürgen Lüsebrink, der mit Pim den Boer und Wyger R. E. Velema an der Planung und Durchführung dieser Table Ronde wesentlich beteiligt war, hat dem Herausgeber aus Zeitgründen die Aufgabe überlassen, die Ergebnisse zum Druck zu befördern.

56 *Wolfgang Klein*, Die Dekadenz von *Dekadenz*, im vorliegenden Band. Zum historiographischen Hintergrund siehe oben Anm. 13.

57 Vgl. die Beiträge von Pim den Boer und Wyger R. E. Velema im vorliegenden Band sowie zwei andere Tagungsbände zur theoretischen und methodologischen Grundlegung eines kulturhistorischen Projekts der Niederländischen Akademie der Wissenschaften: Main Trends in Cultural History (Anm. 18); History of Concepts. Comparative Perspectives, hg. v. Iain Hampsher-Monk, Karin Tilmans u. Frank van Vree, Amsterdam 1997 (im Druck).

58 Handbuch politisch-sozialer Grundbegriffe in Frankreich 1680 - 1820, hrsg. v. Rolf Reichardt u. Eberhard Schmitt (Ancien Régime, Aufklärung und Revolution 10), Heft 1/2ff., München 1985ff.; bisher 18 Hefte; mit Heft 11 (1991) hat Hans-Jürgen Lüsebrink von Eberhard Schmitt die Mitherausgeberschaft übernommen.

59 Vgl. *Schöttler*, Sozialgeschichtliches Paradigma (Anm. 11), 177f.; s.a. *Richter*, The History of Political and Social Concepts (Anm. 14), 79 - 123.

Gleichwohl ist das Gemeinschaftsunternehmen zu breit angelegt und zu sehr abhängig von den höchst unterschiedlichen Spezialquellen zu einzelnen Praxisbereichen wie auch vom Methodenpluralismus der zahlreichen Mitarbeiter[60], als daß es die inzwischen gesteigerten Ansprüche und Möglichkeiten einer sozialhistorischen Semantik ganz erfüllen bzw. ausschöpfen könnte. Für die gegenwärtigen Aufgaben und Bemühungen einer sozialhistorischen Semantik dürfte es allerdings insofern „beispielhaft" sein, als es sich zwischen den überragenden Einzeltexten der großen Denker und der Überfülle aller Alltagstexte auf Quellen „der mittleren Textebene" konzentriert, deren Hauptprobleme „nach wie vor zum einen in der Korpusbildung und zum anderen im Umgang mit größeren Textmengen auf der Grundlage standardisierter Fragestellungen" liegen[61]. Es mag deshalb zweckmäßig sein, ohne jeden Anspruch auf Vollständigkeit und Alleingültigkeit eine Reihe von Grundsätzen, Vorgehensweisen und Desiderata aufzulisten, die sich im Arbeitsumfeld des *Handbuchs* als wichtig, nützlich und wünschenswert erwiesen haben.

1. Zunächst sollte es eine sozialhistorische Semantik der mittleren Textebene möglichst vermeiden, ihr Forschungsobjekt mit dem Terminus *Begriff* zu bezeichnen; denn wie von linguistischer Seite nachgewiesen worden ist[62], konstruiert diese normative Bezeichnung ein abstrahierendes, fiktives Vorverständnis der Quellensprache, das den jeweiligen Wortgebrauch und die einzelnen kommunikativen Handlungen, in denen allein sich die „Norm" konkretisiert, gerade verfehlt. Ein Terminus wie *Schlagwort* wäre vorzuziehen[63].

2. Obwohl quantifizierende Arbeitsansätze in der „New Cultural History" fast verpönt sind und obwohl die Kontextabhängigkeit der Wortbedeutungen automatisierte semantische Analysen vorerst nicht erlaubt[64], erscheint die Worthäufigkeitsstatistik (besonders von Substantiven und ihren Wortbildungen) weiterhin nützlich, um erste Informatio-

60 Zu ihnen gehört der Kulturhistoriker *Roger Chartier* (vgl. seinen Artikel „Civilité", in: Handbuch, H. 4, 1986, 7 - 50) ebenso wie der „conceptual historian" *Keith M. Baker* mit seiner Vorarbeit: Enlightenment and the Institution of „Society": Notes for a Conceptual History, in: Main Trends in Cultural History (Anm. 18), 95 - 120.

61 *Lottes,* „The State of the Art" (Anm. 27), 32.

62 *Busse,* Historische Semantik (Anm. 16), 72 - 75; *Hermanns,* Sprachgeschichte als Mentalitätsgeschichte, 81f.

63 Vgl. die anregenden Vorschläge von *Fritz Hermanns,* Schlüssel-, Schlag- und Fahnenwörter. Zu Begrifflichkeit und Theorie der lexikalischen „politischen Semantik", (Arbeiten aus dem Sonderforschungsbereich 245, Bericht 81), Heidelberg/Mannheim 1994, 7 - 21.

64 *Ralf Meyer,* Computerlinguistische Ansätze zur Repräsentation und Verarbeitung von Wortbedeutungen, in: Die Ordnung der Wörter. Kognitive und lexikalische Strukturen, hrsg. v. Gisela Harras, (Institut für deutsche Sprache: Jahrbuch 1993), Berlin 1995, 303 - 327.

nen über die sprachlichen Gewichtungen in einem Textkorpus zu gewinnen – ein empirisch abgesicherter „Rahmen“, der natürlich in weiteren Analyse-Schritten inhaltlich ausgefüllt werden muß.

3. Über der Einzelwort-Lexikographie, die besonders oft und nachdrücklich gebrauchte Wörter als sprachliche Chiffren habituell gewordener Gedanken wertet, darf jedoch der Text- und Diskurszusammenhang der auszuwertenden Quellen nicht vernachlässigt werden. Welcher Variante des Diskurs-Konzepts man sich auch anschließen mag, so dürfte doch weitgehendes Einvernehmen darüber herrschen, daß historisch-semantische Analysen über einzelne Aussagen und Texte hinaus recht eigentlich auf spezifische und regelhafte Sprech- und Denkweisen konkreter Sprachgemeinschaften, auf die Sinnproduktion durch Sprache zielen. Wortgefüge und versprachlichte Argumentationsmuster, welche die Einzeltexte übergreifen, sind ebenso zu berücksichtigen wie der kommunikative Charakter und die kommunikative Funktion Quellentexte. Daraus ergibt sich eine Doppelforderung, die zuletzt Günther Lottes formuliert hat: Um den Diskursbegriff im ursprünglichen Sinn stärker „auf die Verhandlung von Sachverhalten und Problemen“ zurückzuführen, bedarf es „thematisch fokussierte[r] Diskursanalysen, die den Sprachhandlungswillen der Sprecher tatsächlich ernst nehmen und konkret historisch verorten.“ Zugleich ist es wünschenswert, die Quellen jeweils in eine „Sozialgeschichte der kommunikativen Milieus“ einzuordnen, die außer dem Sozialprofil der Textproduzenten auch die medialen Kommunikationskontexte, die institutionellen Strukturen der Diskurse, die Zwänge und Potentiale der kommunikativen Anordnungen berücksichtigt[65].

4. Diese wie auch die folgenden Forderungen stellen erhöhte Ansprüche an eine kompetente und sorgfältige Korpusbildung nach den leitenden Kriterien der historisch-sozialen Repräsentativität und der Homogenität (Thematik, Textsorte usw.) sowohl in synchroner wie in diachroner Hinsicht. Da die historische Semantik nicht nur Strukturen, sondern auch Entwicklungen erfassen will, ist sie auf homogene Zeitreihen von Dokumenten angewiesen, um Vergleichbares vergleichen zu können. Der Forscher sollte dabei berücksichtigen und Rechenschaft darüber ablegen, in welcher Weise und in welchem Umfang sich die Korpusbildung aus seinem Erkenntnisinteresse ergibt und wie dieses sich zu dem vorhandenen Quellenmaterial verhält.

5. Als ein Verfahren, das die vorgenannten Forderungen zu einem guten Teil zu erfüllen vermag, bietet sich die Analyse von Wortfeldern[66]

---

65 *Lottes,* „The State of the Art“ (Anm. 27), 44f.

66 Dabei sind u.a. auch verbale und adjektivische Varianten/Ableitungen von Substantiven zu berücksichtigen. – Vgl. allgemein *Peter Rolf Lutzeier,* Lexika-

an. Zum einen ergibt sich die Bildung eines plausiblen und zugleich geeigneten Untersuchungskorpus fast von selbst, soweit für eine ganze Reihe historischer Sach- und Problembereiche thematisch und formal gleichartige Quellenbestände vorliegen. Zum anderen vermeidet der wortfeldsemantische Ansatz „begriffsgeschichtliche“ Einzelwortstudien, indem er u.a. syntagmatisch und paradigmatisch gegliederte Gefüge semantisch ähnlicher Wörter in ihrem sprachlichen Zusammenhang untersucht – in Gruppen auftretende Wörter, die über Sinnrelationen sowohl zueinander wie auch jeweils zu bestimmten anderen Wörtern in engeren Beziehungen stehen als zum allgemeinen Vokabular der betreffenden Sprachgemeinschaft. Und außerdem läßt er sich mit einer lexikometrischen Komponente verbinden: ordnet man dem Leitwort eines semantischen Feldes seine Syntagmen, Paradigmen und Antonyme um so näher zu, je höher ihr Stellenwert in der Frequenzhierarchie ist, und wiederholt dies für verschiedene zeitliche Querschnitte, so ergeben sich geradezu meßbare Indikatoren für die Kontinuitäten und Veränderungen semantischer Strukturen. So hat eine entsprechende Fallstudie die These von der zunächst christlichen und dann aufklärerischen Einfärbung des *Honnêteté*-Ideals im Frankreich des 18. Jahrhunderts als unhaltbar erwiesen[67], während eine andere Untersuchung anhand der Anti-*Bastille*-Pamphlete die vorrevolutionäre Radikalisierung der politischen Sprache in Frankreich deutlicher als bisher herausarbeiten konnte[68]. Wie auch anderweitige Erprobungen[69] gezeigt haben, fördert der „serielle Wortfeld-Blick“ diskursive Regelhaftigkeiten von Quellenkorpora zutage, die bei der sonst üblichen Lektüre kaum erkannt werden.

6. Wesentlich komplizierter wird die Analyse, wenn sie sich auf größere semantische Netze richtet, die nicht eindeutig einem Leitwort zuge-

lische Felder – was sie waren, was sie sind und was sie sein könnten, in: Die Ordnung der Wörter. Kognitive und lexikalische Strukturen, hrsg. v. Gisela Harras, (Institut für deutsche Sprache: Jahrbuch 1993), Berlin 1995, 3 - 29; siehe auch *ders.*, Wortfeldtheorie und kognitive Linguistik, in: Deutsche Sprache 20 (1992), 62 - 81.

67 *Rolf Reichardt,* Der „Honnête Homme“ zwischen höfischer und bürgerlicher Gesellschaft. Seriell-begriffsgeschichtliche Untersuchungen von „Honnêteté“-Traktaten des 17. und 18. Jahrhunderts. In: Archiv für Kulturgeschichte 69 (1987), S. 341 - 370.

68 Vgl. *Hans-Jürgen Lüsebrink* u. *Rolf Reichardt,* La „Bastille“ dans l'imaginaire social de la France à la fin du XVIIIe siècle (1774 - 1799). in: Revue d'histoire moderne et contemporaine 30 (1983), 196 - 234, hier 198 - 214; *Rolf Reichardt,* Zur Geschichte politisch-sozialer Begriffe in Frankreich zwischen Absolutismus und Restauration. In: LiLi. Zeitschrift für Literaturwissenschaft und Linguistik 13 (1983), 49 - 74. Dazu auch *Schöttler,* Mentalitäten, Ideologien, Diskurse (Anm. 11), 106 - 109.

69 *Gerd van den Heuvel,* Der Freiheitsbegriff der Französischen Revolution, (Schriftenreihe der Histor. Komm. bei der Bayer. Ak. d. Wiss. 31), Göttingen 1988, 125 - 132; *Elisabeth Botsch,* Eigentum in der Französischen Revolution. Gesellschaftliche Konflikte und Wandel des sozialen Bewußtseins, (Ancien Régime, Aufklärung und Revolution 22), München 1992, 226 - 243.

ordnet sind, sondern aus grundsätzlich gleichgeordneten Worten bestehen. Selbst bei einem so kompakten Korpus wie den politischen Katechismen einer Umbruchszeit läuft die allgemeine statistisch-serielle Textauswertung Gefahr, so formalistisch und diffizil zu geraten, daß sich die Ergebnisse kaum noch in eine zusammenhängende Interpretation integrieren lassen[70]. Es gibt freilich auch Quellen wie jenes aus illustrierten „Wort-Feldern" bestehende didaktische Gänsespiel über die Geschichte Frankreichs von den Anfängen bis 1791, dessen ausdrückliche Spielregeln zusammen mit den impliziten visuellen Verknüpfungen von sich aus ein bedeutungsreiches Sinngefüge aufbauen, das der Semantik-Historiker nur abzulesen braucht[71].

7. Historisch-semantische Studien neigen bisher dazu, jeweils ziemlich einheitliche Denk- und Argumentationsmuster zu rekonstruieren, so als seien die Mentalitäten bestimmter Kulturen in sich geschlossene, völlig homogene Zeichensysteme. Eine solche Glättung und „Harmonisierung" entspricht jedoch nicht der diskursiven Vielfalt spezifischer Praxisbereiche (Religion, Recht, Politik usw.), sozialer Gruppen und kultureller „Niveaus", die in einer Gesellschaft in der Regel gleichzeitig koexistieren bzw. miteinander konkurrieren. Um sie wenigstens ansatzweise zu erfassen, sollte eine sozialhistorisch orientierte Diskurssemantik, wie Hans-Jürgen Lüsebrink im folgenden Beitrag erläutert[72], verstärkt die unterschiedlichen Textstrategien und die je eigene Zeichensprache einzelner Typen von Textsorten und Medien berücksichtigen. So ist beispielsweise das neue Verständnis von *Nation,* wie es sich im deutschen Sprachraum des frühen 19. Jahrhunderts entwickelte, erst dann in seiner Differenziertheit und sozialen Reichweite zu erkennen, wenn man verfolgt, wie vom theoretischen Traktat über das politische Pamphlet bis zur volksnah inszenierenden Vergegenwärtigung in Form von Exempla oder Liedern alle Medien und Sprachmittel seine Verbreitung betreiben[73]. Mit diesen Hinweisen auf die diskursprägende Bedeutung unter-

---

70 Vgl. *Rolf Reichardt,* Revolutionäre Mentalitäten und Netze politischer Grundbegriffe in Frankreich 1789 - 1795, in: Die Französische Revolution als Bruch des gesellschaftlichen Bewußtseins, hrsg. v. Reinhart Koselleck u. Rolf Reichardt, (Ancien Régime, Aufklärung und Revolution 15) München 1988, 185 - 215; dazu kritisch *Günther Lottes,* Historische Semantik, Kontextanalyse und traditionelle Ideengeschichte, in: ebenda, 226 - 232.

71 *Rolf Reichardt,* Das Revolutionsspiel von 1791. Ein Beispiel für Medienpolitik und Selbstdarstellung der Französischen Revolution, Frankfurt/M. 1989; stärker semantisch akzentuiert *ders.,* Historical Semantics and Political Iconography: The Case of the Game of the French Revolution (1791/92), in: History of Concepts (Anm. 57), im Druck.

72 *Hans-Jürgen Lüsebrink,* Begriffsgeschichte, Diskursanalyse und Narrativität, im vorliegenden Band.

73 Vgl. *Hans-Jürgen Lüsebrink,* Historische Semantik als Diskurspragmatik: der Begriff der „Nation" in Frankreich und Deutschland, in: Kulturtransfer im

schiedlicher kultureller Ebenen und ihrer je spezifischen „Redeweisen" sowie auf die Intertextualitätsforschung[74] hängt auch die allgemeinere Anregung von Günther Lottes zusammen, Ideen, Sprechakte usw. systematischer als bisher „im Kontext der Wissensordnungen" zu interpretieren, „in denen sie formuliert werden[75]."

8. Nachdem die historische Semantik die bildliche Dimension der Sprache und ikonographische Dokumente bisher weitgehend vernachlässigt hat, mehren sich neuerdings Forderungen und Versuche, neben den Textarchiven auch das Bildgedächtnis der Vergangenheit als gleichwertiges Zeugnis und prägenden Faktor kollektiver Vorstellungen und nicht zuletzt der politischen Kultur auszuwerten[76]. Auf die große sozialhistorische Bedeutung der Visualisierung von Wortbedeutungen insbesondere durch gedruckte – also vervielfältigte – Bilder sei hier lediglich allgemein hingewiesen[77]. Bei günstiger Quellenlage läuft eine umfassende Berücksichtigung von Text- und Bildsprache auf eine Symbolgeschichte hinaus[78], die Jürgen Links Forschungsansatz der „Kollektivsymbolik"[79] recht nahe kommt.

9. Schließlich wird angeregt, „den Diskursräumen und den Transferprozessen zwischen diesen größere Beachtung" zu schenken[80]. In neueren Fallstudien haben sich insbesondere französisch-deutsche Übersetzungen als ergiebige Quelle einer komparatistisch-historischen Semantik erwiesen[81]. Filtert man etwa aus den hunderten französischer *Revolutions-*

Epochenumbruch. Frankreich – Deutschland 1770 - 1815., hrsg. v. Hans-Jürgen Lüsebrink u. Rolf Reichardt zus. mit Annette Keilhauer und René Nohr, (Deutsch-Französische Kulturbibliothek 9), Leipzig: Universitätsverlag 1997, 847 - 872; sowie *ders.*, Conceptual History and Conceptual Transfer: the Case of „Nation" in Revolutionary France and Germany, in: History of Concepts (Anm. 57), im Druck.

74 Daß diese bisher überwiegend philologische Arbeitsrichtung auch für Historiker wichtig ist, zeigt u. a. *Susanne Holthuis*, Intertextualität: Aspekte einer rezeptionsorientierten Konzeption, Tübingen 1993.

75 *Lottes*, „The State of the Art" (Anm. 27), 43f. Lottes unterscheidet eine traditional-glossatorische, eine normativ-referentielle und eine analytisch-imaginative „Wissensweise" und „-ordnung".

76 Vgl. *Hanisch*, Die linguistische Wende (Anm. 5), 218. Eine innovative Fallstudie bietet Eddy de Jongh, Painted Words in Dutch Art of the Seventeenth Century, in: History of Concepts (Anm. 57), im Druck. Siehe auch oben Anm. 69 u. 71.

77 Mehr dazu in den Schlußfolgerungen meines Beitrags über *Lumières* versus *Ténèbres* im vorliegenden Band.

78 *Hans-Jürgen Lüsebrink* u. *Rolf Reichardt*, Die „Bastille". Zur Symbolgeschichte von Herrschaft und Freiheit, Frankfurt/M. 1990.

79 Dazu *Schöttler*, Sozialgeschichtliches Paradigma (Anm. 11), 178f.; und *ders.*, Mentalitäten, Ideologien, Diskurse (Anm. 11), 107 u. 112f.; sowie *Frank Becker*, *Ute Gerhard* u. *Jürgen Link*, Moderne Kollektivsymbolik, in: Internationales Archiv für Sozialgeschichte der deutschen Literatur 22 (1997), 70 - 154, hier 87 u. 101f.

80 *Lottes*, „The State of the Art" (Anm. 27), 45. Siehe auch die Beiträge von Pim den Boer und Fred E. Schrader im vorliegenden Band.

81 Vgl. die oben in Anm. 73 genannten Arbeiten von Hans-Jürgen Lüsebrink.

Schriften, die zwischen 1770 und 1815 ins Deutsche übertragen wurden und im deutschen Sprachraum besondere Resonanz hatten, die zentralen Passagen zum Wortfeld *Revolution* heraus[82], wird ein interkultureller Vermittlungs- und Sinnbildungsprozeß sichtbar, der „weiße Flecken" der deutschen politischen Sprache im Zeitalter der Französischen Revolution ausfüllt[83].

Wenn die Beiträge des vorliegenden Bandes naturgemäß nicht beanspruchen können, all diese Grundsätze und Vorschläge zu realisieren, so suchen sie doch in einigen Beispielen zu zeigen, daß die aufgelisteten Arbeitsregeln praxisorientiert sind und eine historische Semantik in sozialgeschichtlicher Absicht voranbringen können. Sie führen beispielhaft Ausschnitte internationaler Arbeitsrichtungen vor, die bei aller Unterschiedlichkeit zu konvergieren scheinen. Es bleibt allerdings die Frage bestehen, ob sich daraus unmittelbar ein gemeinsamer interdisziplinärer Forschungsansatz entwickeln läßt, der diesen Namen verdient, oder ob man sich nicht unabhängig von „Schulen" und mit Hilfe in der historisch-semantologischen Diskussion bisher vernachlässigter Konzepte[84] eine praxisorientierte Theorie und Methode der sozialhistorischen Diskurssemantik entwickeln müßte, die den derzeit verbreiteten beliebigen und wenig stringenten Eklektizismus überwindet.

---

82 Dieses Verfahren kann sich auf Willibald Steinmetz berufen: „Weder Ideengeschichte noch Begriffsgeschichte, sondern Analyse elementarer Sätze"; vgl. *Steinmetz,* Das Sagbare und das Machbare (Anm. 23), 30 - 40.

83 *Rolf Reichardt,* Die Revolution – „ein magischer Spiegel". Historisch-politische Begriffsbildung in französisch-deutschen Übersetzungen, in: Kulturtransfer im Epochenumbruch (Anm. 73), 879 - 999.

84 Vgl. *Herbert Schnädelbach,* Reflexion und Diskurs. Fragen einer Logik der Philosophie, Frankfurt/M. 1977; *Stephen E. Toulmin,* Kritik der kollektiven Vernunft, Frankfurt/M. 1983; *Rudi Keller,* Sprachwandel. Von der unsichtbaren Hand der Sprache (1990), Tübingen 1994. Für den Hinweis auf diese Titel danke ich Axel Hof.

Begriffsgeschichte, Diskursanalyse und Narrativität*

Von Hans-Jürgen Lüsebrink, Saarbrücken

I. Diskursanalyse – eine „Herausforderung" der Begriffsgeschichte

Die Annäherung von Begriffsgeschichte (bzw. historischer Begriffsanalyse) und Sprachwissenschaft, insbesondere in ihrer Ausprägung als Diskursanalyse, die sich seit den 60er Jahren in Großbritannien, den USA, Deutschland und anderen westlichen Ländern beobachten läßt, charakterisiert in besonderem Maße die französische Forschung. Sie ist das Resultat einer spezifischen, in dieser Weise singulären Konstellation, die zum einen auf die interdisziplinäre Ausrichtung der *Annales*-Geschichtsschreibung und zum anderen auf die Entwicklung des Strukturalismus in den 1950er und beginnenden 60er Jahren zurückgeht. Im Anschluß an die Pionierarbeiten von Lucien Febvre aus den ersten Jahrzehnten des Jahrhunderts[1] entstand im Umkreis der Zeitschrift *Annales E. S. C.* eine ganze Reihe programmatischer Aufsätze und Einzelstudien, in denen die Verwendungsmöglichkeiten sprachwissenschaftlicher, vor allem lexikologischer, Forschungsansätze und Methoden in verschiedenen Bereichen der Geschichtswissenschaft (in erster Linie der Sozial- und Mentalitätsgeschichte) zur Diskussion gestellt und zum Teil in Fallstudien umrissen wurden. Studien wie Régine Robins *La société française en 1789: Semur-en-Auxois*[2] oder die Arbeiten des Religionshistorikers Alphonse Dupront[3] zielten jedoch weniger auf die Untersuchung der längerfristi-

---

* Der vorliegende Beitrag fußt auf einem Vortrag des Vf. in französischer Sprache bei der gemeinsam mit R. Reichardt organisierten „Table Ronde" zum Thema „Histoire conceptuelle des Lumières" beim Kongreß der Internationalen Gesellschaft zur Erforschung des 18. Jahrhunderts in Münster im Juli 1995. In die schriftliche Fassung sind, vor allem hinsichtlich der beiden ersten, stärker theoretisch ausgerichteten Teile, Überlegungen eingeflossen, die der Vf. im Oktober 1995 bei einer Tagung des Arbeitskreises für moderne Sozialgeschichte zum Thema „Geschichtliche Grundbegriffe" in der Reimers-Stiftung in Bad Homburg vorgetragen und zur Diskussion gestellt hat.

1 *Lucien Febvre,* Histoire et Linguistique, in: Revue de Synthèse historique 23 (1911), 131 - 147; *ders.,* Les mots et les choses en histoire économique, in: Annales d'histoire économique et sociale 2 (1930), 231 - 234.

2 *Régine Robin,* La société française en 1789: Semur-en-Auxois, Paris 1970; vgl. auch *dies.,* Histoire et Linguistique. Premiers jalons, in: Langue Française 9 (1971), 47 - 57; *dies.,* Histoire et Linguistique, Paris 1973.

3 Vgl. vor allem *Alphonse Dupront,* Sémantique historique et Histoire, in: Cahiers de Lexicologie 14 (1969), 15 - 25; *ders.,* Langage et Histoire, in: XIIe

gen, diachronen Entwicklung von Begriffsbedeutungen als auf die Analyse der Verwendungsweisen von Begriffen in spezifischen sozio-historischen Kontexten – linguistisch gesprochen: auf die Verbindung von synchron gedachter Semantik und Pragmatik. Régine Robin beispielsweise ging es in ihrer 1970 publizierten Dissertation darum, aufzuzeigen, welche begrifflich und semantisch strukturierten Beschreibungs- und Wahrnehmungsmuster den – von ihr am Beispiel der burgundischen Stadt Semur-en-Auxois und ihres Umlandes – untersuchten Beschwerdeheften *(cahiers de doléances)* des Winters 1788/89 sowie den sozialen Konflikten des Sommers 1789 zugrundelagen. In diesem Zusammenhang spielten, wie sie in ihrer mikrohistorisch angelegten Untersuchung nachzuweisen vermochte, sozio-kulturelle Begriffe wie *bourgeois, rentier, noblesse, fermier, roi* und *seigneur* eine herausragende Rolle[4].

Einen qualitativen Sprung erfuhr die Beziehung von sozialhistorisch orientierter Begriffsgeschichte und Sprachwissenschaft durch die Entwicklung des Strukturalismus in den 60er Jahren und durch die aus ihm hervorgegangene Diskursanalyse. Insbesondere die Arbeiten von Roland Barthes und Michel Foucault, die in enger, auch institutioneller Verbindung zur *Annales*-Schule standen, vermittelten entscheidende Anstöße. Ausgehend vom Grundpostulat der Zeichenhaftigkeit des historischen Archivs rückte Foucault die Analyse der diskursiven Regelhaftigkeiten des sozialen Sprechens, der sozialen Redeweisen in einer bestimmten historischen Epoche, in das Zentrum seines Erkenntnisinteresses. „Ich möchte nicht", so Foucault in einem Interview aus dem Jahre 1969, „unterhalb des Diskurses nach dem Denken des Menschen suchen, sondern versuche, den Diskurs in seiner manifesten Existenz zu nehmen, als eine Praxis, die bestimmten Regeln gehorcht. Es geht um Regeln der Formierung, der Existenz, der Koexistenz, um Systeme der Funktionsweise

Congrès International des Sciences Historiques (Moscou 1970), Bd. I: Communications, Moskau 1970, 186 - 254.

4 In eine ähnliche Richtung und in produktiver Weiterentwicklung von Ansätzen R. Robins weisen die Ergebnisse der geschichtswissenschaftlichen Leipziger Dissertation von *Steffen Sammler,* Agrarstruktur, kulturelle Tradition und politische Sensibilisierung der französischen Landbevölkerung am Ende des Ancien Régime. Die ‚cahiers de doléances' von 1789 in der Normandie, Leipzig 1997. Im Gegensatz zu Robin und Sammler, die sozialhistorische und lexikographisch-linguistische Vorgehensweisen in überzeugender Weise miteinander verknüpfen, beschränken sich Denis Slatka und Klaus Zimmermann auf eine linguistisch-sprachpragmatische Analyse der *cahiers de doléances:* vgl. *Denis Slatka,* Les demandes les plus répandues dans les cahiers de doléances, in: Langue française 9 (1971), 58 - 73; *ders.,* Esquisse d'une théorie lexico-sémantique: Pour une théorie du texte politique. Les cahiers de doléances, in: Langues 23 (1971), 87 - 134; *Klaus Zimmermann,* Sprachliche Handlungen in den Cahiers de Doléances von 1789, in: Sprache und Literatur in der Französischen Revolution, hrsg. v. Brigitte Schlieben-Lange, (Zeitschrift für Literaturwissenschaft und Linguistik 41), Göttingen 1981, 52 - 69.

usw. Und genau diese Praxis in ihrer Konsistenz und beinahe in ihrer Materialität beschreibe ich[5]."

Die strukturalistische und vor allem poststrukturalistische „Provokation" der Begriffsgeschichte seit den 60er Jahren lenkte den Blick von isolierten Begriffen auf komplexe Wortfelder, von der Zeichenhaftigkeit der Begriffe und Begriffsfelder auf ihre Medialität und Materialität, von der Semantik auf die quantitativ-serielle Erfassung von Wortfrequenzen und Begriffsbedeutungen und schließlich vom Sprachsystem auf die Untersuchung der Pragmatik von Begriffen und Begriffsfeldern, ihrer Verwendung in präzisen historischen Kontexten und soziokulturellen Kommunikationssituationen. Dieser vielschichtige Paradigmawechsel führte vor allem in den Arbeiten von Jacques Guilhaumou, Michel Tournier, Annie Geffroy und der mit ihnen verbundenen Forschergruppe am Institut de la Langue Française in Saint-Cloud zu einer deutlichen Konzentration auf kurze historische Zeiträume und mikrohistorische Analysen, die sich in Methodik und Gegenstandsbereich zunehmend vom Terrain der Begriffsgeschichte, auch in der Prägung der *Annales*-Schule, entfernten. Als Beispiele wären das mittlerweile auf fünf Bände angewachsene *Dictionnaire des usages socio-politiques de la Révolution Française* oder präzise, aber sehr punktuelle Studien wie etwa die Arbeiten von Sophie Wahnich zu den sozio-politischen Verwendungsweisen des Wortes *Etranger* in den Jahren 1793 und 1794 zu nennen[6].

Den neueren, vor allem post-strukturalistischen Ansätzen der Diskursanalyse liegt ein Begriff von „Diskurs" zugrunde, der sehr vielschichtig ist. Dominique Maingueneau unterscheidet in seinem Buch *L'Analyse des Discours. Introduction aux lectures de l'archive* (1991) vier unterschiedliche Bedeutungs- und Verwendungsformen des Begriffs „Discours" im Rahmen der Sprachwissenschaft:

1. „Diskurs" als Äquivalent des Begriffs der „Parole" des Genfer Linguisten Ferdinand de Saussure der aktualisierten sprachlichen Performanz (im Gegensatz zur virtuellen sprachlichen Kompetenz);

2. „Diskurs" als transphrasistisches linguistisches Objekt, der Gegenstandsbereich der Textlinguistik;

---

5 *Michel Foucault,* Interview mit J. J. Brochier, in: Magazine littéraire 29 (1969), 23 - 25 (Übersetzung Hans-Jürgen Lüsebrink).

6 *Sophie Wahnich,* L'*étranger* dans la lutte des factions: Usage d'un mot dans une crise politique (5 nivôse an II – 9 thermidor an II), in: Mots 16 (1988), 111 - 130; *dies.,* Anglais: des ennemis extraordinaires, Nivôse – thermidor an II (janvier - juillet 1794), in: Dictionnaire des usages socio-politiques (1770 - 1815), Bd. 4, Paris 1989, 35 - 61; *dies.,* La notion d'étranger en l'an II, in: Annales Historiques de la Révolution Française 62 (1990), 379 - 403; *dies.,* Fragments d'institutions parlementaires: Faire circuler la parole du Souverain, in: L'ordre parlementaire 20 (1992), 119 - 128; *dies.,* L'impossible citoyen. L'étranger dans le discours de la Révolution française, Paris 1997.

3. meint „Diskurs“ im Rahmen der linguistischen Pragmatik die interaktive, situationsbezogene Dimension von Sprache.

4. In Anlehnung an Ansätze Michel Foucaults definiert sich „Discours“ als regelhaftes Sprechen, das einer bestimmten – sozialen, ideologischen oder soziokulturellen – Funktion gehorcht und von Foucault auch ‚Diskursive Formation‘ („formation discursive“) genannt wird. Foucault spricht in diesem Sinn vom „feministischen Diskurs“, vom „Verwaltungsdiskurs“, vom „Diskurs über Sexualität“ oder vom „Diskurs über Kriminalität[7]“.

Für die Begriffshistorie sind vor allem die beiden letztgenannten Bedeutungsschichten des Diskurses von Relevanz, die der Sprachwissenschaftler Klaus Bochmann in sehr eingängiger Form wie folgt definiert hat:

> „Was ist *discours*? Es ist zunächst einmal die sprachliche Äußerung, die im Gegensatz zum linguistischen Strukturalismus unabhängig von den Grenzen des Satzes betrachtet werden soll, im Prinzip also von der Einwortäußerung bis zum vollständigen, ausführlichen Text reicht. [...] *Discours* ist somit die sprachlich-kommunikative Tätigkeit, eingebettet in eine Kommunikationssituation mit ihren Hauptelementen Sprecher, Adressat und Referent. Während die saussuresche *langue* zur Konstituierung einer vereinheitlichenden Sprachwissenschaft führte, in der theoretisch kein Platz für die Verschiedenheit der Sprachverwendung war, löst sie *discours* als gesellschaftlich determinierte und daher typologisch erfaßbare sprachliche Tätigkeit ab, die bei Saussure als in letzter Konsequenz wissenschaftlich nicht beschreibbar, als Abladeplatz aller Fakten betrachtet wurde, die die Kohärenz und Geschlossenheit des Systems störten[8].“

II. Diskurstheoretische Analyseebenen

Aus dem Blickwinkel methodischer Ansätze der Diskursanalyse, die – wie auch Bochmann betont – „zumindest teilweise identisch ist mit dem, was andernorts unter den Namen Sprachpragmatik, Theorie der Kommunikation und Soziolinguistik betrieben wird“[9], lassen sich für die

---

7 Vgl. u. a. *Michel Foucault,* Surveiller et Punir. Naissance de la prison, Paris 1975; *ders.:* Histoire de la sexualité, Bd. 1, Paris 1978; *ders.,* L'Archéologie du savoir, Paris 1969. Vgl. zum Einfluß Foucaults auf diskursanalytische Ansätze in den Literatur- und Kulturwissenschaften auch: *Jürgen Link* u. *Ursula Link-Heer,* Diskurs/Interdiskurs und Literaturanalyse, in: Zeitschrift für Literaturwissenschaft und Linguistik 77 (1990), 88 - 99; *Manfred Frank,* Zum Diskursbegriff bei Foucault, in: Diskurstheorien und Literaturwissenschaft, hrsg. v. Jürgen Fohrmann u. Harro Müller, Frankfurt/M. 1988, 25 - 44; sowie *Peter Schöttler,* Sozialgeschichtliches Paradigma und historische Diskursanalyse, in: Diskurstheorien und Literaturwissenschaft, hrsg. v. Jürgen Fohrmann u. Harro Müller, Frankfurt/M. 1988, 159 - 199.

8 *Klaus Bochmann,* „Analyse de Discours“ im Schnittpunkt zwischen Soziolinguistik und Literarischer Semantik, in: Beiträge zur Romanischen Philologie 17/1 (1978), 197 - 201, hier 197.

9 Ebenda.

Begriffsgeschichte sechs unterschiedliche Artikulations- und damit Analyseebenen unterscheiden:

1. Die lexikologische Ebene von Begriffen und Begriffsfeldern, die ausgehend von der Morphologie von Wörtern zu Wortfeldstrukturen gelangt. Ein Beispiel hierfür wäre das lexikalische Feld *Nation,* das ebenso unmittelbare adjektivische Ableitungen wie *national* und *nationalistisch* wie auch eine Fülle von Substantivbildungen und Komposita enthält, u. a. *Nationalismus, Nationaltempel, Nationalgarde, Nationalpantheon, Nationalpädagogik, Nationalfahne* etc.[10] Die Analyse der lexikologischen Ebene impliziert aus diskursanalytischer Sicht vor allem drei methodische Verfahren:

- erstens die lexikometrische Wortfrequenzanalyse auf der Grundlage eines mehr oder minder umfangreichen Textcorpus[11];
- zweitens die Konstruktion lexikalischer Felder, d. h. Wortfelder mit ähnlicher morphologischer Struktur[12];
- und drittens die Analyse der Wort-Ko-Okkurenzen syntagmatisch benachbarter Begriffe. Diese geht von Syntagmen (vor allem Sätzen, aber auch transphrastischen Strukturen) aus, die in systematischer Weise bei umfangreicheren Corpora zur Volltexterfassung und Auswertung ein entsprechendes PC-Programm voraussetzt[13].

2. Die semantische Ebene umfaßt Wortbedeutungen und semantische Felder mit unterschiedlichen Ausdehnungsgraden, die sich aus dem Grad ihrer gemeinsamen semantischen Teilmengen ergeben und außer durch Identitätsrelationen durch Oppositionsrelationen (Gegenbegriffe) und

---

10 Vgl. hierzu *Hans-Jürgen Lüsebrink,* Historische Semantik als Diskurspragmatik: der Begriff *Nation* in Frankreich und Deutschland., in: Kulturtransfer im Epochenumbruch. Frankreich – Deutschland, 1770 - 1815, hrsg. v. dems. u. Rolf Reichardt zus. mit Annette Keilhauer u. René Nohr, (Deutsch-Französische Kulturbibliothek), Leipzig 1997, 847 - 871.

11 Ein herausragendes Beispiel hierfür ist die Habilitationsschrift von *Maurice Tournier,* Un vocabulaire ouvrier en 1848. Essai de lexicométrie. Thèse d'Etat. ENS de Saint-Cloud 1975 (Ms.), 785 S.; s. a. *ders.,* Des mots sur la grève, Paris 1993. Als Einführung in die lexicometrische Methodik eignet sich *Jacques Guilhaumou,* L'historien du discours et la lexicométrie, in: L'Historien du discours et la léxicométrie 3/4 (1986), 27 - 46.

12 Vgl. hierzu *Horst Geckeler,* Strukturelle Semantik und Wortfeldtheorie, München 1971; *Eugenio Coseriu,* Probleme der strukturellen Semantik, (Tübinger Beiträge zur Linguistik Bd. 40), Tübingen 1973, 53 - 76 („Wortfelder"); Wortfeldforschung. Zur Geschichte und Theorie des sprachlichen Feldes, hrsg. v. Lothar Schmidt, (Wege der Forschung CCL), Darmstadt 1973; *Brigitte Kogelschatz,* Theorie und Praxis des sprachlichen Feldes französischer Verstandesadjektive in drei Zeitepochen, München 1981; *Leonhard Lipka,* Methodology and representation in the study of lexical fields, in: Perspektiven der lexikalischen Semantik, hrsg. v. Dieter Kastovsky, Bonn 1980, 93 - 114.

13 Vgl. hierzu *Dominique Maingueneau,* L'Analyse du discours. Introduction aux lectures de l'archive, Paris 1991, 59 - 63 (Kap. „Lexicométrie en contexte: les cooccurrences").

Assoziationsrelationen gekennzeichnet sind. Ein semantisches Feld der kollektiven Identitätsbegriffe mit dem zentralen Bedeutungselement des „Nationalen“ würde neben dem lexikalischen Wortfeld *Nation* beispielsweise auch die semantisch nahestehenden Begriffe *Volk, Vaterland* und *Volksgemeinschaft,* das heißt u.a. auch die Oppositionsbegriffe *Vaterlandsverräter, Vaterlandsfeind, Separatist* und *Kosmopolit* sowie ein breites Feld assoziierter Begriffe wie *wehrhaft, tugendhaft,* das *eigentlich Deutsche,* der *aufrechte Deutsche,* etc. umfassen.

Die Analyse von Begriffen und semantischen Feldern in diskursanalytischer Sicht basiert auf dem grundsätzlich gleichen Analyseverfahren wie die Untersuchung der lexikalischen Ebene: das heißt auf Frequenzanalysen, Konstitution von Feldstrukturen und Analyse von Ko-Okkurenzen, wobei die Bezugsgröße hier nicht das Wort oder Lexem, sondern Bedeutungseinheiten semantischer Art („Seme“) sind. Die semantische Analyse der Ko-Okkurenzen von *habitants, peuple* und *nation* in den Beschwerdeheften des Jahres 1789 durch R. Robin beispielsweise hat gezeigt, daß die beiden erstgenannten Lexeme *(habitants, peuple)* – die morphologisch grundverschieden sind und heute eine völlig andere Bedeutung haben – im Kontext der Vorrevolution semantisch weitgehend synonym waren; *peuple* und *nation* hingegen wiesen 1789, von einem schmalen semantischen Überlappungsbereich abgesehen, keine Bedeutungsdeckungen auf, ganz im Gegensatz zum heutigen sozialen und politischen Sprachgebrauch[14].

3. Die intermediale Ebene betrifft die diskursiven Verankerungen von Begriffen und semantischen Feldern in unterschiedlichen Materialitäten der Kommunikation: Schriftlichkeit, Mündlichkeit, Semi-Oralität (d.h. Chansons, Theater, Dialoge wie z.B. Katechismen), Bildlichkeit, Rituale, narrative und nicht-narrative Aktionen.

Aus der unterschiedlichen materiellen Artikulation von Begriffen lassen sich in dieser Perspektive unterschiedliche Funktionen und soziale bzw. sozio-kulturelle Zirkulationsweisen ableiten. Die Präsenz eines Begriffs oder semantischen Feldes im Titel und im Textteil semioraler Medien wie des Chansons oder der politischen Almanache der Revolutionszeit verweist auf ihre Rezeption in breiten, zum Teil analphabetischen sozialen Schichten. Dies gilt hinsichtlich des Ancien Régime und der Französischen Revolution z.B. für Begriffe wie *patrie, loi, nature, égalité, droit, aristocratie, Bastille, despotisme* und *liberté,* die in vielfältiger Form in Bildern und Chansons eine visuelle oder musikalische Transposition erfahren haben[15].

---

14 *Robin,* Société française (Anm. 2).

15 Vgl. hierzu *Hans-Jürgen Lüsebrink,* Die Genese der „Grande Nation“. Vom *Soldat-Citoyen* zur Idee des Empire, in: Volk – Nation – Vaterland, hrsg. v. Ulrich Herrmann, Hamburg 1996, 117 - 130.

Andere Formen intermedialer Transposition von Begriffen finden sich beispielsweise in Bildillustrationen wichtiger Werke der Aufklärungsbewegung. Die zehn Titelblattillustrationen von Raynals *Geschichte beider Indien* aus dem Jahre 1780, einem Bestseller der Spätaufklärung, lenken den Blick auf zentrale Aussagen, Begriffe und semantische Felder des Gesamtwerkes: die Titelblattillustration des 5. Bandes beispielsweise, der die Geschichte der Kolonisierung der Antillen darstellt, setzt den Schlüsselbegriff des *Philosophe* in Szene, der die negativen Seiten der Entdeckung und Eroberung – Sklaverei, Massaker, brutale Gewalt – schriftlich festhält, sie stigmatisiert und somit zum Bestandteil des historischen Gedächtnisses erhebt, das Raynal und sein Ko-Autor Diderot als eine Form von Gegen-Geschichtsschreibung begreifen. Andere Titelblätter des Werkes visualisieren offensichtlich sozio-politische Schlüsselwörter wie *nature, esclavage, despotisme, bonheur* und *égalité*. Zusammengenommen bilden die zehn Titelblattillustrationen eine Art ‚Kern-Begriffsinventar' nicht nur der *Geschichte beider Indien,* sondern der französischen Spätaufklärung in ihrer Gesamtheit. Sie lenken den Blick auf mentale und kulturelle Fokussierungen der zeitgenössischen Gesellschaft, indem sie Begriffe wie *philosophie, esclavage* und *nature* zugleich in leicht memorisierbaren Visualisierungen zum Ausdruck bringen.

4. Die interdiskursive Ebene zielt auf die Beziehungen zwischen unterschiedlichen sprachlichen Diskursformen. Ihre Analyse geht von der These aus, daß Begriffe in sprachlicher Form nicht nur argumentativ, sondern auch in Form von Erzählungen, Dramatisierungen und poetischen Texten verankert sind und verbreitet werden. Die Analyse soziopolitischer Schlüsselwörter verfolgt in dieser Perspektive das Ziel, die Transpositionen von lexikalischen Begriffen und Begriffsfeldern sowie semantischen Feldern in narrativen und poetischen Strukturen zu untersuchen. Es zeigt sich hier, daß Begriffe wie *liberté* oder *despotisme* neben ihrer argumentativen eine erzählerische und auch theatralisierte Dimension aufweisen sowie in poetische Bilder bzw. Bildfolgen (Isotopien) hinein ‚übersetzt' werden.

5. Die sozio-kulturelle Ebene der Verwendungsweisen von Begriffen sowie lexikalischen und semantischen Feldern ist eng mit der intermedialen und interdiskursiven Ebene verbunden. Das Fehlen oder die marginale Repräsentanz von Begriffen wie *cosmopolitisme, laboureur* oder *volonté générale* in ikonographischen, oralen und semi-oralen Medien sowie nicht-argumentativen, vor allem narrativen Diskursformen sind sichere Indizien für ihre eher begrenzte soziale und mentale Zirkulation und Rezeption.

6. Die interkulturelle Ebene des Transfers von Begriffen und semantischen Feldern schließlich zielt nicht auf den kulturübergreifenden

Begriffsvergleich[16] – der begrifflich und methodisch von interkulturellen Fragestellungen zu unterscheiden ist –, sondern auf die empirisch faßbaren Beziehungen zwischen unterschiedlichen Kulturen sowie auf die in ihnen analysierbaren Prozesse: Übersetzung, produktive Rezeption, kritischer Kommentar und Negation, etwa in Form einer semantischen Replikstruktur. Zahlreiche soziale und politische Begriffe und Begriffsfelder sind, wie auch eine ganze Reihe von Artikeln der *Geschichtlichen Grundbegriffe* belegt, Resultate interkultureller Transferprozesse, von Frankreich nach Deutschland, von England nach Frankreich, vom deutschen Sprach- und Kulturraum nach Ost- und Südosteuropa: dies gilt beispielsweise für Begriffe und semantische Felder wie *Revolution, Nation, Gesellschaftsvertrag, Freiheit* oder *Menschenrechte*. Die diskursanalytische Perspektive fordert dazu heraus, diese Prozesse des Begriffstransfers, die im Grunde an die traditionelle Problematik des „Einflusses“ oder „Exports“ von Ideen über nationale Grenzen hinweg anknüpfen, auf kultur- und sprachwissenschaftlicher Grundlage neu zu denken sowie präziser zu fassen: außer in ihren Inhalten, ihrer Semantik, auch in ihren materiellen, textuellen und paratextuellen Formen (Vorworte, Illustrationen, Materialität der Texte). Die Tatsache beispielsweise, daß das semantische Feld der *Bastille,* das im Kontext der Spätaufklärung und der Revolution ein Kollektivsymbol generierte, zwar im zeitgenössischen deutschen Sprachraum breit rezipiert wurde und auch Formen produktiver Aktualisierung hervorbrachte, aber zugleich in einem weit schmaleren Spektrum von Medien und Textsorten transferiert wurde als in Frankreich, verweist auf unterschiedliche sozio-kulturelle und politische Verwendungsweisen des Begriffs in Deutschland und in Frankreich, wo der Begriff bis in die Gegenwart hinein einen wichtigen Bestandteil des in der Revolution entstandenen nationalen Selbstverständnisses bildet.

III. Narrativität – zur Artikulation von sozio-kulturellen Schlüsselwörtern in erzählerischen Darstellungen

Innerhalb der Begriffsgeschichte, die vor allem in Deutschland, u. a. mit dem monumentalen Werk der *Geschichtlichen Grundbegriffe,* auf eine lange und fest etablierte wissenschaftliche Tradition zurückblicken

---

16 Ein wegweisendes und sehr überzeugendes Beispiel für eine *kulturvergleichende* Untersuchungsperspektive der Begriffsgeschichte ist die Studie von *Willibald Steinmetz,* Gemeineuropäische Tradition und nationale Besonderheiten im Begriff der ‚Mittelklasse‘. Ein Vergleich zwischen Deutschland, Frankreich und England, in: Bürgerschaft. Rezeption und Innovation der Begrifflichkeit vom Hohen Mittelalter bis ins 19. Jahrhundert, hrsg. v. Reinhart Koselleck u. Klaus Schreiner, Stuttgart 1994, 161 - 236.

kann, sind in erster Linie die lexikalische und die semantische Ebene Gegenstand der Forschung gewesen, wobei Begriffe ganz überwiegend in argumentativen Zusammenhängen gesehen und analysiert wurden. Phänomene wie die Visualisierung von Begriffen oder ihre Verbreitung in oralen und semi-oralen Formen und Medien sind bisher kaum berücksichtigt und nicht systematisch in begriffshistorische Artikel einbezogen worden.

Dies gilt in gleicher – und vielleicht noch prononcierterer – Weise für die narrative Dimension von Begriffen, die für ihre soziale Verbreitung eine entscheidende Rolle spielte. Der sozio-kulturelle Schlüsselbegriff *Bastille* erfuhr weniger durch seine Verarbeitung in argumentativ strukturierten Diskursen als vielmehr durch seine Visualisierung[17] sowie seine Verankerung in Erzählungen eine große soziale Verbreitung. Erzählungen wie die autobiographischen Leidensgeschichten der Bastille-Häftlinge Masers de Latude, Renneville und Bucquoy oder die (fiktive) Erzählung über das Martyrium des Comte de Lorges, der am 14. Juli vorgeblich aus dem Staatsgefängnis befreit worden war und dessen Geschichte im Sommer 1789 in Form eines Pamphlets zirkulierte[18], prägten nachhaltig die kollektive Vorstellung von der *Bastille* und den hiermit unmittelbar verknüpften Begriffen *despotisme, prison* und *tyrannie.*

Innerhalb der narrativen Dimension von Begriffsgeschichte lassen sich in systematischer Hinsicht für die Frühe Neuzeit im wesentlichen vier Formen unterscheiden: (1) religiös geprägte Narrationen; (2) historische Narrationen; (3) referentielle zeitgenössische Erzählungen; und (4) didaktisierte Erzählungen, meist mit identifikatorischer oder didaktischer Zielrichtung.

(1) Die Bezugnahmen auf religiöse, vor allem biblische und hagiographische Erzählungen haben zweifelsohne in weit stärkerem Maße als bisher in der sozial- und begriffshistorischen Forschung angenommen wird, die konzeptuelle Wirklichkeitserfassung breiter Gesellschaftsschichten auch der Frühen Neuzeit geprägt[19]. Dies belegen beispiels-

---

17 Vgl. *Hans-Jürgen Lüsebrink,* ‚Die zweifach enthüllte Bastille'. Zur sozialen Funktion der Medien Text und Bild in der deutschen und französischen ‚Bastille'-Literatur des 18. Jahrhunderts, in: Francia 8 (1986), 311 - 331; sowie *ders.* u. *Rolf Reichardt:* Die ‚Bastille'. Zur Symbolgeschichte von Herrschaft und Freiheit, Frankfurt/M. 1990.

18 [Anon.], Le Comte de Lorges, prisonnier de la Bastille, o.O. 1789. Wieder abgedruckt in: [Anon.], Mémoires historiques et authentiques sur la Bastille, Bd. II, Londres/Paris 1789, 357 - 373.

19 Die wegweisende Studie von *Christopher Hill,* The English Bible and the Seventeenth-Century Revolution, London 1993, die den prägenden Einfluß religiöser Bezugnahmen, und vor allem auch von Narrationen, im England des 17. Jahrhunderts untersucht, ist leider von der Forschung zum 18. Jahrhundert bisher kaum rezipiert worden.

weise Begriffe wie *vertu* und *innocence,* die u.a. bei den Justizaffären und Skandalprozessen des ausgehenden Ancien Régime eine zentrale Rolle spielten. Der bis dahin ganz überwiegend religiös konnotierte Begriff *innocence persécutée* etwa erhielt hier eine völlig neue politische – und mit politisierten Narrationen – ‚aufgeladene' Semantik. Statt sich in erster Linie auf die Geschichte der in zahlreichen Volksbüchern, Liedern und bildlichen Darstellungen der Hl. Genoveva (die häufig den Titel *L'Innocence persécutée* trugen) zu beziehen, verwies der Begriff der ‚Verfolgten Unschuld' nun auch auf aktuelle, brisante und in hohem Maße politisierte Geschichten der Gegenwart: so etwa die Geschichte der von ihrem Herrn verfolgten Dienerin Marie Salmon in Paris, die wegen ihrer Weigerung, sich verführen zu lassen, 1785 von diesem aus Rache wegen angeblichen Diebstahls angeklagt wurde und nur durch ihren Anwalt Lecauchois sowie das breite öffentliche Aufsehen, das ihr Prozeß erregte, vor der Vollstreckung des gegen sie ergangenen Todesurteils gerettet werden konnte[20]. Wie religiöse Erzählmuster auf die Darstellung und kollektive Wahrnehmung sozialer und politischer Phänomene des 18. Jahrhunderts übertragen wurden, läßt sich an bisher wenig erforschten Textsorten und Dokumenten wie den *Mémoires judiciaires* und den zugehörigen Bildflugblättern beobachten, die zur Breitenwirkung der Skandalprozesse des ausgehenden Ancien Régime entscheidend beitrugen. So war ein populärer Einblattdruck, der 1786 nach der Freisprechung Marie Salmons auf den Straßen von Paris von Kolporteuren verkauft wurde, überschrieben: *L'Innocence Reconnue de Marie Françoise Victoire Salmon;* und dazu brachte er in der Form eines Anagramms den Vers: „J'étais forcée à mort sans vol ni crime[21]."

(2) Unter den historischen Bezugnahmen spielen in begriffshistorischer Hinsicht vor allem narrative Versatzstücke zur römischen Geschichte sowie zur Geschichte der französischen Monarchie (vor allem zu Karl dem Großen, Saint-Louis, Henri IV und Louis XIV) eine herausragende Rolle. Diese finden sich sowohl in Medien der Schriftlichkeit (Historiographie, Literatur) wie in oralen und semi-oralen Medien (Sprichwörter, Theater, Chansons), in Bilddarstellungen und -folgen sowie in Monumenten. Die Artikel der *Encyclopédie* von Diderot und d'Alembert zu soziopolitischen Schlüsselbegriffen belegen die Bedeutung dieser erzählerischen Bezugnahmen auf zentrale Ereignisse und Figuren der römischen

[20] Hierzu *Sarah Maza,* Private Lives and Public Affairs. The Causes Célèbres of Prerevolutionary France, Berkeley/Los Angeles/London 1993, 225 - 233; *Hans-Jürgen Lüsebrink,* Die verfolgte Unschuld und ihre Advokaten – zur Rhetorik und öffentlichen Wirkung empfindsamer Rede im Frankreich des 18. Jahrhunderts, in: Empfindsamkeiten, hrsg. v. Klaus P. Hansen, Passau 1990, 121 - 136.

[21] Vgl. *Lüsebrink,* Die verfolgte Unschuld; der erwähnte Kupferstich erschien in Paris, bei Maillet, Rue Saint-Jacques, 1786, und wird erwähnt u.a. in der Zeitschrift Année littéraire, Bd. VII, 1786, 156 - 157.

und der monarchischen Geschichte Frankreichs, die – wie erste Untersuchungen Peter Burkes belegen[22] – auch das kollektive Bewußtsein der sozialen Unter- und Mittelschichten des 17. und 18. Jahrhunderts prägten. Der Artikel „Tyran" der *Encyclopédie* beispielsweise geht zunächst von der Etymologie des Begriffs aus, umreißt dann Elemente einer politischen Theorie der Tyrannei, indem er u.a. auf die Begriffe *loix, vertu* und *liberté* (als Gegenbegriffe zu *tyrannie*) Bezug nimmt, und erwähnt schließlich historische Beispiele aus der römischen Geschichte: zum einen Caligula, Nero und Domitian, die lediglich durch ihre Namen Erwähnung finden und keine narrative Dimension erhalten; und zum anderen Tiberius, der durch eine kurze Erzählung evoziert wird:

„Tibère après avoir inondé Rome du sang des citoyens vertueux, devient odieux à lui-même; il n'ose plus contempler les murs témoins de ses proscriptions, il se bannit de la société dont il a rompu les liens, il n'a pour compagnie que la terreur, la honte et les remors. Tel est le triomphe qu'il remporte sur les lois[23]."

Insgesamt jedoch ist in der *Encyclopédie* ein sehr unterschiedlicher Rekurs auf erzählerische Elemente zu beobachten. Während diese in einem Artikel wie „Sauvage" völlig fehlen, nehmen sie in anderen Artikeln, wie etwa „Despotisme", einen breiten Raum ein. Der letztgenannte Artikel enthält in der Tat neben Bezugnahmen auf die römische Geschichte und auf das Zeitalter Ludwigs XIV. auch kurze, narrative Erwähnungen der chinesischen und siamesischen Geschichte. Sein Autor, der Chevalier de Jaucourt, umreißt in diesem Zusammenhang die mentalen Einstellungen der Untertanen des Königs von Pégu, deren Unterwürfigkeit erst die ausgeübten Formen des Despotismus und ihr Fortdauern ermöglicht habe, wie folgt:

„Ceux qui sont faits prisonniers par le Roi de Pégu restent tranquillement dans la nouvelle habitation qu'on leur assigne, parce qu'elle ne peut être pire que la première. Les habitants du Pégu en agissent de même quand ils sont pris par les Siamois[24]."

(3) Der Zeitgeschichte und der Aktualität entnommene Erzählungen bilden weniger in Wörterbuchartikeln, wohl aber in anderen Gattungsformen und Medien einen wichtigen Bezugsrahmen sozio-kultureller Schlüsselbegriffe. Dies gilt auch, bei näherem Hinsehen, für viele theoretische Schriften, etwa zur Gesellschafts-, Staats- und Justizreform, die in narrativer Form aktuelle Probleme evozieren. Ein Beispiel hierfür liefert etwa Brissot de Warville, Rechtsanwalt und Publizist, während der

---

22 Vgl. *Peter Burke,* Le Roi comme héros populaire: seizième au dix-huitième siècle, in: History of European Ideas III/3 (1982), 267 - 271.

23 Encylopédie ou Dictionnaire raisonné des Arts et des Métiers, hrsg. v. Denis Diderot u. Jean Le Rond d'Alembert, 17 Bde., Paris (Neufchâtel) 1751 - 1765, hier Bd. XVI (1765), Art. „Tyran" von de Jaucourt, 784.

24 Art. „Despotisme" von de Jaucourt, in: ebenda, Bd. IV (1754), 886 - 889, hier 888.

Französischen Revolution Abgeordneter in der Nationalversammlung und in den 70er und 80er Jahren des Jahrhunderts einer der führenden aufklärerischen Justizkritiker. In seinem 1780 von der Akademie von Châlons-sur-Marne preisgekrönten *Discours sur les Moyens de prévenir les crimes* nimmt Brissot im Rahmen kurzer Erzählungen, die in den argumentativen Duktus seiner Schrift eingebaut sind, Bezug auf mehrere zeitgenössische Justizaffären und Kriminalfälle: so etwa auf den Prozeß gegen Marie-Catherine Lescombat, die wegen Gattenmordes 1755 zum Tode verurteilt worden war, ihre Tat aber bis zur Hinrichtung geleugnet hatte und zur Heldin populärer Schriften der Kolportageliteratur wurde[25]. An anderer Stelle der Schrift findet die Geschichte des Briganten- und Schmugglerführers Mandrin Erwähnung, dessen Popularität, so Brissot, auf Widersprüche des Rechts- und Sozialsystems des Ancien Régime verweise. Außerdem erwähnt Brissot in kurzen, erzählerischen Passagen sowohl die zeitgenössischen Justizskandale um Calas, Salmon, Morangiès-Véron wie auch die Verurteilung des unschuldigen Derugy, dessen Schicksal er folgendermaßen beschwört:

> „Qu'on se rappelle en effet l'histoire récente du malheureux *Derugy*. C'est bien en lisant les détails de son affaire, que l'homme de bien, indigné, désireroit d'être rejeté au sein des forêts. Il n'auroit pas à gémir de tant d'atteintes portées à l'ordre naturel, et consacrées par les loix positives[26]."

Am Ende des argumentativ strukturierten Diskurses, in dessen Verlauf die erwähnten Justizaffären mehr oder weniger ausführlich erzählt werden, steht ein pathetischer Kommentar des Autors. Dieser greift in pamphletärer Weise die Kernaussagen und Bilder des Erzählten auf und verwendet im Zusammenhang mit einer Kritik der Straf- und insbesondere der Gefängnispraxis andere wichtige Schlüsselbegriffe der sozialen und politischen Sprache der Zeit (wie *crime, citoyen* und *Être suprême*):

> „Ames sensibles qui avez quelquefois pénétré dans ce séjour horrible, que de blasphèmes, que de malédictions vous avez entendu vomir contre l'Etre Suprême, contre la société! [...] L'humanité ne frémit-elle pas! L'innocence à côté du crime! [...]. C'est là que des citoyens innocens ont souvent reposé leur tête également fatiguée des interrogations, des outrages, des atrocités qu'ils étaient forcés d'éprouver[27]."

---

[25] Vgl. die in den Kolportageheftchen der *Bibliothèque Bleue* erschienenen „Lettres amoureuses de la Dame Lescombat, et du Sieur Mongeot, ou Histoire de leurs criminels amours" (Troyes 1755), mit Einleitung neu ediert, in: Histoires curieuses et véritables de Cartouche et de Mandrin, hrsg. v. Hans-Jürgen Lüsebrink, Paris 1984, 323 - 360, 45 - 52 (Einleitung).

[26] *Jacques-Pierre Brissot de Warville,* Discours couronné par l'Académie de Châlons-sur-Marne le 25 août 1780. Moyens de prévenir les crimes en France, in: Brissot (Hrsg.), Bibliothèque Philosophique, Bd. VI, Neufchâtel 1782, 1 - 165, hier 103.

[27] Ebenda, 136f.

Für die soziale Wahrnehmung und die politische Kritik des Justizbereichs, aber auch der politischen Sphäre in ihrer Gesamtheit spielte die narrative Dimension eine wichtige und in ihrer mentalen Wirkung kaum zu überschätzende Rolle. Das Bild des französischen Hofes, das seit den 1780er Jahren von Begriffen wie *corruption, despotisme* und *libertinage* geprägt wurde, fand außer in ikonographischen Darstellungen (u. a. zu Marie-Antoinette und zu Louis XVI[28]) in erzählerischen Darstellungen, vor allem in bissigen Anekdoten und pornographischen Erzählungen, seinen breitenwirksamsten Ausdruck. Sie wurden auch in zahlreichen Pamphleten der Spätaufklärung und der Französischen Revolution verwendet, wie beispielsweise in De Créquys autobiographischer Erzählung *Une Grande Victime du Despotisme, à ses Concitoyens* (1793), in der Zentralbegriffe des politischen Diskurses der Zeit (*despotisme, iniquités, horreurs, dévoilement,* u. a.) zugleich „zitiert" und narrativ umgesetzt wurden[29]. Argumentative Formen der Despotismuskritik, wie sie sich etwa im Werk Linguets finden, und narrative Darstellungen wie die zitierten greifen hier ineinander und bilden unterschiedliche Facetten der Versprachlichung einer politischen Vorstellungswelt, die sich in der sozio-politischen Begrifflichkeit der Zeit lexikalisch kristallisiert.

(4) Didaktische Narrationen spielen im Zusammenhang mit der Begriffsgeschichte vor allem in Texten eine Rolle, die auf die politische, moralische und kulturelle Erziehung des Volkes abzielten. Erzählerische Formen nehmen in Periodika wie der *Feuille villageoise,* dem *Père Duchesne* sowie in politischen Almanachen und Katechismen vor allem der Spätaufklärung und der Revolutionszeit eine ähnliche Funktion ein wie die Exempla-Geschichten in religiösen Katechismen und in Predigten.

Der *Catéchisme de Morale, spécialement à l'usage de la Jeunesse, contenant les Devoirs de l'Homme et du Citoyen, de quelque Religion et de quelque Nation qu'il soit* von Madame de Genlis aus dem Jahre 1785 beispielsweise ist durchsetzt von kurzen Erzählungen, durch die politische und moralische Begriffe veranschaulicht werden sollen. Das Kapitel „De la bonté" etwa beginnt mit einer Definition des Begriffs ‚Güte', der mittels moralischer Maximen erklärt und anschließend von den verwandten Begriffen *charité* und *générosité* unterschieden wird. Am Ende steht eine

---

28 Vgl. zu dieser Problematik des Zusammenhangs von Ikonographie und politischer Vorstellungswelt *Annie Duprat,* Le roi décapité. Essai sur les imaginaires politiques, Paris 1992.

29 *Charles-Alexandre de Créquy,* Une grande victime du despotisme à ses concitoyens, Paris o. J. (1793), 1: „ma vie qui va bientôt paroître et que je dédie aux représentans d'un peuple libre et à tous les bons citoyens, dévoilera d'une manière inconnue jusqu'alors, les iniquités et horreurs commises sous les règnes de Louis XV et de Louis XVI, par mes persécuteurs, qui m'ont tenu renfermé et traîné de prisons en prisons, depuis ma plus tendre jeunesse jusqu'à l'âge de 55 ans [...]".

ausführliche Anekdote[30], die das zuvor abstrakt und argumentativ Erklärte dem Leser in plastischer Weise nahebringt. Auf drei Seiten wird hier die Geschichte eines angeblichen Geizhalses erzählt, der einer bedürftigen Mutter und ihren beiden Kindern gleichwohl Unterkunft gewährt und ihnen mit Nahrung und Geld zur Seite steht. Begriffe wie *générosité, bonté, bienfaisance, charité, désintérêt* und *pureté* erfahren so durch anschaulich erzählte Handlungen eine auf das populäre Leserpublikum zielende Konkretisierung.

Ähnliche Formen der narrativen Transposition moralischer sowie sozio-politischer Schlüsselbegriffe zu volkserzieherischen Zwecken finden sich in einem Periodikum wie der *Feuille villageoise,* die durchgehend versucht, abstrakte Begriffe wie *patrie, sacrifice patriotique, haine de la tyrannie* oder *amour de la liberté* anhand fiktionaler oder referentieller Anekdoten zu veranschaulichen und so einem breiten Publikum zugänglich zu machen. Ähnliche Textstrukturen und eine vergleichbare Vorgehensweise finden sich auch in populären Schriften der Revolutionszeit wie Collot d'Herbois' vom Pariser Jakobinerklub prämiertem *Almanach du Père Gérard* (1792) und Bourdon de la Crosnières *Recueil des actions héroïques et civiques des républicains français* (1793/94), das der Bildungsausschuß des Konvents auf Staatskosten drucken und landesweit verteilen ließ. Das Vorwort dieses *Recueil* nimmt zudem ausdrücklich Bezug auf den Zusammenhang von Narration und politischem Diskurs, der – den Zielsetzungen des Verfassers zufolge – eine möglichst eingängige, allgemeinverständliche Form haben solle, die abstrakte Begriffe vermeide, sich zum Vorlesen eigne und somit auch Analphabeten erreichen könne:

> „Cet ouvrage destiné, d'après vos décrets, à être lu dans les assemblées populaires, les jours de Décade, et dans les écoles publiques, doit avoir le mérite que l'on désire dans les livres élémentaires, vulgairement appelés classiques; il doit présenter un modèle de narration: le rédacteur doit entièrement disparaître, l'acteur seul doit être vu. Toutes réflexions doivent être bannies; les traits cités doivent être assez bien choisis pour se louer eux-mêmes. Aucun terme hyperbolique, aucune expression triviale ou ampoulée ne doivent défigurer un style dont la pureté, la simplicité et le choix des mots propres sont les qualités principales[31]."

Bourdons Programm politischer Akkulturation des breiten Volkes zielte somit darauf ab, wichtige soziale und politische Begriffe nicht

---

30 Die Erzählerin schreibt zu Beginn dieser Anekdote: „Je ne peux résister au plaisir de citer un exemple bien touchant de la manière de faire du bien." Vgl. *Comtesse de Genlis,* Catéchisme de Morale, spécialement à l'usage de la jeunesse; contenant les devoirs de l'Homme et du Citoyen, de quelque Religion et de quelque Nation qu'il soit, Dresden 1785, 142.

31 *Bourdon de la Crosnière,* Recueil des actions héroïques et civiques des républicains français, Paris 1794, Nr. 1, o.S.

durch Argumentationsketten und abstrakte Definitionen, sondern im wesentlichen durch Erzählungen zu beschreiben und zu vermitteln. Im dritten Heft der Sammlung, die im Februar 1793 erschien, wird beispielsweise die Geschichte des Soldaten Olivier Brosselin erzählt, der 1792 als Freiwilliger an die Front gezogen, in der Schlacht von Wissembourg schwer verwundet worden und in Gefangenschaft geraten war, dann aber zu fliehen vermochte und auf der Flucht unter den Kugeln des Feindes, den Ausruf „Vive la République!" auf den Lippen, fiel. Die Schilderung seines Schicksals soll Begriffe wie *héros, civisme* und *liberté,* die in die Erzählung eingebaut sind, sowie Vorstellungsmuster wie den „Märtyrertod für das Vaterland" veranschaulichen. Auch der aus der aristokratischen Ethik übernommene und revolutionär umgewertete Begriff *honneur* wird hier zugleich verwendet und narrativ umgesetzt, indem er das Ethos patriotischen Soldatentums bezeichnet und auf den Stolz, an vorderster Front zu kämpfen, verweist[32].

Die umrissene Einbeziehung der narrativen Dimension in begriffshistorische Untersuchungen erscheint vor allem für Begriffe von Bedeutung, die politische und soziale Bezugnahmen aufweisen und somit als konzeptuelle Raster der Wirklichkeitswahrnehmung und -beurteilung dienten: also u.a. Begriffe wie *despotisme, tyran, criminel, héros, civisme, morale* oder *sensibilité, innocence* und *vertu.* Ebenso wie die Einbeziehung der medialen Verankerungsformen von Begriffen – etwa in Bildern, Chansons oder in Theaterstücken – zielt ihre Erforschung auf die in der Begriffsgeschichte (im Vergleich zur diachronen Entwicklungsperspektive) eher vernachlässigten Zirkulationsweisen von Begriffen im sozialen und politischen Raum einer bestimmten Epoche. Diese – im Sinn des *New Historicism*[33] – „historistische" Rekonstruktion der Formen und Funktionen sozio-politischer Schlüsselbegriffe in Gesellschaften der Vergangenheit impliziert eine weit dezidiertere Abkehr von der traditionellen (und in ihren Methoden weitgehend überholten) Ideengeschichte, als es die etablierte Begriffsgeschichte bisher erkennen ließ. Sie schließt die Notwendigkeit ein, Begriffe nicht weitgehend isoliert (als atomisierte Einheiten) und in einer historischen Langzeitperspektive zu betrachten, sondern als diskursive Begriffsnetze mit vielfältigen medialen und interkulturellen Bezügen. Stellt man in diesem Zusammenhang die Frage, wie sich politische „Ideen" und moralische Vorstellungen über Begriffe in den Köpfen breiter Sozialschichten festgesetzt haben, so gewinnt die Untersuchung ihrer bildlichen und erzählerischen Umsetzungen (bzw. Artikulationsformen) einen zentralen Stellenwert. Narratio-

---

32 Ebenda, Nr. 3, o.S:: „au milieu d'une troupe de héros qui ont presque toujours obtenu l'honneur de combattre dans les premiers rangs de l'armée du Nord."

33 Vgl. hierzu: The New Historicism, hrsg. v. H. Aram Veeser, New York 1989.

nen stellen aus diesem Blickwinkel „anthropologische Faszinationstypen“ (Hans Ulrich Gumbrecht[34]) dar, in denen sich kollektive, breitenwirksame Begriffe und Vorstellungen in jeweils historisch spezifischen Ausformungen kristallisieren. Und ihre Untersuchung zeigt die Möglichkeit auf, den Zusammenhang von Sprache und politischem Handeln, von Semantik und sozialer Aktion, ausgehend von den Handlungsmodellen, die die Zeitgenossen selbst mit bestimmten politischen und sozialen Begriffen verknüpften, aus begriffs- und diskursanalytischer Sicht neu zu denken[35].

34 Zu diesem Begriff, der auch für die Begriffsgeschichte grundlegend erscheint, *Hans Ulrich Gumbrecht,* ‚Das in vergangenen Zeiten Gewesene so gut erzählen, als ob es in der eigenen Welt wäre‘. Versuch zur Anthropologie der Geschichtsschreibung, in: Formen der Geschichtsschreibung. Theorie der Geschichte, hrsg. v. Reinhart Koselleck u. Jörn Rüsen, Bd. 4, München 1982, 480 - 513, hier 483: „Mit dem Terminus ‚Faszinationstypen‘ wollen wir im folgenden auf die Hypothese verweisen, daß metahistorisch rekurrente Sprechsituationen aus einem *anthropologisch konstanten Gerichtetsein auf bestimmte* (natürlich sehr weite) *Themenbereiche* und Formen ihrer Vergegenwärtigung hervorgehen.“

35 Vgl. hierzu auch den bemerkenswerten Aufsatz des Sozialhistorikers Sidney Tearow von der Cornell University mit dem Titel ‚Mentalities, Political Cultures and Collective Action Formes: Constructing Meanings through Action‘ (im Druck).

Zur historischen Semantik von *deutsch / Deutschland* und *Repräsentation* in der französischen politischen Publizistik (ca. 1650 - 1820)

Ein Bericht*

Von Fred E. Schrader, Paris

I. Allgemeiner Gegenstandsbereich

Zurecht ist in den letzten Jahren darauf hingewiesen worden, daß in der Geschichte der Politik und der Diplomatie der Frühen Neuzeit im und um das Alte Reich noch erhebliche Lücken zu schließen sind. Es ist auch keineswegs so, als gäbe es zu wenige Quellen für diesen Gegenstand. Vielmehr harren viele umfangreiche und relativ leicht zugängliche Bestände noch ihrer Erschließung und Auswertung. Das gilt insbesondere für französische Materialien. Lücken bestehen immer noch im Bereich der Politik- und Diplomatiegeschichte im engeren Sinn. Woran es weiterhin durchgängig mangelt, ist eine Sozialgeschichte der Politik und Diplomatie in Europa zwischen dem Westfälischen Frieden und dem Wiener Kongreß. Dies kann auf verschiedenen Ebenen deutlich gemacht werden:

Wie bereits andernorts hervorgehoben[1], bildet sich innerhalb des Reichs, an den wichtigsten Höfen und am Immerwährenden Reichstag, aber auch international ein neues politisches und diplomatisches Personal heraus. Es zeichnet sich durch eine konstante Präsenz, Schulung, Kompetenz und *soziale Systembildung* aus. Das gilt zunächst für die persönliche Vernetzung durch Freundschaften und familiäre Verbindungen. Durch Matrimonialstrategien erhalten Politik und Diplomatie ein anthropologisches Gerüst, welches ihnen über die wechselnden Anlässe und sich ändernden Interessens- und Kräftekonstellationen hinaus eine stabile Struktur, eine dauerhafte Kohärenz als „politische Klasse“ und die notwendigen Voraussetzungen für Sicherheit, Vertrauen und Berechenbarkeit verleihen, und zwar auf einer anderen als der von ihr vertre-

---

* Projekt an der Universität Paris VIII, gefördert von der Volkswagen-Stiftung.

1 *Heinz Schilling,* Höfe und Allianzen. Deutschland 1648 - 1763, Berlin 1989, 103 ff., 148 ff.; *Lucien Bély,* Les relations internationales en Europe, XVIIe - XVIIIe siècles, Paris 1992, 339 ff., 583 ff.

tenen dynastischen Ebene. Die Erforschung dieses Prozesses steht noch in den Anfängen. Selbst die bloße Inventarisierung des politischen und diplomatischen Personals ist noch nicht abgeschlossen[2].

Politik und Diplomatie werden zu einem spezifischen System mit eigenen Bezügen und eigener Hierarchisierung. Eine Besonderheit scheint im Vergleich mit anderen Systemen darin zu liegen, daß die innere Hierarchisierung überwiegend traditionell auf die dynastische Ordnung und Interessenslage ausgerichtet bleibt. Umgekehrt scheint in dem Maße, wie die ausschließlich dynastische Interessenspolitik mehr und mehr in Schwierigkeiten gerät (etwa Erbfolgeprobleme bei intensiver Verschwägerung zwischen den Familien), ein eigenständiger diplomatischer Diskurs nicht nur zunehmend Lösungen anbieten, sondern auch durchsetzen zu können[3].

Diese neue Funktionsstruktur festigt sich also auch institutionell. Politik und Diplomatie unterliegen einer *Professionalisierung,* geben sich einen eigenen Gegenstand der fachlichen Spezialisierung und Intensivierung. Nicht nur werden überall in Europa Akademien für die Ausbildung von Verwaltungspersonal gegründet, sondern an alten und neuen Universitäten etablieren sich Rechts- und Geschichsstudien im Dienste der Politik als allgemeine Disziplin. Archiv- und Bibliotheksstudien werden zu ihrer notwendigen Voraussetzung. Daneben bilden sich staatliche Institutionen der spezialisierten Diplomatie mit Verwaltungscharakter heraus. Dies zeitigt eine interne Zirkulation und Hierarchisierung schriftlicher Vorgänge[4].

Hierdurch kommt es zu *spezifischen Korpusbildungen.* Politik schlägt sich im Zuge ihrer Professionalisierung auf drei Ebenen nieder:

- private Niederschriften, Korrespondenzen, persönliche Archive und Nachlässe;

---

2 Ich verweise auf die einschlägige laufende Forschungsarbeit von Bernd Jeschonnek an der Historischen Kommission zu Berlin. Daß aus den Quellen noch viel zu erschließen ist, zeigt beeindruckend *Eckhard Buddruss,* Französische Deutschlandpolitik 1756 - 1789, (Veröff. d. Inst. f. Europ. Gesch. 157), Mainz 1995.

3 *Fred E. Schrader,* Le Saint Empire romain germanique dans les représentations européennes, in: Revue germanique internationale 1 (1994), 83 - 106.

4 Für die französische Diplomatie vgl.: Recueil des Instructions données aux ambassadeurs et ministres de France depuis les Traités de Westphalie jusqu'à la Révolution française publié sous les auspices de la Commission des archives diplomatiques au Ministère des Affaires étrangères, Paris 1884 - 1983; *Camille Piccioni,* Les premiers commis des affaires étrangères au XVIIe et au XVIIIe siècles, Paris 1928; *A. Salomon,* Les Alsaciens employés au Ministère des Affaires étrangères à Versailles au XVIIe et au XVIIIe siècles, in: Revue d'histoire diplomatique 45 (1931), 449 - 472; Repertorium der diplomatischen Vertreter aller Länder seit dem Westfälischen Frieden (1648), hrsg. v. Ludwig Bittner u. Lothar Groß, Oldenburg/ Berlin 1936; *Jürgen Voss,* Universität, Geschichtswissenschaft und Diplomatie im Zeitalter der Aufklärung: Johan Daniel Schöpflin (1694 - 1771), München 1979.

- einer Publizistik als gelehrte und intellektuelle Öffentlichkeit, deren Zugang durch Ausbildung und intellektuelles Vermögen beschränkt ist und die ansonsten aktive wie passive Teilnahme zuläßt;
- einer internen administrativen Öffentlichkeit, deren Zugang und aktive/passive Teilnahme nach Ausbildung, Funktion und Hierarchie gefiltert und reguliert wird.

Diese Ebenen sind notwendigerweise aufeinander bezogen. Der politische Apparat nimmt etwa die universitäre und akademische Öffentlichkeit ebenso aufmerksam wahr, wie er aktiv in sie einzugreifen sucht. Dies ist nicht nur ein Versuch, die öffentliche Meinung zugunsten der eigenen Politik zu beeinflussen, sondern dies hat eben gerade auch nach den Regeln der Wissenschaft zu geschehen. Personelle Übergänge vom Bereich der universitären Öffentlichkeit in den administrativen Rahmen der Diplomatie sind keine Ausnahmen, sondern durchaus üblich.

Die Räume teilen zudem die Gemeinsamkeit ihres Mediums, ihrer Spuren und ihres Resultats: Schriftlichkeit. Sie schaffen jeweils ein Korpus eigenen Charakters: wie die Publizistik eine „Bibliothek" und einen Markt der Veröffentlichungen mit Wörterbüchern und anderern Referenzwerken sowie Nachlässe hervorbringt, so erzeugt die Administration ein Archiv von Anweisungen, Berichten, Korrespondenzen und anderen Schriftstücken. Jedes Korpus ist der Sache nach ein Bezugs- und Orientierungsystem, das sich mit den anderen überschneiden und im Einzelfall darauf verweisen kann.

Zunächst geht es um die *historische Semantik dieses Raumes im weitesten Sinne,* d.h. die Gesamtheit der Formen, mit deren Hilfe in diesem System Sinn generiert, modifiziert und insbesondere etwa aus Kontingenz oder überraschenden, nicht vorhergesehenen Konstellationen entstandenen Anomien mit „regulärem" Sinn vermittelt werden[5]. In diesem umschriebenen Bereich soll weiterhin danach gefragt werden, was *Deutschland* und was *deutsch* heißt.

---

5 *Niklas Luhmann,* Gesellschaftliche Struktur und semantische Tradition, in: ders., Gesellschaftsstruktur und Semantik. Studien zur Wissenssoziologie der modernen Gesellschaft, Bd. 1, Frankfurt/M. 1993, 9 - 71. Eine allgemeinere Übersicht gibt *Peter Schöttler,* Mentalitäten, Ideologien, Diskurse. Zur sozialgeschichtlichen Thematisierung der „dritten Ebene", in: Alltagsgeschichte. Zur Rekonstruktion historischer Erfahrungen und Lebensweisen, hrsg. v. Alf Lüdtke, Frankfurt/M. 1989, 85 - 136. Grundlegend und wegweisend für Quellen und methodische Fragen: *Rolf Reichardt,* Einleitung, in: Handbuch politisch-sozialer Grundbegriffe in Frankreich 1680 - 1820, hrsg. v. R. Reichardt u. Eberhard Schmitt, Heft 1/2, München 1985, 39 - 148.

II. Drei Forschungsansätze im Vergleich

In die historische Semantik fließen eine ganze Reihe von Voraussetzungen und Vorarbeiten ein, die hier nicht alle in extenso dargestellt zu werden brauchen (soziologischer Funktionalismus, Wissenssoziologie in Frankreich und Deutschland, Historiographie des „outillage mental", Begriffsgeschichte). Doch sollen die wichtigsten Voraussetzungen und Annahmen des Projekts in den wesentlichen Linien dargestellt und erläutert werden.

Wenn von historischer Semantik die Rede ist, dann setzt das voraus, daß es einen Zusammenhang gibt zwischen – sprachlichen, aber nicht ausschließlich sprachlichen – Zeichensystemen und Gesellschaftsverfassungen im weitesten Sinne, die sich in Veränderungen befinden. *Daß* überhaupt ein solcher Zusamenhang existiert, wird vielleicht am deutlichsten dadurch plausibel, daß ein Bezeichnetes im Zeichensystem als Sinn erfahren wird. Es gibt offensichtlich Grenzen dessen, was als sinnvoll erlebt wird. Innerhalb dieser Grenzen findet Generierung von Sinn statt.

1. *Das Prinzip der Geschichtlichen Grundbegriffe*

Das Prinzip der *Geschichtlichen Grundbegriffe* (im folgenden: GG) geht davon aus, daß sich geschichtliche Erfahrung in den verschiedenen Sprachen – einschließlich ihrer Übersetzungen – niedergeschlagen hat. Es macht Leitbegriffe der geschichtlichen Bewegung zum Gegenstand der geschichtlichen Forschung. Das schließt die Diskurse der Quellensprache als „Metapher der Geschichte, die erkannt werden soll", ausdrücklich mit ein. Es handelt sich um Begriffe über Verfassung, gesellschaftliche und politische Organisation, entsprechende Wissenschaften, politische Bewegungen und Schlagworte, dominierende Berufsgruppen und soziale Schichten, „ideologisch anspruchsvolle Kernbegriffe und Ideologien[6]."

Die leitende Fragestellung steht unter dem Zeichen der Auflösung der alten und der Entstehung der modernen (europäischen/westlichen) Welt auf der Ebene der Geschichte ihrer begrifflichen Erfassung, und zwar als Bewußtwerdung der Moderne. Es geht also um Begriffe, die den sozialen und politischen Umwandlungsprozeß erfassen bzw. von ihm betroffen werden. Ausdrücklich handelt es sich weder um eine Genese des politi-

---

[6] *Reinhart Koselleck,* Einleitung, in: Geschichtliche Grundbegriffe. Historisches Lexikon der politisch-sozialen Sprache in Deutschland, hrsg. v. Otto Brunner, Werner Conze u. Reinhart Koselleck, Bd. 1 - 7, Stuttgart 1972 - 92, hier Bd. 1, XIII - XXVII.

schen und sozialen Vokabulars, noch um eine linguistisch abgestützte politische Semantik; dies bleibt ausdrücklich anderen Forschungsprojekten vorbehalten.

Die Fragestellung schließt die – inzwischen bestätigte – Vermutung ein, daß sich seit Mitte des 18. Jahrhunderts ein tiefgreifender Bedeutungswandel klassischer Topoi vollzogen habe, daß alte Worte neue Sinngehalte bekommen haben oder auch neue Begriffe geprägt worden seien, wobei die Übergänge fließend sind. Reinhart Koselleck prägt hierfür den Begriff der „Sattelzeit", der eine Epochenschwelle bezeichnet. Es handelt sich um einen deutlich artikulierten Evidenzwandel der Begriffe. Erst seitdem fallen auch für uns Begrifflichkeit und Begreifbarkeit zusammen.

2. *Die systemtheoretische Problemstellung*

Wird etwa bei Reinhart Koselleck das, was sich in Europa verändert, mit Begriffen wie „moderner Staat" oder „Modernität" umschrieben, wobei man an das Problembewußtsein der Zeitgenossen anknüpft, so besitzt nach Niklas Luhmann ein solches Vorgehen kein explizites theoretisches Fundament dieser Entwicklung und geht nach „Art einer gehobenen Tatsachenforschung" vor. Luhman geht das Problem von vier Seiten her an[7]:

- Gesellschaftliche Struktur und Semantik fallen bei ihm als Kontext von „Sinn" zusammen.
- Er charakterisiert den Transformationsprozeß als einen Übergang zur funktionalen Differenzierung, was im übrigen bislang geschichtlich nur im Okzident geschehen bzw. von ihm ausgegangen sei.
- Die soziale Generierung von Sinn ist bei ihm ablesbar nach den Kriterien von Plausibilität und Evidenz, und das heißt hier wesentlich durch Konsensbildung, als Selektionsweisen der Ideenevolution.
- Ideenevolution findet durch intellektuelle Techniken wie Distanz und Abstraktion statt, aber auch im alltäglichen Umgang selbst. Vor allem Intellektuelle bringen derart evolutionäre Variationen an, welche dann erprobt werden.

„Keine Erkenntnis kann über das hinausgehen, was für Systeme möglich ist", konstatiert Luhmann. Den wissenssoziologischen Zirkel löst er dadurch, daß er den Kreis in Teilstrecken aufteilt und jeweils als Geraden behandelt. Bei der Selektion von Einfällen komme es darauf an,

[7] *Niklas Luhmann,* Gesellschaftsstruktur und Semantik. Studien zur Wissenssoziologie der modernen Gesellschaft, Bd. 1, Frankfurt/M. 1993, Kap. 1 und 2.

daß „der kommunikative Erfolg in der sozialen Gemeinschaft der Kundigen und Interessierten“ einsetzt, wobei es zu starken Verschiebungen in der Zeit zwischen erstem Auftreten und Wirkungsentfaltung kommen kann. Wichtig hierbei ist, daß es eine soziale Gemeinschaft gibt, welche ausdrücklich die Semantik „pflegt“, d.h. tradiert, überprüft, verändert, modifiziert, variiert, zusammenhält.

Zum Problem, fremde (d.h. auch: vergangene) Systeme zu lesen und zu verstehen, führt Luhmann insbesondere aus:

„Es fehlt einerseits eine hinreichende Abstraktheit des begrifflichen Apparates, die eine Analyse fernliegenderer [sic!] Kulturen überhaupt erst ermöglicht; andererseits aber auch eine Theorie der Evolution des Gesellschaftssystems“, um genauer anzugeben, „in welchen Hinsichten und weshalb Denkvoraussetzungen sich geändert haben“. Auf die Frage, „ob „moderne“ Begriffe oder Vorverständnisse überhaupt geeignet sind, das Denken fernliegender Zeiten und Gesellschaften zu erschließen; ob dieses Denken überhaupt zugänglich sein kann“, antwortet Luhmann mit der Erklärung, es seien zunächst „vor allem die Komplexität des Gesellschaftssystems und die Kontingenz seiner Operationen, deren Veränderung mit Änderungen der Semantik beantwortet wird. Man kann das begreifen und damit auch die Distanz zu fremdem Denken begreifen, nicht aber auf Grund moderner Prämissen konkret ‚so denken wie‘.“

Antworten auf Komplexität sieht Luhmann in systembezogenen Differenzierungen. Er unterscheidet zwischen

- *segmentärer Differenzierung* (Bildung gleicher Einheiten, einander ähnliche Systeme, etwa nach Familien, Geschlechtern, Dörfern);
- *stratifikatorischer Differenzierung* (Einteilung nach ungleichen Schichten, die intern dann wieder – etwa nach Familien – segmentär differenziert sind, Hierarchisierung im Gesamtsystem mit Offenheit von oben nach unten);
- und *funktionaler Differenzierung* (Teilsystembildungen nach notwendigen Funktionen ohne Hierarchisierung, wobei die Teilsysteme zwar einen Funktionsprimat erhalten, der aber gesamtgesellschaftlich nicht institutionalisierbar oder sonst durchsetzbar ist).

Die Teilsysteme sind umgekehrt auch nicht gesamtgesellschaftlich geregelt. Ihre einzige Beziehung zur Gesamtgesellschaft besteht in der notwendigen Funktion des Teilsystems.

Es gibt Zwischenformen des Gesellschaftssystems, das dann an mehreren Differenzierungsarten teilhat. So erscheint die ständische Gesellschaft als ein Kompromiß zwischen Schichtbildung und Funktionsorientierung. Im Prinzip gehört eine Person nur einer Schicht an, welche ihre

Identität ist. Mischexistenzen erweisen sich dadurch als problematisch, „weil zu viel Erwartungshaltungen an der Person hängen, die ohne Schichtindex nur ein privates Individuum wäre".

Die Verbindung zur historischen Semantik stellt Luhmann über die Dekomposition des Sinnbegriffes her, und zwar in drei Schritten:

- Sinn ist ein „Überschuß an implizierten Verweisungen auf anderes, der zu selektiven Vorgehen in allem anschließenden Erleben und Handeln zwingt". Sinn organisiert Selektivität.
- Komplexität setzt ein System unter Selektionsdruck, es steht unter Streß. Komplexität schafft sich nun semantische Korrelate in den einzelnen Sinndimensionen, in denen eine Trennung des Selektionsspielraums angenommen werden kann.
- Die die Transformation zeitgenössisch begleitenden Konzepte und Theorien können vermutlich nicht die Transformation selbst analysieren und verständlich machen, beispielsweise in der Französischen Revolution.

Eine Semantik, die kein teilsystemstrukturelles Fundament, d.h. keine funktionale Spezifikation besitzt (als „eigenständige Ideenevolution"), ist „auf bloßen Formenverbrauch angewiesen". Evolution kommt zur Reflexion über sich selbst und fragt nach Kontinuität und Diskontinuität, geht hier selektiv, schematisch vor. Luhmann möchte danach fragen, „was in der Änderung Kontinuität garantiert".

3. Die Fragestellung des Handbuchs politisch-sozialer Grundbegriffe in Frankreich, 1680 - 1820

Das *Handbuch* (im folgenden: HPSG) knüpft an die Erfahrungen der GG, aber auch an den Ansatz Luhmanns an, geht jedoch in einigen wesentlichen Punkten sowohl im theoretischen Ansatz wie in der praktischen Durchführung darüber hinaus. Zunächst existieren Ansätze (Gumbrecht, Reichardt), die im Anschluß an die phänomenologische Wissensoziologie (Schütz, Berger) von einer Koinzidenz von „Typus" im wissenssoziologischen und „Bedeutung" im lebensweltlichen Kontext ausgehen[8]. Wichtig ist hier vor allem, daß sich über „Typen" eine gesellschaftliche Transformation vollzieht, welche zwar durch die Aktion der in der Geschichte handelnden Individuen stattfindet, jedoch von ihnen nicht notwendigerweise und in ihren effektiven Formen gewollt oder gesteuert ist. Das entspricht in etwa der durkheimschen Definition des „fait social", transponiert auf die Ebene der historischen Semantik.

---

8 *Reichardt,* Einleitung (Anm. 5), 66 - 68.

Entscheidend ist nun, daß das HPSG die begriffliche Transformation nicht als eine mehr oder weniger widerspruchslose Einheit konzipiert, sondern – ausgehend von den heftigen französischen zeitgenössischen Konflikten um den ‚Mißbrauch der Wörter' („l'abus des mots") als Gegenstand und Medium sozialer und politischer Auseinandersetzungen nicht nur theoretischer und intellektueller, sondern auch schichten- und klassenspezifischer Art. Derart kommt nicht nur die gepflegte Semantik, sondern auch die breiter Volksschichten in den Blick. Und nicht zuletzt wird – zumindest dem Ansatz nach – über die Wortfelder hinaus nicht nur nach intellektueller Systematik, sondern vor allem nach Diskursen und Vorstellungswelten gefragt, die in enger Wechselbeziehung zu komplexen, sich oftmals widersprechenden und überschneidenden gesellschaftlichen und politischen Praxisformen stehen.

III. Eingrenzungen des Gegenstandes und der Fragestellung

1. Eigen- und Fremdwahrnehmung

Die Entstehung eines Nationalbewußtseins in Deutschland wurde bislang in der politischen, Geistes- und Kulturgeschichte im wesentlichen als ein innerdeutscher Prozeß im Spannungsfeld zwischen gelehrtem Kosmopolitismus, aufklärerischer Öffentlichkeit, Französischer Revolution, Reichsverfassung, Staatsverfassungen im Reich, Gesellschaftskritik und deutscher – nicht zuletzt literarischer – Kultur beschrieben. Ein Blick ins Ausland oder von außerhalb der Grenzen dient bestenfalls dem Vergleich, um sowohl die Einzigartigkeit der deutschen Kulturlandschaft als auch die „Verspätung" in der politischen nationalen Identität zu belegen.

Tatsächlich aber ist die jeweilige nationale Verfasssung im Anschluß an Otto Hintze nicht nur als Resultat innerer Auseinandersetzungen, sondern auch als Ergebnis der Beziehungen mit dem Ausland zu lesen und zu verstehen[9]. Letzteres gilt insbesondere für den politischen, rechtlichen, diplomatischen und militärischen Bereich. Der fremde Blick auf ein Land, die fremde Einschätzung einer Nationalität, das fremde Zugeständnis oder die fremde Verweigerung von allgemeinen und besonderen, spezifischen Verfassungsstrukturen gehören wesentlich mit zur Konstitution von Staaten und Nationalitäten. Im Extremfall kann sie total verweigert werden, wie im Falle Polens. Sie kann gar nicht in Frage gestellt werden, wie für England. *Nation* kann auch eine eigene Krise durchlaufen und sich schließlich gegen den Rest Europas stellen, wie im Falle des revolutionären Frankreichs. Fremdwahrnehmung und Fremdeinschät-

---

[9] *Otto Hintze,* Staat und Verfassung. Gesammelte Abhandlungen zur allgemeinen Verfassungsgeschichte, Göttingen 1970.

zung erscheinen derart als Anzeiger europäischer Kräfteverhältnisse in ihrer Differenz untereinander, vor allem aber als Indikatoren der Selbsteinschätzung und zugleich als Signale offener und schwelender Konflikte.

Was Deutschland angeht, so stehen bereits vor dem Dreißigjährigen Krieg die Reichsverfassung, die Reichsinstitutionen, die dynastischen Interessen, die Machtstrategien der Reichsstände im Mittelpunkt des ausländischen Interesses. Dieses ist zunächst ganz praktisch geleitet: Es soll die Möglichkeiten der Politik für Krieg, Frieden und Friedensschlüsse aussondieren. Soweit theoretische Fragen wie die der Souveränität angesprochen werden, so beziehen sie sich entweder auf diesen außenpolitischen Bereich, oder aber sie verweisen auf den inneren Konflikt- und Diskussionszusammenhang zurück, indem sie Vergleiche suchen. Das gilt für die Rezeption deutscher Verhältnisse bei den Monarchomachen ebenso wie bei der Friedensideologie oder der Polysynodie. Der Praxisbezug verankert die Fremdwahrnehmung zugleich in die europäische und die jeweilige innenpolitische Machtpolitik[10].

Die entsprechenden doppelt (d.h. nach innen *und* nach außen) gegenstandsbezogenen Arbeiten beschränken sich aber nicht ausschließlich auf ihre expliziten politischen Aufgabenstellungen. Vielmehr können sie als Quellen auch für andere Zusammenhänge als diejenigen dienen, welche ihre Autoren im Auge hatten. Die Texte sind sowohl Produkte als auch Referenzkorpus für eine Gruppe von Juristen, Theoretikern, Praktikern der Politik und der Diplomatie. Prinzipiell sind weder die Texte noch das Personal auf bestimmte Landesgrenzen reduziert, auch wenn dies im Einzelfall vorkommt (geheime Instruktion). Selbst bei der Entfaltung einer aufklärerischen Öffentlichkeit im 18. Jahrhundert mit einer entsprechenden publizistischen Produktion bleibt das Textkorpus zunächst auf eine sehr schmale und homogene Schicht von sich professionalisierenden Rechtstheoretikern, Politikern, Diplomaten, Wissenschaftlern beschränkt. Die außerhalb dieser sozialen Schicht liegenden Populationen kommen bestenfalls als Objekte ins Bild.

Die Texte gehorchen bestimmten Normen und Regeln ihrer Intentionalität, aber auch von ihrer rechtlichen Logik und verrechtlichten Argu-

---

10 *Klaus Malettke*, Altes Reich und Reichsverfassung in französischen Traktaten des 17. Jahrhunderts, in: Deutschland und Frankreich in der Frühen Neuzeit. Festschrift für Hermann Weber zum 65. Geburtstag, hrsg. v. Heinz Duchhardt u. Eberhardt Schmitt, München 1987, 221 - 258; *Winfried Dotzauer*, Macht-Politik-Diplomatie. Gedanken über die Neudimensionierung der Verständniskategorien der französischen Deutschland-Diplomatie nach 1648, in: ebenda, 331 - 359. Zur europäischen Dimension vgl. die einschlägigen Arbeiten von Karl Otmar von Aretin, Hans Fenske, Heinz Duchhardt, Manfred Spieker, Anton Schindling, Heinz Schilling sowie die älteren Publikationen von Ernst Kaeber, Kurt von Raumer, Bernhard von Vietsch.

mentationsstruktur her. Bereits dies übt auf das Personal einen normierenden Zwang aus. Hinzu kommen die Prozesse der Reihung, der Sedimentierung, der notwendigen Referenz auf das Korpus und der Einhaltung bestimmter argumentativer und rhethorischer Regeln. Auf dieser Grundlage können Begriffe, Begriffskomplexe und kollektive wie individuelle Einstellungen mitgeführt werden, welche erst einmal gar nicht im bewußten Interesse der handelnden Personen und Parteien liegen müssen. Als Korpus gibt eine derartige Textsedimentierung eine hinreichende Quellenbasis für die Analyse dessen ab, was innerhalb dieser sozialen Schicht gleichsam kollektiv gedacht wird, deren Grenzen sich ab der Mitte des 18. Jahrhunderts zunehmend öffnen, ohne jedoch ihre Instrumente der Selektion und des Filterns zu verlieren.

Man kann von der Arbeitshypothese ausgehen, daß in dem politisch/diplomatischen Schrifttum von ca. 1650 - 1820, welches sich direkt und indirekt mit Deutschland beschäftigt, über den jeweils unmittelbaren Gegenstand und Anlaß, über die direkte Entscheidungsfindung der jeweiligen Einzelschrift hinaus insgesamt zugleich ein semantisches Feld dessen aufgebaut wird, was *deutsch* heißt und sei. Genaugenommen kann keine einschlägige Schrift ohne dieses semantische Feld auskommen, von ihm etwa abstrahieren. Denn gerade dadurch, daß Politik/Diplomatie es immer konkret mit einzelnen Reichsständen zu tun haben, steht die Differenz zu dem, was *Deutschland* als ganzes repräsentiert, immer mit im Blickfeld des Interesses. Es geht erst einmal um die Differenz zwischen den Reichsständen, zwischen ihnen und dem Kaiser, zwischen allen wiederum und den Reichsinstitutionen; doch schließlich geht es auch um das Verhältnis als dieser Elemente zu einem Deutschland, welches wohl als Entität vorschwebt, ohne in einzelnen oder auch in der Summe dieser Elemente der Reichsstruktur oder der Einzelpolitiken aufzugehen.

Dabei handelt es sich durchaus nicht um eine bloß imaginäre Entität. Vielmehr versucht die europäische Diplomatie sich selbst explizit darüber klarzuwerden, was *Deutschland* sei. Dieses Bemühen schlägt sich in vielen Einzelanalysen einer regelrechten „Deutschlandkunde" nieder, die selbst für die europäische Politik vergleichsweise abgelegene Themen wie Sprache, Dialekte, Ikonographien, Brauchtum, Heraldik, Geographie, Bebauungsmethoden, Familienstrukturen, Essensgewohnheiten behandeln. Hier ist nicht nur nach dem „positiven" Inhalt der Beobachtungen und der Schlußfolgerungen zu fragen, sondern auch nach den Haltungen und den Erwartungen, mit denen solche Untersuchungen eingegangen und durchgeführt werden.

Trotz der Realpolitik, die sich mit den einzelnen Reichsständen und dem Reich selbst beschäftigt; und auch trotz der Tatsache, daß das Reich mehr einschließt und begreift als das, was im eigentlichen Sinne *deutsch* ist (eben auch nichtdeutsche Bevölkerung mit anderen Sprachen und Sitten), ist *Deutschland* eine Entität, die sich nicht unmittelbar positiv – etwa rechtlich-politisch – darstellt oder von außen dargestellt wird. Stattdessen liegt sie sozusagen als negative Einheit, auch unausgesprochen, all diesen Arbeiten zugrunde.

2. *Was heißt deutsch, Deutschland, Nation?*

Mehrere Feststellungen liegen zunächst auf der Hand. „Deutsch" ist in der Frühen Neuzeit kein nationaler Begriff im Sinne des 19. und 20. Jahrhunderts. Er ist mit dem Alten Reich verbunden, ohne in ihm aufzugehen (und umgekehrt). Ethnische, aber auch kulturelle oder auch nur sprachliche Identitäten sind über „deutsch" nur schwer herzustellen. „Deutschland" besitzt keine festen Grenzlinien (was im übrigen auch für Nachbarländer, insbesondere für Frankreich gilt)[11]. „Deutsch" steht umfangslogisch offensichtlich über den Reichsständen, bezeichnet eine Gemeinsamkeit (auch von außerhalb des Reichs gesehen). Das Verhältnis zwischen „Deutschland" und Reich (und zwar auch nicht-deutschem Reich), zwischen „Deutschland" und den Reichsständen, zwischen „Deutschland" und den deutschen Territorien außerhalb des Reichs (Preußen), das Verhältnis schließlich zum restlichen Europa ist zeitgenössisch weitgehend ungeklärt.

Das gilt nicht nur aus deutscher oder Reichsperspektive. Was unterscheidet beispielsweise brandenburgisch-preußische oder österreichisch-habsburgische Politik aus französischer Sicht? Was ist von Versailles aus „Deutschland", was „deutsch", was versteht es unter seiner „politique allemande"? Und wie verhält sich aus dieser fremden Perspektive „Deutschland" zu den Reichsständen? Was schließlich wird unter „deutscher Nation" vorgestellt, wie verhält sich „Deutschland" zu den Niederlanden und zur Schweiz, wie wird „Deutschland" mit anderen „-ländern" und „-reichen" verglichen, welche Funktionen werden dem Reich im europäischen Kontext zugeteilt?

Diese Fragen sind bislang nicht systematisch behandelt worden. Vielmehr hat die Historiographie im wesentlichen einerseits quellenorientiert einen pragmatisch-positivistischen Umgang mit diesem Problem gepflegt, andererseits mit stilistischen Mitteln der sprachlichen Immanenz der Zeitgenossen zu arbeiten verstanden. Dies klammert die historisch-semantischen Problemstellungen erfolgreich aus, ohne sie indessen selbst zu lösen.

---

11 Vgl. *Michel Foucher*, L'invention des frontières, Paris 1986, 90 - 145.

Bei der Behandlung dieser Probleme soll vermieden werden, die nationalstaatliche Entwicklung des späten 18. und des 19. Jahrhunderts gleichsam als historischen Heilsweg vorzugeben und nachzuzeichnen. Umgekehrt soll gerade der Gegebenheit Rechnung getragen werden, daß unter den Zeitgenossen des 17. und 18. Jahrhunderts auch in den Ländern der Begriff der *Nation* innenpolitisch völlig zerstritten ist, die in Deutschland geradezu als leitende Beispiele der „klassischen" Nationalstaatsbildung angesehen werden, so etwa gerade Frankreich[12].

Umgekehrt muß darauf Wert gelegt werden, daß im zeitgenössischen Repräsentationsfeld das ganze Spektrum der Vorstellungen und der politischen sowie sozialen Optionen dessen, was *deutsch, Deutschland, Nation, Europa* repräsentiert, herauszuarbeiten und in seinem jeweiligen Kontext zu belegen. Dieser kann ein außen-, aber auch ein innenpolitischer sein und jeweils ganz unterschiedliche Argumente stützen.

Erst aus diesen Zusammenhängen kann wiederum herausgestellt werden, aus welchen Gründen und in welchen Zusammenhängen bestimmte Vorstellungen und Optionen von *Deutschland* und von *Nation* jeweils erfolgreich werden und sich durchsetzen können, während andere offensichtlich in bestimmten entscheidenden Konstellationen schwächer sind und sich nicht behaupten können.

IV. Zum Verhältnis von politischer Ideengeschichte und sozialgeschichtlicher Semantik: das Beispiel *Repräsentation*

Arbeiten auf dem Gebiet der historischen Semantik sind gleichsam subversiv und immer wieder für Überraschungen gut. Bei ihren Untersuchungen treten nicht selten Sachverhalte zutage, die sonst in der Geschichtsforschung unbeachtet bleiben oder mangels entsprechender Fragestellung gar nicht in Erscheinung treten können. Dies wiederum verlangt in mehrfacher Hinsicht eine besondere Sensibilität semantischer Analysen. Zur Verdeutlichung ein konkretes Beispiel: der Begriff der *politischen Repräsentation (représentation)* im Frankreich des Ancien Régime und der Revolution[13].

Zunächst scheint es sich um einen einfachen Begriff zu handeln. In der Geschichte der politischen Ideen kann mühelos eine Linie von ver-

---

12 Wer von den Prätendenten *König,* Etats généraux, Parlements, Adel denn nun wirklich die *Nation* repräsentiere, ist für einen kritisch-konservativen Rechtstheoretiker wie Linguet um die Jahrhundertmitte etwa ganz ungeklärt; vgl. *Simon-Nicolas-Henri Linguet,* Tableau de l'état politique actuel du globe, Paris 1778, 13. – Zur Problematik ausführlich: L'Etat et les pouvoirs, hrsg. v. André Burguière u. Jacques Revel, Paris 1989, 271 ff.

13 Aus Arbeiten des Verfassers zum HPSG: *représentation politique, tiers état, communes, assemblée.*

fassungstheoretischen Klassikern (Hobbes, Locke) bis heute gezogen werden, und zwar bis zur aktuellen politischen Alltagspraxis. Dieser Position scheint polar eine andere gegenüberzustehen, welche (übrigens einigermaßen selbstwidersprüchlich) *Repräsentation* grundsätzlich ablehnt und bestenfalls Delegation mit imperativem Mandat zuläßt (J.-J. Rousseau) bzw. ebenso grundsätzlich an der Utopie einer direkten Demokratie festhält (K. Marx).

Diese letzte Position erscheint in der Geschichte der sozialen Bewegungen als „links", im Gegensatz zum „Feudalismus" und möglicherweise auch noch „Kapitalismus" zumindest in der ideengeschichtlichen Selbstdarstellung als zukunftszugewandt, mit utopischem Überschuß neue Horizonte eröffnend. Das hat vor allem damit zu tun, daß sie sich eben selbst in der historischen Perspektive derart exponiert einschätzt. Mehr noch, sie verschafft sich ihre eigene Historiographie mit spezifischen Beurteilungskriterien und -maßen. So erscheinen etwas Robespierre und Marat als richtungsweisend für fortschrittliche Kräfte, die sich letztlich aber nicht hätten durchsetzen können, weil sie geschichtlich „zu früh" aufgetreten seien. So etwa in ganz groben Zügen ein ideen- und politikhistorisches Bild, das natürlich eine ganze Reihe von Verfeinerungen erhalten hat[14].

Tatsächlich erweist sich bei genauerer Betrachtung die Geschichte der *politischen Repräsentation* als weit komplexer. Eine Analyse der Diskussionen im Ancien Régime und in der Revolution zeigt, daß sich hinter ein und demselben Begriff unter den Zeitgenossen völlig unterschiedliche, gegensätzliche Vorstellungen, Erwartungshaltungen, Praxisbezüge und Handlungsmuster verbergen, unter anderem:

- *Repräsentation* als rechtliches Verhältnis der Stellvertretung einer Person;
- *Repräsentation* als Vorstellung im Sinne von „vorstellig werden", um Bitten, Wünsche, Forderungen vorzutragen;
- *Repräsentation* als Vorstellung im Sinne einer intellektuellen Leistung von Abstraktionen;
- *Repräsentation* als gesellschaftlich-politische Konstruktion eines corpus fictum oder corpus mysticum, das möglicherweise in einem „Übergang" wieder vergegenständlicht wird, etwa in einer Person des Monarchen.

Im letzteren Fall kann sie als apologetisches Modell des absolutistischen Staates dienen. Sie wird dann aber von Teilen der juristisch

---

14 Typischerweise wird mit Zuordnungen und Charakterisierungen gearbeitet, welche einzelne Personen, Gruppen und Positionen sozialgeschichtlich kennzeichnen, etwa als „bürgerlich" usw.

geschulten Funktionseliten – unter Einschluß von Teilen des Adels – aufgenommen, die mit der politischen Synthese des Königs systematisch „unzufrieden“ sind. Die Argumentationslogik des corpus fictum löst sich hier von dessen Personalisierung und wächst derart über den ursprünglichen Konstitutionszusammenhang der Monarchie hinaus zur Assemblée nationale.

Allerdings stellt die permanente Rekonstruktion des corpus fictum *Volk/Nation* durch *politische Repräsentation* zunächst bereits an die Repräsentanten als neue politische Klasse intellektuelle und mentale Anforderungen, denen sie nicht durchgängig und ohne Selbstwidersprüche gewachsen sind. Das erklärt die langen Debatten in den Assemblées, in denen immer wieder um Begriffsklärung gerungen wird, und das erklärt auch die hier unangefochtene und sogar regelmäßig gesuchte Autorität einzelner Theoretiker wie Sieyès und Roederer in diesen Fragen.

Haben bereits viele der juristisch geschulten Repräsentanten ihre Schwierigkeiten im Umgang mit dem Abstraktum *Volk/Nation,* welches sie als Assemblée selbst generieren und reproduzieren, so bleibt es durch alle Schichten der städtischen und ländlichen Bevölkerung hindurch erst recht unverständlich. Hier hängt man überwiegend weiterhin dem traditionellen Repräsentationsprinzip an, welches eine unmittelbare, persönliche Beziehung per Delegation zum Souverän herstellt, der sich als solcher eben dadurch erweist, daß er eine entsprechende integrative Syntheseleistung herzustellen in der Lage ist. So sehr die Einberufung der Generalstände und die Bildung der Nationalversammlung auch von einer regelrechten Welle des populären Enthusiasmus getragen werden, ebensosehr werden anschließend die unbegreiflichen neuen Machenschaften und Techniken dieser Versammlung mit zunehmendem Mißtrauen und dem Verdacht des Verrats am Volk begleitet. Wenn dieses an den – aus systematischer Sicht unlogisch danebenstehenden – König als weiteren Repräsentanten der Nation appelliert, so erscheint das schlagend als Bevorzugung eines persönlichen Verhältnisses gegenüber einer undurchschaubaren politischen Abstraktionstechnik der Assemblée. Es handelt sich also von „linker“ Seite um die Fortführung von Repräsentationspraktiken und -vorstellungen aus der alten Gesellschaft, allerdings unter den neuen Verhältnissen ihres Wegfalls. Das führt zu Situationen mit Elementen der Verzweiflung am Begriff, wenn etwa beim Föderationsfest von 1790 die „Vertreter des Volkes“ von den „Vertretern des Volkes“ empfangen werden oder das empirische Volk – Vertreter der Commune – die „Vertreter des Volkes“ – die Repräsentanten der Assemblée – manu militari „beschützen“, d.h. darüber wachen, daß die „wahren“ Interessen des Volkes nicht „verraten“ werden. Hier stoßen und prallen ganz unterschiedliche Vorstellungs- und Handlungswelten unter denselben Begriffen aufeinander, schaukeln sich gegenseitig zum Bürgerkrieg hoch, bis zur Erschöpfung.

Aus historisch-semantischer Sicht besteht derart eine regelrechte Inversion zur Ideengeschichte: Die „fortschrittliche“ Position ist tatsächlich der Sache nach eine der feudalen Praxis, und die zeitgenössisch manchmal als „Reaktionäre“ denunzierten „Despoten“ und „Tyrannen“ sind zumindest insofern echte Revolutionäre, als sie das corpus fictum „Nation“ nicht wieder in einer Person (vorher: des Monarchen) verkörperlichen, sondern daran als Abstraktion festhalten wollen. In dieser Immanenz erscheint das Régicide auch als völlig konsequent.

Es wird fast ein Jahrhundert an weiteren Bürgerkriegen und die Erfahrung mehrerer autoritärer Regimes brauchen, bis in einer Art kollektiven Lernprozesses diese „moderne Herrschaft von Abstraktionen“ (Marx) akzeptiert und die Technik der Repräsentation als politische Praxis eingeübt sind. Erst in der III. Republik stabilisiert und begreift sich Frankreich als Nation: mit einem ganzen, neuerfundenen Zeichensystem der Architektur, Denkmäler – nichts anderes heißt „lieux de mémoire“ –, Riten, eine eigene Historiographie, welche alle auf die politische Repräsentation der I. Republik verweisen, allerdings erweitert um die Institution eines Präsidenten.

Daran anschließend stellt sich eine ganze Reihe von Fragen. So ist z.B. deutlich, daß die Verklammerung von Nation und Repräsentation etwa in Deutschland nicht zustandekommt und sogar bis zum Untergang des Kaiserreichs – eines Fürstenbundes – offensiv unterbunden werden soll. Daneben sind Begriffe von *Nation* nicht notwendigerweise miteinander kompatibel, können manchmal nicht miteinander kommunizieren. Man muß ebenfalls fragen, warum ein Teil der politischen Elite des revolutionären Frankreichs, die, obschon überwiegend juristisch geschult, immer wieder Probleme mit der inneren Logik, der Systematik von Repräsentation hat, genau diese vergleichsweise komplizierte, auch intellektuell aufwendige, ganz und gar unpopuläre Form politischer Herrschaft sucht und mit Gewalt auch durchsetzen will. Man muß mit anderen Worten nach der Funktionalität dieses spezifischen Modus politischer Vergesellschaftung fragen, und zwar spezifisch für dieses Frankreich in seiner Geschichte. Das wird an anderer Stelle zu verhandeln sein. Doch eines ist bereits hier deutlich: Die *Selbst*erklärungsmuster der politischen *Ideen*geschichte helfen hier nicht weiter, stehen sogar einer Lösung im Wege. Vielmehr wären auch sie als Teil der gepflegten Semantik noch einer historischen Analyse zu unterziehen und wäre jeweils nach ihrer sozialgeschichtlichen Funktionalität zu suchen.

* * *

Für das oben beschriebene Projekt heißt es, aus diesen Erfahrungen Lehren zu ziehen. Nicht nur ist eine Historiographie zu hinterfragen, welche „deutsch/Deutschland“ in eine teleologischen Perspektive einer angeblich „normalen“, von England oder Frankreich gleichsam mustergültig vorgegebenen Nationalstaatsgründung setzt, sondern auch eine ganze Tradition der Selbsttypisierungen fortschreibt, die durchaus bis heute den Blick verstellen. Das Beispiel der *Repräsentation* zeigt, welche tiefgreifenden Unterschiede zwischen sozialhistorisch-semantischen Untersuchungen politischer Begriffe samt der damit verbundenen Vorstellungs- und Handungswelten und der Geschichte ihrer Ideen existieren. Sicherlich wird die Historiographie entsprechend dieser Komplexität alles andere als einfacher. Möglicherweise bietet sich hier aber auch eine neue Chance zur Reflexion ihrer selbst.

Vergleichende Begriffsgeschichte dargestellt am Beispiel *Demokratie*

Von Pim den Boer, Amsterdam

Ich möchte mit einem langen Zitat beginnen, in dem die Versprechungen und die Probleme einer vergleichenden Geschichte der Begriffe auf bewundernswerte Weise umschrieben werden. Im Jahre 1833 befindet sich Alexis de Tocqueville auf einer Reise in England. Seit einem Monat ist er da und bemüht sich, so gut wie möglich, alle Bevölkerungsschichten kennenzulernen, indem er den Menschen aller sozialen und politischen Gruppierungen zuhört. Er ist nach England gekommen in der Überzeugung, daß dieses Land nahe daran sei, in das Elend einer großen Revolution gestürzt zu werden; aber seine Meinung hat sich in dieser Hinsicht geändert. Tocqueville schreibt:

> „Si on appelle révolution tout changement capital apporté dans les lois, toute transformation sociale, toute substitution d'un principe régulateur à un autre, l'Angleterre est assurément en état de révolution, car le *principe aristocratique* qui est le principe vital de sa constitution perd chaque jour de sa force et il est probable que le *principe democratique* aura pris sa place. Mais si on entend par révolution un changement violent et brusque, l'Angleterre ne me paraît pas mûre pour un semblable événement. Et je vois même bien des raisons de penser qu'elle (ne) le soit jamais.
>
> En Angleterre, un nom illustré est un grand avantage qui donne un grand orgueil à celui qui le porte, mais en général, on peut dire que l'aristocratie est fondée sur la richesse, chose *acquérable* et non sur la naissance qui ne l'est pas. D'où il résulte qu'on voit en Angleterre où l'aristocratie commence, mais il est impossible de dire où elle finit...
>
> La différence entre la France et l'Angleterre sur ce point ressort de l'examen d'un seul mot de leur langue. Gentleman et gentilhomme ont évidemment la même origine, mais gentleman s'applique en Angleterre à tout homme bien élevé, quelle que soit sa naissance, tandis qu'en France gentilhomme se dit que d'un noble de naissance. La signification de ces deux mots d'origine commune est devenue si différente par suite de l'état social des deux peuples. Aujourd'hui ils sont absolument intraduisibles, à moins d'employer une périphrase.
>
> Cette remarquable grammaticale en dit plus que de très longs raisonnements[1]."

---

1 *Alexis de Tocqueville*, Voyages en Angleterre, Irlande, Suisse et Algérie, hrsg. v. Jacob Peter Mayer u. André Jardin, (Tocqueville, Œuvres, papiers et correspondance 5/2), Paris 1958, 36 - 37.

Tocqueville konfrontiert uns mit dem Kern unseres Problems, bei dem ich Ebenen unterscheide. Die erste Ebene bilden die Konzepte der historischen Analyse: Das aristokratische neben dem demokratischen Prinzip, beide einander objektiv gegenübergestellt. Nach Tocqueville sind es wissenschaftliche Begriffe der soziologischen Analyse, begriffliche Werkzeuge des Historikers und des Soziologen. Es bleibt die ewige Frage: Ist es möglich, ein wissenschaftliches Vokabular zu schaffen, objektiv, mit neutralen Termini zur Beschreibung und zur Analyse einer Gesellschaft? Ähneln der Historiker und der Soziologe nicht immer mehr dem Baron von Münchhausen, der dem Sumpf zu entrinnen sucht, indem er sich am eigenen Schopf hochzieht? Schließlich ist es doch so, daß jede Anwendung der analytischen Konzepte von vornherein einer gewissen Weltanschauung, einer gewissen historischen Interpretation verpflichtet ist.

Auf der zweiten Ebene ist die Frage angesiedelt, was für ein Verhältnis zwischen den Worten und den Dingen besteht. Wird die soziale Verfassung eines Volkes mit adäquaten Worten wiedergegeben? Hat das soziale Vokabular die Funktion eines gesellschaftlichen Spiegels?

Die dritte Ebene beschäftigt sich mit dem Vergleich der Konzepte in verschiedenen Sprachen, und das ist ein Thema des vorliegenden Bandes. Wenn wir von den Problemen dieser Ebene sprechen, sollten wir nicht vergessen, daß andere Fragen der historischen Methodologie und ihre Konzepte mit den vorher genannten Ebenen verbunden sind.

Zum Vergleichen braucht man vergleichbare Begriffe. Das sind in unserem Fall Begriffe, Worte, die ursprünglich ähnliche Bedeutung hatten. Ich sehe keinen anderen Weg, wenn wir uns nicht in Abstraktionen verlieren wollen, und gebe das Beispiel einer vergleichenden Geschichte vieldeutiger Begriffe, die man eigentlich vermeiden sollte. In den *Geschichtlichen Grundbegriffen,* dem eindrucksvollen sozialen und politischen Lexikon, werden grundsätzlich deutsche Begriffe der Neuzeit untersucht; hinzu kommen jedoch jeweils Einführungen über die griechische und die lateinische Herkunft der Begriffe, ferner Bemerkungen über ihre Geschichte während des Mittelalters sowie gelegentlich vergleichende Erörterungen.

Der führende Herausgeber dieses Lexikons, Reinhart Koselleck, hat vorgeschlagen, eine Studie der Äquivalenzen in den verschiedenen europäischen Sprachen zu erarbeiten. Er nennt z. B. als funktionale Äquivalenzen das französische Wort *Nation* und den deutschen Begriff für *Staat* und auch das deutsche *Volk*. Außerdem hat er angeregt, in ähnlicher Weise das deutsche Worte *Geschichte* als Äquivalenz des französischen Begriffs *Révolution*“ zu interpretieren[2]. Das ist aber eine Art des Hineininterpretierens! Nach meiner Meinung führt das zu nichts, man sollte da sehr zurückhaltend sein. Für eine vergleichende Begriffsgeschichte sollte man sich auf Worte und identische Begriffe allgemeiner Herkunft oder auf Worte in ihrer direkten semantischen Übertragung, d.h. auf Übersetzungen, konzentrieren. Ich möchte nicht nur eine Eingrenzung des zu vergleichenden sprachlichen Materials, sondern auch eine Beschränkung des Untersuchungszeitraums vorschlagen. Eine vergleichende Begriffsgeschichte, wie ich sie verstehe, sollte mehr synchronisch als diachronisch vorgehen. Aber auch dann wird man mit einem allgemeinen Problem konfrontiert, wie ein scharfer Angriff von John Pocock, diesem großen Historiker der politischen Ideen, dem Verfechter der *Ideas in context,* gegen die deutsche Begriffsgeschichte zeigt[3].

Pocock bezieht kräftig Stellung gegen das, was er „den Tunnel" nennt, und meint damit den Ansatz der deutschen Begriffsgeschichte: Sie sei eine abstrakte und megadiachrone Historie. Freilich, so weit ich Pocock kenne, beherrscht er das Deutsche nicht... Um so mehr sollte man sich der tiefen Kluft des gegenseitigen Mangels an Verständnis bewußt sein, die zwischen der deutschen und der englischen Historikerschule besteht. Ich möchte mit Nachdruck auf die Tatsache hinweisen, daß es in der vergleichenden Geschichte wirklich notwendig ist, sich chronologisch zu beschränken und solche abgegrenzten Perioden zu untersuchen, in denen deutlich verwandte Entwicklungen stattfinden, oder besser noch: in denen es reale Beziehungen zwischen zwei Sprachen gibt, z.B. durch Korrespondenz oder durch Übersetzungen.

Um nicht im Abstrakten zu verharren, gebe ich ein Beispiel. Es betrifft ein gelehrtes und akademisches Wort, das in allen Ländern, ja sogar in der ganzen Welt begegnet. Ein Wort griechischer Herkunft, das zu unserem geistigen Erbe gehört. Aber seien wir auf der Hut: griechische Herkunft besagt nicht, daß alle Sprachen das Wort aus griechischer (oder lateinischer) Quelle entlehnt haben; oft kommt das Wort über das Italienische oder das Französische, romanische Sprachen also, wo es schon längst geläufig war, in die germanischen Sprachen, ins Deutsche, Englische oder Niederländische. In dieser Hinsicht ähneln sich viele nationale Lexika. Indem sie einen Ausdruck in der nationalen Sprache verzeichnen

---

2 *Reinhart Koselleck,* Vorwort, in: Geschichtliche Grundbegriffe. Historisches Lexikon der politisch-sozialen Sprache in Deutschland, hrsg. v. Otto Brunner, Werner Conze u. Reinhart Koselleck, Band 7, Stuttgart 1992, VIII; *ders.,* Revolution, Rebellion, Aufruhr, Bürgerkrieg, in: ebenda, Band 5, 1984, 653 - 788, hier 725 ff.

3 *John G. A. Pocock,* Concepts and Discourses: A Difference in Culture? Comment on a Paper by Melvin Richter, in: The Meaning of Historical Terms and Concepts. New Studies on „Begriffsgeschichte", hrsg. v. Hartmut Lehmann u. Melvin Richter (German Historical Institute Washington, D.C., Occasional Paper 15), Washington 1996, 47 - 58. Der Ausdruck *Ideas in Context* bezieht sich auf die gleichnamige Reihe der Cambridge University Press.

und zugleich seinen griechisch-lateinischen Ursprung angeben, suggerieren sie eine direkte Lehnbildung. Aber dieser Eindruck kann falsch sein. So war im Niederländischen zwar der französische Einfluß in einigen geistigen Bereichen besonders groß; doch ist eine „interlexikalische" Vorgehensweise erforderlich, um die Idole der nationalen Lexikologie in ihre Schranken zu weisen. Ich beziehe mich auf die Untersuchungen von Franz Joseph Meissner, der von „Hochwertbegriffen", von Konzepten hohen Wertes spricht[4]. Er hat recht, wenn er nachdrücklich die Notwendigkeit interlexikalischer Untersuchungen betont.

Ein Beispiel: Das Wort *Demokratie*

In nationalem Kontext ist das Wort *Demokratie* mehrfach Forschungsthema gewesen. Man vergleiche etwa Hans Maiers Beitrag zum deutschen[5] und Horst Dippels Artikel zum französischen Sprachbereich[6]. Besonders Hans Maiers sehr ausführlicher und sachverständiger Beitrag ist eine Begriffsgeschichte, welche die Diachronie akzentuiert. Es ist legitim, die Beutungsgeschichte dieses Wortes für einen langen Zeitraum im nationalen Kontext zu untersuchen; um sie aber im internationalen Kontext zu vergleichen, sollte man sich auf eine enger begrenzte Epoche beschränken.

Das Wort *Demokratie* habe ich ausgewählt, weil ich glaube, daß die niederländische Sprache in gewissem Sinne eine europäische Rolle in der Popularisierung des Konzeptes *Demokratie – demokratisch* und des Begriffspaares *Demokratie/Aristokratie* gespielt hat[7]. Es handelt sich um gelehrte Begriffe, die zu vulgären Begriffen degeneriert sind, zu politischen Parolen mit all ihren Unschärfen und ihrem Mangel an Nuancen – ungeeignet als analytische Konzepte, aber sehr wirkungsvoll als Schimpfworte in funktionalen Parolen streitender Parteien oder als Losung kriegerischer Staaten.

---

4 *Franz Joseph Meissner,* Demokratie – Entstehung und Verbreitung eines internationalen Hochwertwortes mit besonderer Berücksichtigung der Romania, Stuttgart 1990.

5 *Hans Maier,* Demokratie, in: Geschichtliche Grundbegriffe (Anm. 2), Bd. 1, 1972, 821 - 873. Siehe auch als ausführlichere Teilversion *ders.,* Zur neueren Geschichte des Demokratiebegriffs, in: Theory and Politics. Theorie und Politik. Festschrift zum 70. Geb. von Carl Joachim Friedrich, hrsg. v. Klaus von Beyme, Den Haag 1971, 127 - 161.

6 *Horst Dippel,* Démocratie, Démocrates, in: Handbuch politisch-sozialer Grundbegriffe in Frankreich 1680 - 1815, hrsg. v. Rolf Reichardt u. Eberhard Schmitt (Ancien Régime, Aufklärung und Revolution 10), Heft 6, München 1986, 57 - 97.

7 Siehe auch den älteren Artikel von *Robert R. Palmer,* Notes on the use of the word „democracy", 1789 - 1799, in: Political Science Quarterly 68 (1953), 203 - 226.

In den 80er Jahren des 18. Jahrhunderts, in der letzten Phase der Republik der Vereinigten Niederlande, sind im Regierungssystem, die Begriffe *Demokratie* und *Aristokratie* zu banalen Floskeln verkommen. Aber es besteht ein großer Unterschied im Schicksal und in der Funktion der beiden Worte. *Demokrat* ist ein positiver Begriff geworden, ein Begriff der Selbstidentifikation; *Aristokrat* dagegen wurde ein abwertender Begriff, ein Schimpfwort. Im Niederländischen wie im Flämischen begegnet man den Worten *Demokratie* und *Aristokratie* in der Volkssprache schon im 16. Jahrhundert. Das berühmte viersprachige Lexikon (lateinische und griechische Wörter mit einer französischen und flämischen Interpretation) von 1562 gibt für „Democratia" folgende Definition: „Le gouvernement qu'un peuple a de soy et de sa république, sans avoir autres supérieurs (hors des officiers par lui établiz)[8]". Der Begriff *Aristokratie* wird hier nicht genannt. Die Lexika des 17. Jahrhunderts definieren ihn neutral als „gouvernement des plus considérables de l'Etat", während sie *Demokratie* als „gouvernement populaire" umschreiben. Ihr Beispielsatz lautet: „les peuples libres aiment la démocratie"; das Adjektiv *demokratisch* erläutern sie an der Schweiz: „le Canton de Zürich forme un gouvernement démocratique"; und die Wortverbindung *Aristo-démocratie* umschreiben sie als „gouvernement partagée entre la noblesse et le peuple comme en Hollande".

Die Neuauflagen der Lexika in den Niederlanden wiederholen dieselben Beispiele sowohl während des ganzen 18. Jahrhunderts wie auch in den 1790er Jahren und noch nach der Französischen Revolution. Dieser Befund zeigt einmal mehr, wie sehr man Lexika mißtrauen sollte, oder genauer: wie oft es notwendig ist, das Niveau des Lexikons vom Niveau der alltäglichen Umgangssprache zu unterscheiden. Zu gleicher Zeit scheinen die Lexika den Eindruck zu erwecken, als ob nichts geschehen sei: Sie geben eine „histoire immobile" der Begriffe. Gerrit Paape, der Delfter Fayencehersteller, der als patriotischer Aktivist während der Ereignisse der 1780er Jahre eine Hauptrolle spielte, erinnert sich 1798 an folgende merkwürdige Begriffsgeschichte:

> „Het woord *aristocraat* had zich ontwikkeld tot een ijzeren handgranaat, waarover iedereen naar believen kon beschikken. De naam *aristocraat* werd een verschrikkelijke scheldnaam. Als men iemand aan verachting en, toenmaals mogelijke, vervolging wilde overgeven, smeet men ze naar de kop. Al wie enig gezag of macht over een ander had en daar min of meer misbruik maakte, liep altoos gevaar om als *aristocraat* te worden afgeschilderd[9]."

---

8 Dictionarum Tetraglotton, Antwerpen 1562, s.v. democratia; außerdem z.B. *Pierre Marin,* Dictionnaire françois et hollandois composé sur le Dictionnaire de l'Académie Française, Neudruck, Amsterdam 1793.

9 *Gerrit Paape,* De onverbloemde geschiedenis van het Bataafsch patriottismus, Delft 1798, zitiert nach *S. R. E. Klein,* Patriots Republikanisme, Politieke cultuur in Nederland, 1766 - 1787, Diss. Utrecht 1995, 170.

(„Das Wort *Aristokrat* war zur eisernen Handgranate geworden, über das jeder nach Belieben verfügen konnte. Die Bezeichnung *Aristokrat* wurde ein schrecklicher Schimpfname. Wenn man jemand der Verachtung und, damals, möglicher Verfolgung ausliefern wollte, warf man ihm dieses Wort an den Kopf. Jeder, der Gewalt oder Macht über jemand ausübte und dies mehr oder weniger mißbrauchte, lief immer Gefahr, als *Aristokrat* angeprangert zu werden.")

Ganz anders das Schicksal des Wortes *Demokrat* im Niederländischen. Zunächst war es ein gelehrtes Wort, ein Terminus der politischen Analyse, neutraler Beschreibung. Als am Ende des 16. Jahrhunderts der Leidener Humanist Paulus Merula in einem Essay über die Jagd erklären will, warum die Hirsche in der Schweiz verschwunden sind, sagt er: „[...] sulcx vweroorzakende der inwoonderen Democratie, de welkcke een yder de Jaght vrij is toelatende[10]." („Die Ursache ist der Demokratie der Einwohner zuzuschreiben, die jedermann berechtigt, die Jagd auszuüben".)

Dieser neutrale Wortgebrauch erscheint symptomatisch; denn meistens hatte der Begriff *Demokratie* als Umschreibung einer politischen Regierungsform im Niederländischen vor dem 19. Jahrhundert wenig Bewunderer. Heutzutage ist die *Demokratie* das universale Ideal, nur wenige Politiker sprechen sich öffentlich dagegen aus. Aber vor den Revolutionen am Ende des 18. Jahrhunderts hatte die *Demokratie* als politisches System sehr wenig Anhänger. Auch der Mythos der athenischen *Demokratie* stammt aus dem 19. Jahrhundert. In der klassischen Historiographie ist es aber nicht die *Demokratie,* sondern das Idealbild der spartanischen *Aristokratie,* das die überragende Stellung einnimmt. In den Vereinigten Niederlanden der 1780er Jahre benutzten die Zeitgenossen das Begriffspaar *Aristokratie/Demokratie* zur Beschreibung gesellschaftlicher und politischer Gegensätze, aber die Intelligentesten unter ihnen waren sich sehr wohl bewußt, daß diese Begriffe keinen theoretischen Wert hatten, sondern dazu dienten, die wirklichen Interessen zu verhüllen. Wie ein niederländischer Patrizier im Jahre 1786 schrieb (übrigens auf Französisch): „On dit que la cabale est divisée en aristocrates et démocrates. Les chefs du parti sont certainement tous aristocrates [...] Quand les magistrats ont tâché de gagner le peuple, leur faveur n'a été que passagère, parce qu'on entrevoyait l'intérêt personnel dans toutes leurs démarches[11]."

Nur 10 Jahre später ist *Demokrat* zum Schlüsselbegriff eines politischen Programms geworden, allerdings eines ziemlich allgemeinen und

---

10 Placaten ende ordonnancgen op 't stuck van de Wildernissen, Tweede boeck inhoudende... Iacht-bedryf... in ordre ende Nederlandtsche sprake ghebraght deur Paullum Merulam, 's Gravenhage 1605, 78.

11 Brieven en Gedenkschriften van Gijsbert Karel van Hogendorp, Band 2, 's Gravenhage 1866, 54 - 58.

anfangs auch unklaren Programms: *De Demokraten* lautet der Titel einer Amsterdamer Zeitschrift, die von einer kleinen Gruppe von Menschen herausgegeben wird. Es mag übertrieben sein, dies eine politische Bewegung zu nennen, aber es erscheint doch symptomatisch für den Willen zur eigenen Identität[12]. Anschließend, während des Übergangs zum 19. Jahrhundert, als die Nachwehen der Revolution zur Ruhe kamen, sollten die komplementären Begriffe *Demokratie / Aristokratie* zum konzeptuellen Werkzeug der politischen und zugleich der historischen Analyse werden. So konnte Tocqueville in den 30er Jahren des 19. Jahrhunderts den Gegensatz zwischen dem *aristokratischen* und dem *demokratischen* Geist doppelt nutzen – nicht nur für die historische Beschreibung, sondern auch für die Analyse der sozialen Verhältnisse seiner eigenen Gegenwart. Dies geschah in den 40er Jahren, also gerade kurz bevor der Begriff *Demokratie* als politische Losung durch den Aufschwung der Utopie und durch wachsende Aufmerksamkeit für die Anliegen der breiten Bevölkerung neuen Spannungsgehalt bekam. Doch die Verbindung von politischem Traum und politischer Wirklichkeit in der Zweiten Französischen Republik war noch kurzlebiger als die der 1790er Jahre. Und 1848 hatte man die Rolle des Bahnbrechers vergessen, niemand erinnerte sich mehr an die revolutionären Auseinandersetzungen der 1780er Jahre in der Republik der Vereinigten Niederlande.

Die vergleichende Begriffsgeschichte erweist sich hier als eine Geschichte des Vergessens und der Wiederentdeckung zugleich.

---

12 De democraten 1, 30. Juni 1793 - 6. Februar 1798.

From the Rule of Law to Popular Sovereignty: The Concept of *Liberty* in the Dutch Republic, 1780 - 1787[1]

By Wyger R. E. Velema, Amsterdam

The historiography concerning the Dutch *Patriottentijd,* the period of political upheaval between 1780 and 1787, is marked by a curious paradox. On the one hand, the Patriot political movement is seen as an important early continental manifestation of "the age of the democratic revolution" by historians such as Robert R. Palmer and Simon Schama[2]. On the other hand, students of Patriot political thought – I. Leonard Leeb prominently among them – tend to emphasize the traditional *ancien régime* nature of the Patriot program. The Dutch Patriots, so their argument goes, were obsessed by the glorious Dutch past. They desired a return to a (largely imagined) ancient constitution, discussed politics almost entirely in terms of Dutch history, and showed themselves incapable of innovative political thought. It was only after 1787 and under the influence of the French revolution, so this line of argument continues, that the exiled Dutch Patriots radicalized and started to plead for the introduction of a unitary state based on popular sovereignty[3].

---

1 Earlier versions of this article were presented at the Giornate Atlantiche di Storia Costituzionale in Macerata, at the Seventh Interdisciplinary Conference on Netherlandic Studies in Bloomington, Indiana and at the Ninth International Conference on the Enlightenment in Münster. I am grateful to the participants for their comments and suggestions.

2 *Robert R. Palmer,* The Age of the Democratic Revolution: A Political History of Europe and America, 1760 - 1800, 2 vols., Princeton 1959 - 1964; *Simon Schama,* Patriots and Liberators. Revolution in the Netherlands 1780 - 1813, New York 1977.

3 *I. Leonard Leeb,* The Ideological Origins of the Batavian Revolution. History and Politics in the Dutch Republic 1747 - 1800, The Hague 1973. See also: *L. H. M. Wessels,* Over heden en verleden in het tweede tijdvak. Historie, Verlichting en Revolutie: enkele impressies bij een beoordeling van de ideologische positie van Nederlandse Patriotten, in: 1787. De Nederlandse Revolutie? ed. Theo S. M. van der Zee, Joost G. M. M. Rosendaal and Peter G. B. Thissen, Amsterdam 1988; *Frans Grijzenhout,* Feesten voor het Vaderland. Patriotse en Bataafse feesten 1780 - 1806, Zwolle 1989, 40. – The most recent historiography concerning the *Patriottentijd* is discussed in: *Henk Reitsma,* "Altoos gedenkwaardig". De herdenkingsliteratuur naar aanleiding van tweehonderd jaar Nederlandse Revolutie, in: Theoretische Geschiedenis 16 (1989), 255 - 275; *Arend Hendrik Huussen jr.,* 1787. De Nederlandse revolutie?, in: Bijdragen en Mededelingen betreffende de Geschiedenis der Nederlanden 104 (1989), 684 - 690; and *Wayne Ph. te Brake,* Staking a

It is my aim in the present article to demonstrate that this dominant view of Patriot political thought is fundamentally flawed and that it ignores a large body of Patriot political writing. I shall do so by tracing the development of the concept of *liberty* in the years between 1780 and 1787, in other words by engaging in an exercise in *Begriffsgeschichte* or conceptual history. In the first section, some general remarks will be made about the study of the concept of *liberty* in this period, about the available sources, and about the relevant historical context. The second section will show that the concept of *liberty* fundamentally changed its meaning in Patriot political discourse between 1780 and 1787. The final section by way of conclusion briefly addresses the Orangist or conservative concept of *liberty* during these same years.

I.

There can be very little doubt that *liberty (vryheid)* was a concept of central importance to most literate Dutchmen in the 1780s. They endlessly discussed *liberty* in their new periodic political press and analyzed it in political pamphlets and learned treatises; they sang the praises of *liberty* in poetry and plays; they named their new political societies after *liberty* and they depicted *liberty* in countless prints; they designed public rituals in which temples of *liberty* functioned as the crucial symbols. With this new political press, this unprecedented political sociability, and these intense political rituals, all revolving around the concept of *liberty*, the Dutchmen of the 1780s created, it has recently been suggested, a new political culture[4]. The question that has so far remained unanswered, however, is whether or not they also gave a new *meaning* to the concept of *liberty*. Did, in other words, this rapid and spectacular genesis of a new political culture coincide with a transformation of the meaning of key terms in the political vocabulary?

That the answer to this question is likely to be positive is suggested not only by the rapid conceptual change taking place in most Western countries during the late eighteenth century, but also by the relatively sudden appearance in the Dutch Republic of a large number of treatises on the theme of the abuse of words[5]. It has justly been pointed out by

---

new claim to an old revolution: A review article, in: Tijdschrift voor Geschiedenis 104 (1991), 15 - 23.

4 *Niek C. F. van Sas*, Opiniepers en politieke cultuur, in: Voor Vaderland en Vrijheid. De revolutie van de patriotten, ed. Frans Grijzenhout, Wijnand W. Mijnhardt, and Niek C. F. van Sas, Amsterdam 1987, 97 - 130; and *idem*, The Patriot Revolution: New Perspectives, in: The Dutch Republic in the Eighteenth Century. Decline, Enlightenment, and Revolution, ed. Margaret C. Jacob and Wijnand W. Mijnhardt, Ithaca/London 1992, 91 - 119.

the editors of the *Handbuch politisch-sozialer Begriffe in Frankreich 1680 - 1820* that a marked increase in the number of such treatises is the most important contemporary indication of decisive conceptual change[6]. In the Dutch Republic, several political publicists were deeply alarmed by the new ways in which familiar political terms were being used during the 1780s. Indeed, more than a few commentators were of the opinion – just as La Harpe in France and Burke in England were to be slightly later – that the political turbulence they were witnessing was primarily caused by the Patriot distortion of the political vocabulary[7]. Such, for instance, was the view of the Leiden professor Adriaan Kluit in his remarkable 1784 lecture *On the Abuse of Public Law*. The Patriots, Kluit contended, were completely perverting the existing legal and political vocabulary by attaching new and arbitrary meanings to the concepts of *sovereignty, representation, people, obedience,* and *liberty.* Should they (and their international companions) succeed in their efforts, Kluit gloomily predicted, then "all civil societies will be overturned, all kingdoms will be destroyed, and millions of people will perish in violent civil wars[8]." Two years before Kluit's lecture Ryklof Michael van Goens, the editor of the important Orangist periodical *The*

5 On late eighteenth-century conceptual change in general see e.g.: *Gordon S. Wood,* The Creation of the American Republic 1776 - 1787, Chapel Hill 1969; Conceptual Change and the Constitution, ed. Terence Ball and John G. A. Pocock, Lawrence (Kansas) 1988; *Rolf Reichardt,* Einleitung, in: Handbuch politisch-sozialer Grundbegriffe in Frankreich 1680 - 1820, ed. Rolf Reichardt and Eberhard Schmitt, 1/2, Munich 1985, 74 - 76; *R. Reichardt,* Revolutionäre Mentalitäten und Netze politischer Grundbegriffe in Frankreich 1789 - 1795, in: Die Französische Revolution als Bruch des gesellschaftlichen Bewußtseins, ed. R. Reichardt and Reinhart Koselleck, Munich 1988, 185 - 215. – On the development of the concept of *liberty* see: *John P. Reid,* The Concept of Liberty in the Age of the American Revolution, Chicago/London 1988; *Harry T. Dickinson,* Liberty and Property. Political Ideology in Eighteenth-Century Britain, London 1977, 195 - 318; *John A. W. Gunn,* Beyond Liberty and Property. The Process of Self-Recognition in Eighteenth-Century Political Thought, Kingston/Montreal 1983, 229 - 259; *Christian Meier* et al., Freiheit, in: Geschichtliche Grundbegriffe, ed. Otto Brunner, Werner Conze, and Reinhart Koselleck, vol. II, Stuttgart 1975, 425 - 542; *Jochen Schlumbohm,* Freiheit. Die Anfänge der bürgerlichen Emanzipationsbewegung in Deutschland im Spiegel ihres Leitwortes (ca. 1760 - ca. 1800), Düsseldorf, 1975; *Mona Ozouf,* Liberté, in: Dictionnaire critique de la Révolution française, ed. François Furet and Mona Ozouf, Paris 1988, 763 - 775; *Gerd van den Heuvel,* Der Freiheitsbegriff der Französischen Revolution. Studien zur Revolutionsideologie, Göttingen 1988; The French Idea of Freedom. The Old Regime and the Declaration of Rights of 1789, ed. Dale van Kley, Stanford 1994.

6 *Reichardt,* Einleitung (note 5), 40 - 50. See also: *Ulrich Ricken,* Réflexions du XVIIIe siècle sur "l'abus des mots", in: Mots 4 (1982), 29 - 44.

7 On La Harpe see *Reichardt,* Einleitung (note 5), 40 - 50; and *Lynn Hunt,* Politics, Culture, and Class in the French Revolution, London 1986, 19 and 25. On Burke see *Steven Blakemore,* Burke and the Fall of Language. The French Revolution as Linguistic Event, Hanover/London 1988.

8 *Adriaan Kluit,* Academische Redevoering, over het Misbruik van 't algemeen Staatsrecht, of over de Nadeelen en Onheilen, die uit het Misbruik in de Beoefeninge voor alle Burgermaatschappyen te wachten zyn, etc., Leiden 1787, 89.

Old-fashioned Dutch Patriot, had devoted several issues of his journal to the same problem. He was particularly worried about the apparently unstoppable growth of "monstrous misconceptions about liberty". The Patriot conception of *liberty,* Van Goens insisted, was not only extremely dangerous but also totally without precedent in Dutch political theory[9]. This opinion was shared by Elie Luzac, perhaps the most distinguished Dutch conservative political writer of the late eighteenth century, who observed that the Patriots had introduced "ecstatic feelings of liberty [...] which inevitably lead to public turmoil" into Dutch political life and thought[10].

To determine whether or not this conservative alarm about the growing abuse of words in general and about the changing meaning of *liberty* in particular corresponded to a real conceptual revolution, I shall mainly be drawing on the contemporary pamphlet literature. Even by concentrating on one particular genre of political writing, however, the problem of quantity is not entirely solved. The pamphlet collection of the Royal Library in The Hague, diligently brought together and catalogued by W. P. C. Knuttel early in this century, reveals an enormous increase in the number of published pamphlets during the revolutionary years between 1780 and 1787. For the eight years before the *Patriottentijd* (1772 - 1779) the Knuttel catalog lists 375 pamphlets, for the eight years thereafter (1788 - 1795) 957 pamphlets. During the eight revolutionary years in between no fewer than 2376 pamphlets appeared. It is this rich body of material[11], which has never been systematically studied, that will form the basis of the following analysis of the development of the concept of *liberty* in the 1780s.

Before embarking on that task, however, it is necessary to make a few brief remarks about the concept of *liberty* in Dutch political discourse before the Patriot era. *Liberty,* of course, was prominently present in Dutch political debate during the entire eighteenth century and long before. Some meanings of the concept were uncontested. Everyone agreed that national independence was one of the essential meanings of

---

9 [*Ryklof Michael van Goens*], De Ouderwetse Nederlandsche Patriot, [The Hague] 1781 - 1783, n° 34 - 36, 175 - 230.

10 [*Elie Luzac*], Reinier Vryaarts openhartige Brieven, om te dienen tot Opheldering en regte Kennis van de vaderlandsche Historie; en teffens ter Aanwyzinge van de waare en wezendlyke Oorzaaken van 's Lands vervallen en kwynenden Staat, mitsgaders van de Middelen om tot beteren Toestand te komen, 4 vols., 12 parts, s.l., [1781 - 1784], VI, 21 and VIII, 36; [*E. Luzac*], De Vaderlandsche Staatsbeschouwers, overweegende alles wat 'er binnen en buiten het Vaderland omgaat en tot deszelfs Belang betrekking heeft, 4 vols., s.l., [1784 - 1788], I, 417 and IV, 48 - 49.

11 *Willem P. C. Knuttel,* Catalogus van de pamfletten-verzameling berustende in de Koninklijke Bibliotheek, 1486 - 1853, 7 vols., The Hague 1889 - 1920.

liberty. It was only a state that showed itself capable of successful defense against external threats that could justly be called free. The Seven United Provinces were not only an independent state, however, but also a republic. Eighteenth-century Dutchmen were highly conscious of this fact. They regarded republics as incomparably more free than monarchies and took great pride in belonging to a nation of "freeborn republicans[12]." It was only when they started to discuss the most appropriate political institutions for their free and independent republic that serious political differences of opinion arose.

Dutch political debate during the eighteenth century was dominated by the ideological opposition between the adherents of the States-party *(Staatsgezinden, Loevesteiners)* and the Orangists *(Prinsgezinden).* The adherents of the States-party, who presented themselves as the upholders of "true liberty", argued that liberty was only secure in a republic without a head, or with a head with severely restricted powers. The Orange Stadholders, they maintained, were always waiting for an opportunity to establish themselves in a monarchical position and were therefore a perennial threat to Dutch *liberty.* The Orangists emphatically denied this and argued that the Stadholders were an indispensable element in the mixed and balanced form of government of the Dutch Republic. They described the Stadholders not only as the protectors of national *liberty* against foreign threats, but also as the protectors of the people against aristocratic-oligarchic oppression[13]. Despite these important differences, both parties shared some assumptions. First of all, they accepted the 1579 Union of Utrecht as the legitimate basis of the existing free and republican political order. Secondly, although it did frequently function as the ultimate theoretical source of political power, both parties did not ascribe an active political role to the people in their definitions of *liberty.* The people was free, or enjoyed liberties, but this popular *liberty* was unconnected with an active and permanent role in politics. Both *Staatsgezinden* and Orangists, in other words, were primarily interested

12 *E. M. Engelberts,* Verdediging van de Eer der Hollandsche Natie, Amsterdam, 1776, 104. For a discussion of this theme see my "De Eerste Republiek van Europa". Iets over de politieke identiteit van de Zeven Verenigde Provinciën in de achttiende eeuw, in: Documentatieblad Werkgroep Achttiende Eeuw 24 (1992), 29 - 44. On eighteenth-century republicanism in general see *Franco Venturi,* Utopia and Reform in the Enlightenment, Cambridge 1971; *John G. A. Pocock,* The Machiavellian Moment. Florentine Political Thought and the Atlantic Republican Tradition, Princeton 1975; *Paul A. Rahe,* Republics Ancient and Modern. Classical Republicanism and the American Revolution, Chapel Hill/London 1992; and Republicanism, Liberty, and Commercial Society 1649 - 1776, ed. David Wootton, Stanford 1994.

13 The best overview of Dutch eighteenth-century political thought remains *Leeb,* Ideological Origins (note 3). See also *Herbert H. Rowen,* The Dutch Republic and the Idea of Freedom, in: Republicanism, Liberty, and Commercial Society (note 12), 310 - 340.

in the distribution of power within the existing political order and paid very little attention to the relationship between *liberty* and the political power of the people. Even in the work of a classical republican such as Lieven de Beaufort (1675 - 1730) republican popular participation was interpreted as no more than an equal opportunity for all citizens to compete for political appointments[14].

All this, so it will be argued in the following sections of this article, would fundamentally change in the years after 1780. The decades between the restoration of the Stadholderate in 1747 - 1748 and the *Patriottentijd* were marked by an intensive public debate about the perceived decline of the Dutch Republic and by the formation of an enlightened public opinion[15]. In the 1770s the American revolution helped to create a new awareness of the possibility of radical political change[16]. Such change would come to the Dutch Republic in the years beginning with the outbreak of the Fourth Anglo-Dutch War (1780 - 1784). During the 1780s, the Patriot movement not only succeeded in creating a new political culture, it also transformed Dutch political vocabulary. The Patriots started as more or less extreme adherents of the States-party, but their position soon evolved to a total rejection of the existing republican order. The basis of that rejection, it will be seen below, was a new concept of *liberty.*

II.

The Patriots at first assumed that the lack of *liberty* they saw in the Dutch Republic was mainly caused by the despotic power of Stadholder William V. Soon, however, they realized that an attack on William's position in itself was insufficient to restore *liberty.* They therefore began to reflect upon the various means available within the established political order to guard the *liberty* of the citizen. Essential to the maintenance of *liberty,* they now argued, were the freedom of expression and of the press, the right to submit petitions to the authorities, and the right to bear arms. To support these claims, they appealed to historic rights and liberties, but also to natural rights theories and to the civic humanist tradition. The dynamics of the revolutionary process and the growing resistance of many regents against increased popular participation

---

14 On De Beaufort see my God, de deugd en de oude constitutie. Politieke talen in de eerste helft van de achttiende eeuw, in: Bijdragen en Mededelingen betreffende de Geschiedenis der Nederlanden 102 (1987), 476 - 497, esp. 478 - 485.

15 *Wijnand W. Mijnhardt,* De Nederlandsche Verlichting, in: Voor Vaderland en Vrijheid (note 4), 53 - 79.

16 *Jan Willem Schulte Nordholt,* The Dutch Republic and American Independence, Chapel Hill 1982.

within the existing order soon forced many Patriots to go even further. They arrived at the conclusion that the so-called ancient rights, privileges, and liberties of the people were largely a figment of the imagination, that the Seven United Provinces had – even without Stadholders – never been a free state, and that it was an illusion to think that *liberty* could ever be realized within the existing political order. The Dutch Patriots, in other words, within a few years came to reject the *ancien régime* in the name of a new concept of *liberty*. In this section, we shall attempt to follow them in their conceptual quest.

From the very beginning of their movement the Patriots stressed the fact that the eternal struggle between power and *liberty* was an unequal one. *Liberty* was more of an exception than a rule in human history. *Liberty* was a fragile creature, constantly preyed upon by power-hungry enemies. "Liberty," the author of the classical republican pamphlet *The Excellence of a Free State* (1783) wrote, "is like a flower, whose color is so bright, that every touch makes it fade, and yet everybody tries to get at it. It is therefore of the utmost necessity to defend liberty with the most extreme vigilance[17]." In the Dutch Republic of 1780, the Patriots were convinced, the flower of liberty had almost completely withered away. It had systematically been abused by generations of Stadholders.

Joan Derk van der Capellen's famous pamphlet *To the People of the Netherlands* (1781) was only one of many publications in which it was explained to the population that the Stadholders "have always desired to make us sigh under a hereditary yoke[18]." It was not until William V, however, that the Stadholders had almost completely succeeded in carrying out their evil designs and had amassed quasi-monarchical power. William V, the Patriots maintained, had put himself above the law with the help of a formidable system of patronage and the command over a substantial standing army. By propagating a luxurious and dissolute lifestyle from his corrupt court, he was furthermore attempting to exterminate the last remnants of republican virtue and love of *liberty*[19]. Indeed, had not the outbreak of the Anglo-Dutch War rudely awakened the Dutch from their stupor, one Patriot pamphlet remarked, they would by now all have been "white negroes and chained slaves[20]."

Many Patriots at this early stage were convinced that once the power of the Stadholder was curbed, the most important step toward the

---

17 De Voortreflykheid van een vryen Staat; benevens de Middelen om het Genot der Vryheid te behouden, Amsterdam 1783, 24.

18 [*Joan Derk van der Capellen tot den Pol*], Aan het Volk van Nederland (1781), ed. Hans Laurentz. Zwitzer, Amsterdam 1987, 18.

19 E.g. ibidem, 60 - 88; Brief over de waere Oorzaek van 's Lands Ongeval, gevonden tusschen Utrecht en Amersfoort, etc., s.l. 1782.

20 De Prince Vlag, Oranje Boven, s.l. s.d., 56.

restoration of *liberty* would have been taken. *Liberty* was usually still defined as the rule of law and the protection of acquired rights, "In a free country, the people is governed by free and reasonable laws," in the words of a 1782 pamphlet[21]. Also in 1782, to give one more example, *The Statesman* defined *liberty* as "a situation where the law and not the unbridled will of a king or a government rules[22]." More than a few Patriots, however, also increasingly realized that in order to prevent a reversion to the pre-1780 situation a vigilant citizenry was an absolute necessity. Only a citizenry that was permanently on its guard could effectively block future stadholderly attempts once again to crush *liberty*.

The events after 1780 had taught the Patriots how important a force in politics public opinion had become and how strongly that opinion was shaped by the printing press. They therefore now proceeded to designate the freedom of the press as one of the most essential parts of civil liberty. "Guard the freedom of the printing press, for it is the only support of your national liberty. If we are not allowed freely to speak to our fellow-citizens, and to warn them in time, then the oppressors of the people will have their way," Van der Capellen wrote in 1781[23]. His views were taken up in numerous Patriot pamphlets over the next few years. The freedom of the press was not only deemed an excellent means to keep the citizens alert, but also highly suited to expose major flaws in government[24]. Indeed it was evident, *De Post van den Neder-Rhyn* wrote, that without a complete liberty of the press "there would not remain a shadow of liberty and a Dutchman would henceforth only in name be different from the obsequious Venetian[25]." A logical consequence of the *liberty* to point out deficiencies in government in print was the right to draw the attention of the authorities to these flaws in an even more emphatic way, namely by petition. It was the duty of each and every citizen, the Patriots held, actively to think about the general good and it was his fullest right to make these thoughts known to those who governed. The political authorities, in turn, should not close their ears to such well-intentioned petitions, but should take them into account in their decisions[26].

---

21 Vervolg op het eeuwigduurend Zak-memorie-boekje, zo wel voor Edelen en Regenten, als Borgers en Boeren van Nederland, etc., s.l. [1782], 1.

22 De Staatsman, vol. 5 (1782), second part, 153.

23 [*Van der Capellen*], Aan het Volk van Nederland (note 18), 91.

24 De Vryheid der Drukpers, onafscheidelyk verknogt aan de Vryheid der Republiek, etc., Amsterdam/Harlingen 1782.

25 De Post van den Neder-Rhyn, vol. 8 (1786), n° 400, 777. On the late eighteenth-century debate on the freedom of the press in general see *Arend Hendrik Huussen jr.*, Freedom of the Press and Censorship in the Netherlands, 1780 - 1810, in: Too Mighty to be Free. Censorship and the Press in Britain and the Netherlands, ed. Alastair Crawford Duke and Coenraad Arnold Tamse, Zutphen 1987, 107 - 126.

26 [*Johannes Allart*], De Vryheid, Amsterdam 1783, 221 - 227 and 241 - 246.

But a public opinion speaking through the press and through petitions, large numbers of Patriots soon began to see, remained highly vulnerable. It was incapable of structurally safeguarding *liberty.* Something more was clearly needed: "It is only when we shall be capable and allowed to support our laws, our measures, and our freedom-loving wishes with arms; it is only when for the defense of our selves and of all that is dear to us we shall no longer depend on mighty fellow-citizens [...], on standing armies, or on foreign mercenaries, but on ourselves – it is only then that we shall be truly free[27]." The Patriots used three main arguments to legitimate the citizen armament they now deemed necessary for the protection of their *liberty.* In the first place, they pointed out that the right to bear arms had been laid down in article VIII of the Union of Utrecht and therefore belonged to the ancient rights of all Dutchmen[28]. Secondly, they claimed that carrying arms was a natural right, "the inalienable property of every free man[29]." Finally, appealing to an early modern republican tradition originating in the work of Machiavelli, they stressed that a virtuous and armed citizenry was indispensable to a free republic, as indeed the Americans at that very moment were demonstrating on the other side of the Atlantic[30]. Having expounded their case, the Patriots began to organize citizen militias throughout the Dutch Republic[31]. Thus in 1784 the *Constitutional Restoration* could write with evident satisfaction: "everywhere our citizens are training themselves in the use of arms in order to defend their liberty – a liberty which would remain highly uncertain should they be incapable of defending it themselves[32]."

It was in the year 1783 that the Amsterdam publisher and publicist Johannes Allart ably synthesized the Patriot political position as it had so far developed. His pamphlet entitled *Liberty* was reprinted three times in the year of its appearance and reads like a summary of early Patriot thought. Allart dwelled upon the threats posed to *liberty* by past and present Stadholders[33]. He highly praised the liberty of the press and

---

27 De Post van den Neder-Rhyn, vol. 8 (1786), n° 400, 777.

28 [*Van der Capellen*], Aan het Volk van Nederland (note 18), 36; [*Allart*], De Vryheid (note 26), 249 - 250.

29 De Post van den Neder-Rhyn, vol. 8 (1786), n° 401, 779.

30 [*Van der Capellen*], Aan het Volk van Nederland (note 18), 34 - 36; Ontwerp om de Republiek door eene heilzaame Vereeniging der Belangen van Regent en Burger, van binnen gelukkig, en van buiten gedugt te maaken. Leiden, 1785, 50 - 56. For this republican tradition see, of course, *Pocock,* Machiavellian Moment (note 12).

31 *Hans Laurentz.* Zwitzer, De militaire dimensie van de patriottenbeweging, in: Voor Vaderland en Vrijheid (note 4), 27 - 51.

32 Grondwettige Herstelling, van Nederlands Staatswezen zo voor het algemeen Bondgenootschap, als voor het Bestuur van elke afzonderlijke Provincie, etc., 2 vols., Amsterdam 1784 - 1786, I, 4.

33 [*Allart*], De Vryheid (note 26), 109 - 204.

called upon his compatriots to bombard the political authorities with petitions[34]. He considered it evident that "an armed citizenry is the best guarantee of liberty[35]." Although there were some rather ambiguous passages in the pamphlet where he referred to the consent of the population, Allart still largely defined *liberty* as the rule of law. Such *liberty,* he maintained, was entirely compatible with, indeed was the very essence of the old constitution and form of government of the Seven United Provinces, now fortunately restored to its former glory by the active intervention of the Patriots[36].

Allart's pamphlet elicited many reactions. For most of the old adherents of the States-party it predictably went much too far. Whereas they agreed with the Patriot criticism of the Stadholder, they were quite opposed to such innovations as citizen armament[37]. For mainstream Patriots Allart had struck the exact right note. Thus the influential periodical *Algemeene Vaderlandsche Letter-oefeningen* heartily recommended *Liberty* to all those "who have until now failed to appreciate the enormous importance of liberty[38]." More important for our purposes, however, is the fact that from 1783 on there also started to appear pamphlets in which Allart's definition of *liberty* was rejected because it was judged to be far from radical enough.

In 1784 the *Constitutional Restoration* emphatically pointed out that the sovereign people permanently retained the right "to replace its governors, or even to introduce a new form of government[39]." In 1785 the so-called *Leiden Draft* argued that *liberty* would always remain "a treacherous shadow and a vain sound" if the armed citizens were not governed by elected and dependent governors[40]. In 1786 the author of *The Aristocracy* – in all probability Petrus de Wakker van Zon – was bold enough to declare that only by dismantling large parts of the existing political structure the Seven United Provinces could become a truly free republic[41]. *The Patriot in Solitude,* finally, remarked that *liberty* could only exist where "the entire citizenry possesses the right to elect its own regents [...] and to keep a substantial influence on the conduct of the government, whose members are strictly speaking no more than the

34 Ibidem, 12 - 48, 221 - 227, 241 - 246.

35 Ibidem, 249.

36 Ibidem, 283 - 284.

37 De Vredebazuin, n° 48 (1784), 123 - 130.

38 Algemeene Vaderlandsche Letter-oefeningen, etc., vol. 5 (1783), first part, 535.

39 Grondwettige Herstelling (note 30), I, 63 - 64.

40 Ontwerp (note 30), 62 - 68.

41 *Anonymus Belga* [*P. De Wakker van Zon?*], De Adel, s.l. 1786, 107 - 108 and *passim*.

representatives or mandatories of the people – the only true and legitimate sovereign of a free republic[42]." In all these publications, a direct and exclusive link was established between *liberty* and the active and permanent sovereignty of the people. This new definition of *liberty* had been formulated as early as 1783 in two radical pamphlets written by Pieter Vreede, later to become a leading political figure in the Batavian Republic. It is with a discussion of these two remarkable but hitherto neglected pamphlets that we shall end our reconstruction of the development of the Patriot concept of *liberty*.

In his first 1783 pamphlet, written in the form of a dialogue, Vreede had the main character Waermond ("Speaker of the truth") explain to Vryhart ("Freeheart") that the much vaunted Dutch *liberty* was in fact nothing but slavery in disguise. Waermond hastened to assure Vryhart that he need not be embarrassed for mistakenly thinking that he was living in a free country, since it was only in classical antiquity, in a few regions of Switzerland, and in present-day America that a true understanding of *liberty* as popular self-government had so far surfaced[43]. And yet this was undeniably what *liberty* meant: "You cannot be said to be free as long as you do not govern yourself, your property, and your happiness, and as long as the control of those things is in the hands of others, who are unelected and independent[44]." Applying this simple and basic definition to Dutch history, Waermond continued, immediately made it clear that, since the sixteenth-century Revolt, Dutchmen had been no more free than the inhabitants of monarchies such as France or Spain. Indeed, they might even be said to have been slaves ever since the formation of their independent state.

After an initial reaction of shock and confusion, Vryhart had to admit that Waermond's daring analysis was completely accurate[45]. But, he now asked, how was it possible that so many Dutchmen had suffered from permanent delusions and had always been convinced that they lived in a free state? Waermond knew the answer. At the time of the Dutch Revolt, he explained, Dutchmen had for centuries lived under a single-headed political authority and had thus become used to it. Like the other European peoples, moreover, they had only just awakened from the medieval "deep sleep of ignorance and superstition" and they were everywhere surrounded by monarchies. These factors, combined with the fact that

42 De Patriot in de Eenzaamheid, of Proeve van Bespiegelingen, ter Opwekkinge van Vaderlands en Vryheidsliefde, second printing, Amsterdam 1787, 204 - 205.

43 [*Pieter Vreede*], Waermond en Vryhart. Gesprek over de Vryheid der Nederlandren; en den Aart der waere Vryheid, s.l. 1783, 16.

44 Ibidem, 4.

45 Ibidem, 15.

during the struggle against Philip II they had mistakenly learned to identify the assemblies of the States with the protection of *liberty*, explained why the Dutch had failed to found a truly free state and had been content with a semblance of freedom[46]. It was equally easy to understand why this situation had hardly changed during the seventeenth and eighteenth centuries. On the one hand, the Dutch had been so preoccupied with expanding their wealth and commerce that hardly anybody bothered about real *liberty*. On the other hand, the established order had been exceptionally mild and had been characterized by such blessings as the rule of law, the separation of powers, and the *ius de non evocando*: "Institutions that, while not making a people truly *free*, are nonetheless most useful and valuable – and that tend to make a people feel that it is free, especially when its neighbors have to do without them[47]."

It was the outbreak of the Fourth Anglo-Dutch War, Vreede continued in his second 1783 pamphlet, that had suddenly raised Dutch consciousness. Now, at the very end of the eighteenth century, Dutchmen for the first time seriously and publicly began to reflect upon the all-important theme of *liberty*[48]. With his famous pamphlet Johannes Allart had greatly contributed to this process, but he had by no means gone far enough. Indeed, Allart had entirely failed to identify the core meaning of *liberty*, Vreede explained to his readers: "a people is free when it has the real right and the might to change the things it thinks need to be changed. By real right I understand a right laid down in the constitution – by might I understand that the people is acknowledged to be the only and active sovereign and that it can back this up, if necessary, with armed force[49]." Direct democracy was, in other words, the only free and legitimate form of government. Vreede did realize that direct democracy was incompatible with a sizeable population and that therefore the introduction of some form of representation was inevitable. He stressed, however, that the elected representatives should have a binding mandate and should be constantly controlled by the sovereign people. The sovereign people, moreover, should be trained and armed so as always to remain in a position to remind its representatives of the real location of political power.

---

46 Ibidem, 17.

47 Ibidem, 18.

48 [*Pieter Vreede*], Beoordelend en ophelderend verslag van de Verhandeling over de Vryheid. Gedrukt by Johannes Allart, 1783, s.l. [1783], 5 - 7.

49 Ibidem, 25 - 26.

III.

In the first section it has been observed that the relatively sudden appearance of a lively discourse on the theme "abuse of words" would seem to suggest that the *Patriottentijd* was a time of rapid conceptual change. In section two it has been demonstrated on the basis of the contemporary pamphlet literature how within a short time span the Patriot definition of *liberty* evolved from protection against arbitrary, especially single-headed government to active and permanent popular sovereignty. In this short final section we shall briefly inquire whether our analysis of the development of the Patriot concept of *liberty* also finds confirmation in the contemporary conservative pamphlet literature.

There were many conservative or Orangist political publicists who attentively followed the development of Patriot political thought and who tried to counter it with arguments at every single stage. Unsurprisingly, the Orangists firmly rejected the Patriot suggestion that the Stadholders formed a threat to *liberty*. They pointed out that the Stadholder's constitutional and political position did not allow him to rule the country despotically and that, on the contrary, it was only with the greatest effort that the Stadholder managed to bridle and balance the enormous power of the aristocratic regents[50]. The liberty of the press and the right to petition the Orangists too regarded as pillars of general *liberty*. What they objected to were the in their eyes licentious and extreme uses to which these precious institutions were put by the Patriots[51]. Spontaneous citizen armament, finally, most Orangists vehemently condemned as an unconstitutional and violent attempt to undermine the existing political order[52]. Up to this point, the Orangists could still place the Patriot political program within a more or less familiar context. Early Patriot thought, it seemed to them, was not all that different from the traditional discourse of "true liberty" of the adherents of the States-party. It was not until the Patriots started to define *liberty* as active pop-

50 *Johan Canter de Munck*, De tegenswoordige Regeeringsvorm der Zeven Vereenigde Provintien gehandhaafd en verdeedigd [...] tegen het Ontwerp der Volksregeering, vervat in zeker Werk, betyteld: Grondwettige Herstelling van Nederlands Staatswezen, etc., Middelburg 1787, 85 - 141; [*Kornelis de Vogel*], Katechismus van het Stadhouderschap, etc., 2 vols., Rotterdam [1786 - 1787], I, 491 - 522; [*Luzac*], Vaderlandsche Staatsbeschouwers (note 10), I, 111 - 185 and IV, 439 - 536.

51 [*Van Goens*], Ouderwetse Nederlandsche Patriot (Note 9), n° 21 - 22, 449 - 463 and 473 - 486; *George Willem Vreede* (ed.), Mr. Laurens Pieter van de Spiegel en zijne Tijdgenoten (1737 - 1800), 4 vols., Middelburg 1874 - 1877, II, 428 - 431.

52 De Spiegel der Vryheid, waarin ten klaarsten word getoond hoe gemakkelyk de verlooren Vryheid zonder oprigten van Vry-corpsen of het waapenen der Burgeryen weerom gevonden kan worden. Door een vrye Dordsche burger, [Dordrecht] 1783; [*Elie Luzac*], De Voor- en Nadeelen van den Invloed des Volks op de Regeering, overwoogen en voorgedraagen by Brieven geschreeven aan een Lid van de hooge Regeering, 3 vols., Leiden 1788 - 1789, III, 150 - 155.

ular sovereignty that the Orangists realized that something truly new was going on and that their opponents were fundamentally altering the nature of Dutch political debate.

The Orangists were shocked and dismayed by the Patriot redefinition of *liberty.* "What do you hold of it, true lovers of *noble liberty*?," Adriaan Kluit exclaimed, "What do you think? Writers who deny all obligations between *rulers* and *subjects;* who under the splendid name of *civil liberty* know no other sovereignty than that of the *people;* who consider no government but a *popular government* legitimate [...]; to see such writers praised by true *Dutchmen;* to see so many publications on *liberty* while it is actually being raped: to see all this in our days! Who would have held it possible[53]!" To combat their opponents effectively, the Orangists now systematically began to develop the contrast between civil (the rule of law) and political (popular sovereignty) liberty, a contrast they often referred to as that between "the right of the people" and "the might of the people[54]". They thus made it perfectly clear that they had identified the Patriot redefinition of the concept of *liberty.* They could not, however, see this Patriot move as more than a gross error. "Their basic mistake," Kluit wrote about the Patriots, "is that they constantly confuse the *civil liberty* that belongs to each individual citizen with *political liberty* or the right of the citizens to govern themselves[55]." Indeed, where the Patriots were now defining popular self-government as the very essence of *liberty,* the Orangists started doing the exact opposite. Nobody perhaps did this with more ability and clarity than Johan Meerman, who in 1793 wrote: "Political liberty is, I cannot find words strong enough to express my conviction, the destructor, the exterminator, the murderer of civil liberty[56]." It is the very shrillness of Meerman's tone that makes it abundantly clear to us that the Patriots, although they suffered political defeat, had succeeded in fundamentally and permanently changing the nature of the Dutch debate about the meaning of *liberty.*

---

53 *Adriaan Kluit,* De Souvereiniteit der Staten van Holland verdedigd tegen de hedendaagsche leer der Volksregering, zoo als dezelve onder anderen wordt voorgedragen in een geschrift getiteld: Grondwettige Herstelling van Nederlands Staatswezen, etc., second, enlarged printing, Leiden 1788, 91.

54 Ibidem, 183. Cf. Van de Spiegel (note 51), II, 415 - 431.

55 *Kluit,* Misbruik van 't algemeen Staatsrecht (note 8), 88.

56 *Johan Meerman,* De burgerlyke Vryheid in haare heilzaame, de Volks-vryheid in haare schadelyke gevolgen voorgesteld, inzonderheid met betrekking tot dit Gemeenebest, Leiden 1793, 42.

Lumières versus *Ténèbres*

Politisierung und Visualisierung aufklärerischer Schlüsselwörter in Frankreich vom XVII. zum XIX. Jahrhundert*

Von Rolf Reichardt, Mainz

Im Herbst 1793 veröffentlichte der Pariser Stecher und Graphikverleger Laurent Guyot in der rue Saint-Jacques ein großformatiges Bildflugblatt mit dem Titel *Le Thermometre du sans Culote,* das sich bei genauerer Betrachtung als eine politisierte Zusammenfassung der aufklärerischen Metaphorik und Ikonographie zu dem Wortpaar *Lumières/Ténèbres* erweist *(Abb. 1).* Die Legende unter dem dominierenden Mittelbild leitet die Deutung ein: „La France caractérisée par un lis et par les attributs du Gouvernement Démocratique, dissipe les ténèbres, et présente à l'univers la vérité, et la nature qui montre aux hommes leurs Droits. Les Despotes semblables aux oiseaux de la nuit fuyent à l'aspect de sa Lumière." Nimmt man zu diesem Text die visuelle Zeichensprache des Blattes hinzu, so wird noch deutlicher, daß es sich um eine verweltlichte Umdeutung und geschichtliche Aktualisierung des alttestamentarischen Schöpfungsmythos handelt, in der Darstellung der Hauptfigur angelehnt an eine Bildidee (nicht an die Religiosität) Michelangelos[1]. Als säkularisierte Trinität erschaffen Francia, die Natur und die durch die Französische Revolution entschleierte Wahrheit die politische Welt neu, indem sie mit der Verkündigung der „Droits de l'Homme et du Citoyen" vom Juni 1793 und der Begründung der „demokratischen Regierung" die „Despoten" wie Nachtvögel in die zurückweichende Finsternis des Ancien Régime vertreiben. Diese in die Praxis umgesetzte „Aufklärung" beruft sich zwar auf das „Fiat Lux" der Genesis, aber bewirkt wird sie von der „Vérité" und dem leuchtenden Lichtkörper in ihrer Hand, der mehr auf die Physik des Lichts als auf den göttlichen Weltenschöpfer verweist. Unterstützt wird die ‚Erleuchtung' durch das freimaurerische Dreieck, ein Winkelmaß mit Lot, das die neue Gleichheit anzeigt. Zur Zeit des größten Einflusses der Sansculotterie wird die Französische

* Der Verfasser dankt insbesondere Christoph Danelzik, Christoph D. Frank und Reinhart Koselleck für ihre kritische Lektüre des Manuskripts und für wichtige Hinweise zur Verbesserung des folgenden Beitrags.

1 Vgl. die Gestalt der Delphica in der Sixtinischen Kapelle.

Abb. 1: *Das Thermometer des Sansculotten*. Radierung und Kupferstich von Laurent Guyot, 1789. 32,3 × 36,2 cm (BNF, Est., Coll. de Vinck 4244).

Die Maßangaben nennen zuerst die Höhe, dann die Breite der Graphiken. Wenn nichts anderes angegeben, beziehen sich die Maße auf die Blattgröße. Bei den Besitznachweisen der Graphiken wird die Bibliothèque Nationale Paris mit dem Sigle BNF abgekürzt.

Revolution somit gedeutet als eine Art Weltgericht, als apokalyptischer Kampf zwischen Licht und Finsternis. Und dieser Kampf wird, wie die Umschrift im Mittelbild ankündigt, auf den Seiten des Blattes moralisierend und konkretisierend fortgeführt und durch weitere Legenden kommentiert. Und zwar treten der „falsche-" (linke Bildseite) und der „wahre Patriotismus" (rechts) sich in zweifacher Weise schroff gegenüber: zum einen allegorisch in den vier Eckmedaillons, die links den Sturz des anmaßenden Phaëton vom Sonnenwagen und das Zerbrechen der *fasces* durch eine maskierte Frau, rechts dagegen das Zusammenschnüren des Faszenbündels durch Herkules und Theseus' Befreiung aus dem Labyrinth durch Ariadne darstellen; zum anderen sehr handfest in Form von Namensschildern einerseits der „falschen Patrioten" von Fauchet über Brissot bis zu Hébert, andererseits der „Republikaner" von Robespierre über Collot d'Herbois bis zu David und Sergent (vergaß doch der Stecher Guyot seine „Kollegen" nicht); während den „Dunkelmännern" die Guillotine droht[2], winkt den „Leuchten" des Patriotismus die Zukunft: „Que la Raison et la République conserve les Bons", lautet die Legende.

Dieser radikalrevolutionäre Propagandastich, der Elemente antiker, christlicher, philosophischer und freimaurerischer Ikonographie miteinander verschmilzt, macht exemplarisch sichtbar, was im folgenden anhand von weiterem Quellenmaterial ausgeführt werden soll: daß erstens der Zeitalterbegriff der *lumières* sich nicht nur in zeitgenössischen Texten, sondern auch in Bildern ausgeprägt hat – eine semantische Dimension, die von der Forschung bisher vernachlässigt worden ist[3]; daß zweitens der Diskurs um die *lumières* nicht auf der philosophisch-literarischen Ebene verharrte, sondern an der Politisierung der französischen Gesellschaft des späten XVIII. Jahrhunderts aktiv teilnahm; und daß drittens die Aufklärungsmetaphorik um die Gegenbegriffe *lumières* und *ténèbres* ihre große Symbol- und Anziehungskraft aus einer vielfältigen Text- und Bildtradition bezog.

---

2 Legende: „Que le Diable et la Justice nationale envoye tous les Traîtres à la Guillotine." Tatsächlich wurden 21 aus dem Konvent ausgestoßene Girondisten am 31. Oktober 1793 hingerichtet.

3 Das gilt auch für die anderen genannten Aspekte. Vgl. *Jacques Roger*, La Lumière et les Lumières, in: Cahiers de l'Association internationale des études françaises 20 (Mai 1968), 167 - 77; *Roland Mortier*, „Lumière" et „Lumières". Histoire d'une image et d'une idée au XVIIe et au XVIIIe siècle, in *ders.*, Clartés et Ombres du Siècle des Lumières, Genève 1969, 13 - 59; dazu der Rezensionsartikel von *Aram Vartanian*, „Fiat Lux" and the Philosophes, in: Diderot Studies XVI (1973), 373 - 87; s. a. *Michel Delon*, Les Lumières – travail d'une métaphore, in: Studies on Voltaire and the Eighteenth Century 152 (1976), 527 - 541; *Fritz Schalk*, Zur Semantik von „Aufklärung" in Frankreich, in: ders., Studien zur französischen Aufklärung, 2. Aufl., Frankfurt/M. 1977, 323 - 339; sowie *Ulrich Im Hof*, Enlightenment – Lumières – Illuminismo – Aufklärung. Die „Ausbreitung eines besseren Lichts" im Zeitalter der Vernunft, in: „Und es ward Licht". Zur Kulturgeschichte des Lichts, hg. von Maja Svilar, Frankfurt a. M. 1983, 115 - 135; *Wolfgang Schmale*, La notion de ‚Lumières' et les ‚masses populaires' – deux perspectives contradictoires, in: Conference Papers for the 1st Meeting of the International Standing Working Group on Education and Enlightenment (Parma, Sept. 1986), Zürich 1986, 129 - 137; *M. Delon*, Siècle des Lumières et Aufklärung: mots, métaphores et concepts, in: Interfaces: image, texte, langage 4 (1993), 109 - 129.

I. *Post Tenebras Lux:* fünf Quellen der aufklärerischen Lichtmetaphorik

1. Ein Traditionsstrang der politischen Visualisierungen der *lumières* reicht zurück zu den Pharaonen, besonders aber zu den römischen Kaisern von Vespasian über Aurelian, Trajan und Hadrian bis hin zu Caracalla und Caligula: ihre Selbstdarstellung als Helios, wie sie sich im Münzbild der im Osten aufgehenden Sonne ausdrückte, führte schließlich zur Identifikation des Imperators mit dem Sonnengott Sol Invictus[4]. In einem Prozeß kreativer Rezeption durch den fürstlichen Absolutismus wurde diese Sonnensymbolik bekanntlich integrierender Bestandteil der absolutistischen Herrschaftsrepräsentation in Frankreich[5]. Schon Henri IV, kenntlich durch sein Signet und die königlichen Insignien, ließ sich zu Beginn des 17. Jahrhunderts als Sonne, auf einem Bildflugblatt als „Licht der Welt"[6] darstellen *(Abb. 2).* Auch sein Nachfolger[7] wurde als „Bourbonisches Gestirn" *(Abb. 3)* gepriesen, als Sonne der Gerechtigkeit, welche die Grundsätze der königlichen Regierung ausstrahlt (z.B. „Terror iniquorum...", aber „Vivida lux sacrae fidei...") – Leitsätze, deren Buchstaben drei konzentrische Umlaufbahnen kreuzen und dabei von innen nach außen den Namen der Lichtquelle ergeben: *„Ludovicus / decimus tertius ecce / Rex iustus".*

Doch keiner der Bourbonenherrscher hat – beeinflußt von einem Kreis dienstfertiger Ikonographen – die Lichtsymbolik planvoller und konsequenter zur königlichen Selbstinszenierung genutzt als Louis XIV. Die Sache war ihm so wichtig, daß er 1662 als Vermächtnis für seinen Thronerben diktierte, weshalb er die Sonne zu seinem Wahrzeichen gewählt hatte: „On choisit pour corps le soleil, qui... est le plus noble de tous, et qui, par la qualité d'unique, par l'éclat qui l'environne, par la lumière qu'il communique aux autres astres qui lui composent comme une espèce de cour, par le partage égal et juste qu'il fait de cette même lumière à

4 Dazu grundlegend *Ernst H. Kantorowicz,* Oriens Augusti – Lever du Roi, in: Dumbarton Oaks Papers 17 (1963), 119 - 177, hier 119 - 35.

5 Vgl. *Agnès Joly,* „Le Roi-Soleil" – histoire d'une image, in: Revue de l'histoire de Versailles et de Seine-et-Oise 38 (1936), 213 - 35; sowie besonders *Louis Hautecoeur,* Louis XIV – Roi Soleil, Paris 1953. Ich danke Christoph D. Frank für großzügige Quellen- und Literaturhinweise zur politischen Ikonographie des Sonnenkönigtums, ohne die der folgende Abschnitt allzu vordergründig geblieben wäre.

6 Nach der Theorie des Gottesgnadentums war es nicht völlig abwegig, diese Selbstaussage Jesu auch für den *roi très-chrétien,* den ‚Stellvertreter Gottes auf Erden', zu reklamieren. Vgl. *Hautecoeur* (Anm. 5), 39 - 44.

7 Zu einer Münze, auf der Guillaume Dupré 1611 Louis XIII als kindlichen Sonnengott darstellte, vgl. *Kantorowicz* (Anm. 4), 167 und fig. 42. Zum Tod von Louis XIII brachte Pierre Favre in Lyon 1643 ein allegorisches Horoskop des Verstorbenen heraus, das im Zeichen der Sonne stand und den Titel trug: Unum olim ternis, uni tria sydera fulgent (BNF, Est., Coll. Hennin 3303). – Übrigens ließen sowohl Richelieu wie Mazarin sich auf Kupferstichen auch selbst als ‚Sonne' darstellen.

Abb. 2: *Das Licht Heinrichs IV. dem Licht der Welt vergleichbar.* Kupferstich von Thomas de Leu, um 1604. 22,3 × 14,9 cm (BNF, Est., Coll. Hennin 1296).

Abb. 3: *Das bourbonische Gestirn.* Kupferstich von François Langlois, gen. F. L. D. Ciartres, 1642. 36,7 × 255,5 cm, Durchmesser des Medaillons 21,5 cm (BNF, Est., Coll. Hennin 3362).

tous les divers climats du monde, par le bien qu'il fait en tous lieux, produisant sans cesse de tous côtés la vie, la joie et l'action, par son mouvement sans relâche..., est assurément la plus vive et la plus belle image d'un grand monarque[8]." Nicht zufällig ist diese Vorstellung eines Leitge-

[8] *Louis XIV,* Mémoires, prés. et annotés par Jean Longnon, nouv. éd. corr., Paris 1978, 136.

stirns als alleiniger Quelle des Lichtes, von der alle übrigen Sterne ihr Licht empfangen und weitergeben, der christlichen Lichtmetaphysik nachgebildet; wurde der *Roi-Soleil* in ikonologischen Fragen doch von Jesuitenpatres beraten, besonders den beiden Emblematikern Pierre Le Moyne[9] und Claude-François Ménestrier[10]. Im einzelnen zu verfolgen, wie die Darstellung Ludwigs XIV. als über die Finsternis triumphierender Sonnengott Apoll, als sowohl lebenspendendes wie strafendes Licht, alle damaligen Printmedien und die gesamte Herrschaftsrepräsentation – von Theaterstücken[11] und Feuerwerken[12] über Medaillen[13] und Kalenderblätter[14] bis hin zur Anlage und Ausgestaltung der Schlösser[15], ja zum „Lever du Roi"[16] – so stark durchdrang, daß sie im kollektiven Gedächtnis fest mit seinem Namen verbunden blieb, würde im Rahmen unserer Fragestellung zu weit führen. Nur zwei Beispiele aus der weniger bekannten Graphik seien erwähnt.

Zum einen die Anfang 1679 veröffentlichte „Sonnenuhr" des Stechers R. Michaud *(Abb. 4)*, eine bildliche Umsetzung der beliebten „politischen Astrologie", die Louis schon bei seiner Geburt das „Sonnenhoroskop" gestellt hatte[17]. Das Haupt des *Roi-Soleil* beherrscht als Sonne den vom

---

9 Seine Schrift De l'art de regner (Paris 1665) vergleicht in einem kommentierten Kupferstich (S. 46) Ludwigs Regierung in Frankreich mit der Wirkung der Sonne auf die Welt. Vgl. *Kantorowicz* (Anm. 4), 165 und fig. 40.

10 Er verfaßte u.a. La Devise du Roy justifiée (Paris 1679) und Histoire du roy Louis le Grand par les médailles (Paris: Nolin 1689); das letztgenannte Werk bringt ein Münzbild mit Louis XIV als Blitze schleudernder Sonnengott und dazu als Inschrift die dem Psalm 103 entnommenen Worte *„Ortus est Sol."* Vgl. *Kantorowicz* (Anm. 4), 170 - 71 und fig. 53. Die Bedeutung Ménestriers wird besonders gut herausgearbeitet von *Josèphe Jacquiot,* L'Histoire du roi Louis le Grand par les médailles du Père C.-F. Ménestrier, in: 89e Congrès des sociétés savantes: Section archéologique (Lyon 1964), Lyon 1965, 221 - 247.

11 Von 1653 bis 1669 trat Louis in einer ganzen Reihe allegorischer Stücke persönlich als Sonnengott Apoll auf. Vgl. *Hautecoeur* (Anm. 5), 9 - 18.

12 Ein Beispiel beschreibt *Christoph Daniel Frank:* The Mechanics of Triumph: Public Ceremony and Civic Pageantry under Louis XIV, Diss. Univ. of London (Warburg Institute) 1993, 29 - 31. Ich danke dem Autor, mir seine im Druck befindliche Quellenstudie zugänglich gemacht zu haben.

13 Hierzu nach *Kantorowicz* (Anm. 4), 165 - 71, vor allem *Josèphe Jacquiot,* Médailles et jetons de Louis XIV d'après le manuscrit de Londres Add. 13908, Paris 1968, bes. die ungezählte Tafel nach S. 126 sowie S. 150f. (Taf. XXVIII) und S. 680 (Taf. CXXX,6). Schon der Ausstellungskatalog: Le siècle de Louis XIV (Paris: Bibliothèque nationale, 1927), Nr. 555 - 563 verzeichnete neun zeitgenössische Gold- und Silbermedaillen zur Glorifizierung des *Roi-Soleil.*

14 Vgl. die jährlich veröffentlichten Schmuckblätter des *Almanach royal,* in Auswahl dokumentiert im Katalog der Louvre-Ausstellung von *Maxime Préaud,* „Les effets du Soleil". Almanachs du règne de Louis XIV, Paris 1995, dort bes. als Nr. 19 (S. 67f.) den für das Jahr 1680 bestimmten Kupferstich *„Les effets du Soleil".*

15 Vgl. das Kapitel „Les palais d'Apollon" bei *Hautecoeur* (Anm. 5), 21 - 29.

16 *Kantorowicz* (Anm. 4), 174 - 76.; sowie *Norbert Elias,* Die höfische Gesellschaft (1969), Neuwied/Berlin 1983, 126 - 29.

17 Kein Geringerer als Tommaso Campanella hatte der Königinmutter Anna bescheinigt, daß im Augenblick der Geburt die Sonne sich der Erde so weit genä-

Mercure galant extraordinaire d. de Janvier 1679. p. 110. à l'occasion de la paix de Nimègue.

n4967

Abb. 4: *Die Sonnenuhr.* Kupferstich von René Michault, 1679. Platte 41,5 × 32 cm (BNF, Est., Coll. Hennin 4967).

hert habe wie niemals zuvor. Vgl. die Belege, auch zu anderen Horoskopen, bei *Frank* (Anm. 12), 31 - 32.

Ziffernblatt umschriebenen Erdkreis, indem es durch sein von Osten nach Westen wanderndes Licht die Zeit bestimmt – eine „Zeit" freilich, deren fünfzehn Tagesstunden ikonographisch zusammenfallen mit den wichtigsten Siegen und Eroberungen Ludwigs XIV. im Niederländischen Krieg von 1672 bis 1678. Da das königliche Gestirn gerade im Zenit steht, markiert es mit der Mittagsstunde zugleich den Friedensschluß von Nimwegen, also genau dasjenige politische Ereignis, zu dessen Feier der Kupferstich erschien: „le Soleil donne la Paix dans le Midy de sa gloire" lautet die zugehörige Strahleninschrift, aus der das Reis des Friedens sprießt. – Die Anwendung der Sonnensymbolik auch auf die absolutistische Kirchen- und Religionspolitik nach der Widerrufung des Edikts von Nantes exemplifiziert zum anderen ein Stich von Pierre-Paul Sevin zu Ménestriers Münzgeschichte Ludwigs XIV. von 1689, einem Konkurrenzunternehmen[18] zur *Histoire métallique* der Académie *(Abb. 5)*. In ihm stehen weltlicher Sonnenkult und katholische Heilslehre auf bezeichnende Weise nebeneinander. Den offiziellen Legitimationsgrund des königlichen Handelns verkörpert das Doppelpatronat der „Religion" und der „Frömmigkeit", die mitsamt dem vielköpfigen Drachen des französischen Protestantismus auch die Schriften Calvins und Luthers den Flammen der Hölle überantworten. „Ludwig der Große", wie ihn die Umschrift der gezeichneten Portrait-Medaille tituliert, handelt zwar einerseits als *Roi très-chrétien* gleichsam im Auftrag dieser Patroninnen, doch andererseits agiert er im Zeichen des Hydra-Bezwingers Herkules aus eigener Machtvollkommenheit. Und diese Souveränität des *Roi-Soleil* erweist sich als der dominante Bilddiskurs, wenn man die von bourbonischen Lilien umrahmten Münzembleme betrachtet, die von den königlichen Großtaten für die katholische Religion künden. Erscheint doch auf einem Drittel der vierundzwanzig Medaillons[19] die Sonne als die treibende Kraft, ob diese nun die „oiseaux de nuit", auch „partisans des ténèbres" genannt, vertreibt (Nr. 14) oder – um die benutzte Naturmetapher historisch zu konkretisieren – die Ketzer durch Bekehrung dem Himmel näher bringt: „Le Soleil qui éleve des Vapeurs; par vos bien faits nous approchons du ciel" (Nr. 24). Dem Sonnenkönig wird so letztlich die Macht auch religöser Erlösung zugesprochen.

Dieses triumphale Selbstbild des *Roi-Soleil* fand jedoch nicht so allgemeine Anerkennung, wie seine offiziöse Propagierung glauben

---

18 Histoire du roy (Anm. 10).

19 Die folgenden exemplarischen Zitate kombinieren die Devisen der Embleme mit den zugehörigen Legenden unter der Zeichnung. – Siehe auch den um 1705 von P. Perou in Paris verlegten anonymen Stich *Illuxit vobis* (BNF, Est., Coll. Histoire de France, cliché M 94783), auf dem die königliche Sonne die ‚ketzerischen' Reformatoren von Martin Luther bis Théodore de Bèze erleuchtet und zum Katholizismus bekehrt: „Louis par sa prudence et ses Edits celebres, / Enfin a dissipé vos plus sombres tenebres..." – so kommentiert die Vers-Legende.

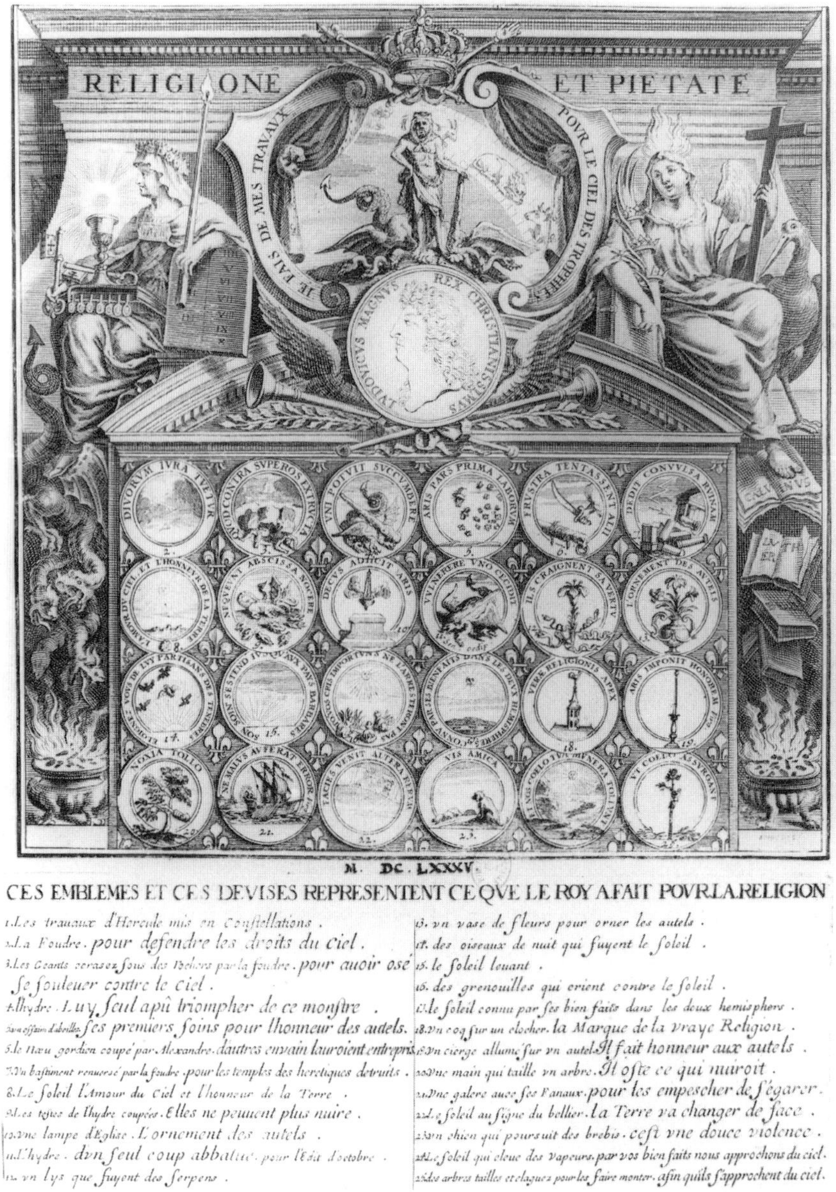

Abb. 5: *Embleme und Sinnsprüche über Ludwigs XIV. Taten für die Religion.* Kupferstich von Pierre-Paul Sevin nach Claude-François Ménestrier, 1689. 29,7 × 21,5 cm (BNF, Est., Coll. Hennin 5452). Der Stich erschien erstmals in: C.-F. Ménestrier, *Histoire du roy Louis-le-Grand par les médailles,* Paris: J.-B. Nolin 1689, 66D.

Abb. 6: *Der König von Frankreich als Oberhaupt der hl. Liga.* Schabkunst von Jacob Gole nach Cornelius Desart, 1691. 14,6 × 10,7 cm (BNF, Est., Coll. Hennin 5917). Eröffnungsblatt der Karikaturenfolge *Les Héros de la Ligue* (siehe Anm. 21).

machte[20]. Der vorgenannten Glorifizierung des allerchristlichen Königs widersprach z.B. 1691 ein protestantisches Spottbild aus den Kreisen des Refuge in Amsterdam; es handelt sich um das Eröffnungsblatt *(Abb. 6)* einer der frühesten französischen Karikaturen-Serien[21]. Der

20 Zum bildpublizistischen Hintergrund auch *André Blum,* Louis XIV et l'imagerie satirique pendant les dernières années du XVIIe siècle, in: Mélanges offerts à M. Henri Lemonnier, Paris 1913, 272 - 286.

21 Les héros de la Ligue ou la procession monacale, conduitte par Louis XIV, pour la conversion des protestans de son royaume [La Haye, Rotterdam] 1691, 24 Taf. – Dazu *Eduard Fuchs,* Die Karikatur der europäischen Völker vom Altertum bis zur Neuzeit, Berlin 1901, 81 - 83. – Siehe auch die Darstellung von

Anspruch von Louis XIV, die protestantischen Häretiker nach der Widerrufung des Edikts von Nantes „aufzuklären", d.h. mit Gewalt zum Katholizismus zu bekehren – so die Argumentation von Zeichnung und Beitext –, gründet nicht in „göttlichem Eifer", sondern kaschiert eine skrupellose Machtpolitik. In Wirklichkeit sei der „Sonnenkönig" ein Dunkelmann mit der Kapuze des Verschwörers und der Brandfackel der Anarchie. – Als dann die Armeen Ludwigs XIV. im Jahre 1706, während des Spanischen Erbfolgekrieges, eine Schlacht nach der anderen verloren, ganz besonders am 23. Mai bei dem holländischen Dorf Ramillies, deutete eine Reihe niederländischer Karikaturen diese vorübergehende Wende des Kriegsglücks voll Genugtuung als Erfüllung einer himmlischen Prophezeiung: denn elf Tage zuvor, am 12. Mai 1706, war in Westeuropa tatsächlich eine Sonnenfinsternis eingetreten[22] – eine treffliche Gelegenheit, die Astrologie gegen den *Roi-Soleil* zu kehren. Eins der – meist zweisprachigen – Blätter *(Abb. 7)* zeigt Ludwig in Herrscherpose, das Haupt umfangen von seiner in den Gegensinn verkehrten Devise „*Nunc [!] pluribus impar*"[23]. Doch wie dieser selbstverliehene „Heiligenschein" sprachlich verballhornt ist, so hat auch das ganze übrige Gehabe des Sonnenkönigs an Überzeugungskraft eingebüßt; die scheinbar imperatorenhafte Bewegung seiner Rechten gibt in Wahrheit den Friedensvorschlägen der Mme de Maintenon sowie Philipps V. von Spanien nach. In seinen fingierten Worten unter der Zeichnung deutet Ludwig seine aufsehenerregende Niederlage in Ramillies („la perte en Brabant, dont tout le monde parle") als erste Folge einer unheilkündenden politischen Sonnenfinsternis: „...le Soleil s'éclipser/On a vu depuis peu: seroit ce pour predire/L'Eclipse à mon Soleil, ce que mon coeur dechire[24]." Auf der nächsten Karikatur ist Ludwig zur Bestürzung der

Louis XIV als unheilbringende ‚Sonne' auf dem anonymen holländischen Stich *Kalendarium Regium, Solis Cursum perfecte indicans,* 1705/1706 (BNF, Est., Coll. Hennin 7001).

22 Sie wurde von dem Nürnberger Astronomen Johann Philipp Wurzelbauer vorausberechnet und in ihrem Ablauf gezeichnet (Stich von 1706 in BNF, Est., Coll. Hennin 7028) sowie auf mehreren politischen Stichen dargestellt, die der Stecher J. Mosse (oder Moxe) nach englischen Vorlagen anfertigte: *De groote eclipsis in de zon; Métamorphose nouvelle, 1706;* und *Apparition de Jupiter.* Mehrere Exemplare dieser Blätter wurden nachträglich in ein anonymes Recueil de pièces heroïques et historiques pour servir d'ornement à l'histoire de Louis XIV (1693) eingebunden, das die Pariser Nationalbibliothek besitzt: Rés. Lb^{37}. 4034. – Der König selbst scheint diese Sonnenfinsternis nicht auf sich bezogen zu haben, wenn man dem Tagebuch eines Versailler Hofmanns glaubt: „Le 12, il y eut une éclipse du soleil très considérable; le Roi avoit fait venir exprès à Marly le vieux Lahyre et le jeune Cassini, avec tous les instruments nécessaires pour faire bien voir et connaître aux princes et aux dames le commencement, le progrès et la diminution de l'éclipse..." (*Louis-François du Bouchet,* marquis de Sourches, Mémoires sur le règne de Louis XIV, publ par le comte de Cognac et Edmond Pontal, t. X, Paris 1890, 79). Ich danke Pierre Rétat für den Hinweis auf diese Tagebucheintragung.

23 Diese Spottformel hatten um 1695 schon satirische Münzen aus den Niederlanden verwendet. Vgl. *Blum* (Anm. 20), 284.

ihn umringenden Höflinge bereits kraftlos über dem gesprungenen Reichsapfel seines Königreichs zusammengebrochen, die verfinsterte Sonne nun senkrecht über sich[25] – eine Umkehrung der in der Sonnenuhr von 1679 dargestellten Machtlage (s.o. Abb. 4). Und auf einem dritten, einige Monate später veröffentlichten Stich[26] ist der *Roi-Soleil* ganz verschwunden, während die Verdunkelung der Sonne durch die englische Luna genauer erklärt wird:

„Soleil François qui fit des actes magnifiques
Ci devant [,] à présent des merveilles publiques
On fait à ton grand tort. La Lune d'outre mer
T'a éclipsé: aussi les Planetes par fer
On[t] étouffé ton feu..."

In der übrigen Zeichnung ist denn auch zu sehen, wie Königin Anne von England, die Verbündete der Niederländer, den stolzen Gallischen Hahn rupft, wie gefangene französische Offiziere von ihr die Freilassung erbitten, wie die Franzosen in Turin und zur See vor Spanien weitere Niederlagen erleiden – alles konkrete historische Tatsachen.

Über ihre aktuellen Anlässe hinaus hat diese antiabsolutistische Bildkritik im Rahmen unserer Fragestellung insofern grundsätzliche Bedeutung, als sie zeigt, daß das politische Sonnensymbol im ausgehenden XVII. Jahrhundert nicht länger allein auf die Panegyrik des *Roi-Soleil* festgelegt blieb, sondern an Mehrdeutbarkeit gewann und gegen seinen Urheber gewendet werden konnte – ein mögliches Vorbild auch für andere Verwendungen der Lichtpolemik. Wie allerdings die eher marginale Rolle des „Char du Soleil" in dem eingangs vorgestellten Bild andeutet, erlangte die Sonnenmetapher für das Selbstverständnis der französischen Aufklärung keine zentrale Bedeutung, weil sie „autoritär" war und nur vergleichsweise schwach das Gegenbild der Finsternis enthielt. Gleichwohl griff, wie zu zeigen sein wird, die politische Ikonographie immer wieder auf sie zurück, wenn es galt, eine nicht-christliche und besonders hoheitliche Autorität wie die naturrechtliche Wahrheit oder die Republik darzustellen.

2. Sehr viel enger bezieht sich das Selbstbild des *Siècle des Lumières* auf die christliche, zumal die katholische Tradition, wie sie sich rückblickend in den einschlägigen Artikeln des letzten enzyklopädischen Großunternehmens der Aufklärungszeit spiegelt:

---

24 Eine titelgleiche, aber in der Zeichnung populärere Version dieses Stichs findet sich in der Pariser Bibliothèque nationale, Dépt. des Est., Coll. Hennin 7072.

25 *Toute la Cour de France en Allarme,* anonymer Kupferstich, 1706 (BNF, Est., Coll. Hennin 7031).

26 *Mauvaises conséquences de l'éclipse du soleil françois obscurci par la lune d'Angleterre et les planètes alliées,* anonymer Kupferstich, 1706 (BNF, Est., Coll. Hennin 7104).

Abb. 7: *Konferenz Ludwigs XIV. mit Mme de Maintenon und Philipp V.* Anonymer Kupferstich, 1706. 31,5 × 20,5 cm (BNF, Est., Coll. Hennin 7083).

„*Ténèebres*. La signification de ce terme varie beaucoup chez les Écrivains sacrés; 1°... les *Ténèbres* désignent l'affliction & l'adversité... 2° Il signifie la mort & le tombeau... 3° L'ignorance, Joan. c. 3, v. 19 ‚Les hommes ont mieux aimé les *ténèbres* que la lumière'. 4° S. Paul appelle les péchées, *les œuvres des ténèbres*.... De là ce même Apôtre appelle souvent l'Idolâtrie *les ténèbres,* par opposition à la lumière du Christianisme & de l'Evangile... 6° S. Jean, *Epist.* 1 c. 1, v. 5, dit que Dieu est la lumière, & qu'il n'y a point en lui de *ténèbres,* parce que c'est de lui que viennent toutes nos connoissances... Jésus-Christ a dit de lui-même, *Joan.* c. 8, v. 12 ‚Je suis la lumière du monde, celui qui me suit ne marche pas dans les *ténèbres,* mais il aura la lumière de la vie'..."

„*Lumière*... S. Jean dit que Dieu est la *lumière,* & qu'il n'y a pas en lui de ténèbres... Mais la *lumière de Dieu* désigne aussi la grace parce qu'elle éclaire nos esprits, & allume dans nos coeurs l'amour et la vertu... Jésus-Christ dit à ses Apôtres: Vous êtes la *lumière* du monde, Matt. c. 5, v. 14, parce qu'ils devoient éclairer les hommes par la prédication de l'Evangile, & par l'exemple de leurs vertus... Les fidèles sont appellés *enfans de lumière,* les bonnes œuvres, des *armes de lumière,* 6c."

Vor 1789 niedergeschrieben, aber erst zu Beginn der Französischen Revolution veröffentlicht[27], enthalten diese theologischen Definitionen eine über zweitausendjährige Tradition antiker[28], gnostischer und vor allem christlich-katholischer Lichtmetaphorik und Lichtmetaphysik[29], wie sie während des Ancien Régime im Anschluß etwa an Malebranche[30] und Bossuet[31] „rechtgläubige" allgemeinsprachige Wörterbücher institutionalisiert hatten[32]. Die Definitionen erinnern daran, welche zentrale

27 Encyclopédie méthodique ou par ordre de matières. Théologie, par l'abbé Sylvestre Bergier, t. I - III, Paris 1788 - 90, hier nacheinander Bd. III (1790), 590f. und Bd. II (1789), 496. – Die Hervorhebungen in Zitaten durch Kursivschrift entsprechen hier und im folgenden den Quellen.

28 Wichtige Verbindungen der frühchristlichen Sonnen-Theologie zu den antiken Helios-Kulten belegt *Kantorowicz* (Anm. 4), 135 - 145.

29 Vgl. bes. *Hans Blumenberg,* Licht als Metapher der Wahrheit. Im Vorfeld der philosophischen Begriffsbildung, in: Studium Generale 10 (1957), 432 - 47; s.a. *Kurt Goldammer,* Lichtsymbolik in philosophischer Weltanschauung, Mystik und Theosophie vom 15. bis zum 17. Jahrhundert, in: ebenda 13 (1960), 670 - 82.

30 Nach Malebranche ist Gott die einzig wirksame Quelle geistlicher Erleuchtung: „sa lumière luit dans les ténèbres, mais elle ne les dissipe pas toujours... L'esprit devient plus pur, plus lumineux, plus fort et plus étendu à proportion qu'augmente l'union qu'il a avec Dieu." (*Malebranche,* Recherche de la vérité, hrsg. v. Désiré Roustand/P. Schrecker, Paris 1938, 11f.) Weitere Belege auch aus anderen Schriften von Malebranche bei *Mortier* (Anm. 3), 17f.

31 Bossuet predigt eine Mystik der *lumières* des Christen, die mit seiner geistlichen Vervollkommnung von der ‚Erleuchtung' durch die Taufe bis zur ‚Verklärung' durch die Auferstehung stufenartig himmelan steigen: „Nous changeons deux fois d'état, en passant premièrement des ténèbres à la lumière, et ensuite de la lumière imparfaite à la foi de la lumière consommé." (*Jacques Bénigne Bossuet,* Oraisons funèbres, Paris 1936, Bibl. de la Pléiade 26)

32 Den Ausgangspunkt bildet der Beispielsatz im Kurzartikel „Ténèbres" des Dictionnaire Universel von Antoine Furetière (t. III, La Haye 1690, s.p.): „Dans l'Evangile Satan est appellé le Prince des *ténèbres*." – Das erweitern 1727 Basnage de Beauval und Brutel de la Rivière, die Bearbeiter von Furetière, im Artikel „Lumière" mit einen Kernsatz des Paters Lamy: „Les lumières de la Foi et de

Rolle die Lichtsymbolik in der christlichen Heilslehre, zumal in der Lichtchristologie des Johannesevangeliums, spielte: von Gott als dem Schöpfer, der unerschöpflichen Quelle des Lichtes und vom Messias als der gleichwertigen Verkörperung des göttlichen Lichtes über seine Apostel als dessen erleuchtete Träger bis hin zu den Getauften und den Gläubigen als den Kindern des Lichtes ergießt sich nach christlicher Vorstellung das Heil als Lichtkatarakt von Stufe zu Stufe in die Finsternis der Welt, um das hier herrschende Dunkel zu erhellen und allmählich zu vertreiben. Von Geburt, Taufe und Verklärung über Auferstehung und Himmelfahrt bis hin zu letzter Epiphanie und Weltgericht sind für den Gläubigen alle Wegstationen Christi (und letztlich seines eigenen geistlichen Lebens) Manifestationen des Lichts. Und was den Dualismus von Licht und Finsternis betrifft, so hat er eine zweifache Grundbedeutung: eine ethische – aus der Lichtwelt steigt der himmlische Gesandte mit einer Erlösungsmission in die menschliche Finsterniswelt; und eine eschatologische – der Kampf des Lichtes mit der Finsternis, bei dem sich das Licht zeitweise verfinstert, ist Zeichen der Endzeit, der Apokalypse[33]. Durch die religiöse Kunst waren diese grundlegenden Vorstellungen auch visuell im *royaume catholique* allgegenwärtig, besonders anschaulich auf Bildern, die von der Clairobscur-Malerei des Caravaggismus[34] beeinflußt waren. Nicolas Tourniers Christus am Kreuz von 1628 zum Beispiel *(Abb. 8)* bildet das leuchtende Zentrum des Gemäldes, das Licht strahlt von ihm aus auf Maria, Johannes, Maria Magdalena und den hl. Franz von Paola, die ihrerseits das sie umgebende Dunkel schwach erhellen; wie allerdings der Schlagschatten auf der linken Schulter des Gekreuzigten zeigt, sendet Christi Leib wenigstens teilweise ein Reflexionslicht aus. Er empfängt seine Leuchtkraft von einem breiten Strahl überweltlichen, göttlichen Lichts, das von links oben in die (Bild-) Welt hineinbricht[35]. Insgesamt also eine bildlich stringente Darstellung

---

l'Evangile ont dissipé les ténèbres et l'aveuglement du genre humain." Dies wiederholt dann das Dictionnaire de Trévoux im Artikel „Ténèbres" mit weiteren Ergänzungen im selben Sinne (im Artikel „Lumière" von demselben): 4. Aufl. 1740, Nachdr. Nancy 1743, t. VI, Sp. 123f.

33 Vgl. die differenzierte Forschungsbilanz von *Otto Böcher,* Licht und Feuer, in: Theologische Realenzyklopädie, Bd. XXI, Berlin 1991, 83 - 119. Böchers Artikel belegt auch die Schrifttreue des Eingangszitats.

34 Zu dem guten Dutzend französischer Caravaggisten vgl. *Margot Klütsch,* Caravaggio und die französische Malerei des 17. Jahrhunderts, Diss. Köln 1974. – Die gleiche Auffassung des Lichts findet sich noch bei dem Pariser Maler Jean Bernard Restout von den 1760er bis zu den 1780er Jahren.

35 Zur zentralen Bedeutung des sakralen Lichtes nicht nur für die Technik, sondern besonders auch für die inhaltlichen Grundaussagen der europäischen Malerei des 16. bis 18. Jhs. noch immer grundlegend *Wolfgang Schöne,* Über das Licht in der Malerei (1954), 4. Aufl., Berlin 1977, bes. S. 107 - 185. – Spezieller zur Kreuzigungsikonographie vgl. *Gertrud Schiller,* Ikonographie und christliche Kunst, Bd. 2: Die Passion Jesu Christi, Gütersloh 1968, 98 - 176.

Abb. 8: Christus am Kreuz, mit Maria, Johannes, Maria Magdalena und dem hl. Franz von Paola. Ölgemälde von Nicolas Tournier, 1628. 422 × 292 cm (Louvre Paris, 1974/807).

jener biblischen und kirchlichen Dramaturgie des sakralen Lichtes, das vom Schöpfer ausgeht, um sich über seinen Sohn den Aposteln und Heiligen mitzuteilen.

Vor diesem Hintergrund wird besonders deutlich, wie stark sowohl die aufklärerischen als auch die revolutionären *lumières* selbst in ihrer Ablehnung der katholischen Lichtmetaphorik auf dieselbe bezogen blieben. Im Vorgriff auf die folgenden Beispiele (s. u. Abb. 10 - 17) sei daher schon hier zusammenfassend festgestellt: wenn französische Aufklärer und Revolutionäre sich die christliche Lichtmetaphorik zu eigen machten, so taten sie dies nicht in unmittelbarer, geradliniger Nachahmung, sondern in säkularisierter Form und in umgepolter Wertigkeit. Quelle des Lichts ist für sie nicht die göttliche Offenbarung, sondern die autonome menschliche Vernunft und Erkenntnis; Träger des Lichtes sind nicht die Apostel und die frommen Christen, sondern die autoritätskritischen *philosophes* und Republikaner selbst[36]; der Dualismus von Licht und Finsternis ist ein Kampf nicht des Messias gegen den Satan, nicht des Glaubens gegen die Sünde, sondern der Aufklärer gegen die „Pfaffen", der *raison* gegen die *superstition* und den *fanatisme*. Daß die *philosophes* und die Revolutionäre, welche meist katholische Schulen durchlaufen hatten, der Kirche so konsequent gleichsam ein Kernstück ihrer Heilslehre entwanden und in Waffen des Rationalismus umschmiedeten, macht – über den propagandistischen Zweck hinaus – nicht nur zu einem guten Teil die „Religiosität" ihres aufklärerischen Selbstverständnisses aus, sie erklärt auch die ganze Ernsthaftigkeit ihres missionarischen Eifers und das heilsgeschichtliche Pathos ihrer Verkündigungen zum Fortschritt und baldigen Sieg der *lumières*.

Dieser Heiligkeitstransfer vom Katholizismus zur Aufklärung war allerdings weder ein fest datierbarer Akt noch unmittelbare Übertragung; er vollzog sich vielmehr in einem schleichenden Prozeß, in dessen Verlauf wenigstens drei vom Katholizismus gelöste Diskurse zur Symbolik von *lumières* und *ténèbres* eine Übergangs- und Vermittlungsfunktion erfüllten.

3. Einen wichtigen Anstoß gaben zunächst die Hugenotten, indem sie sich mit der Devise *Post Tenebras Lux*[37] von der durch Aberglauben verfinsterten katholischen Kirche trennten. Vertrat der französische Protestantismus doch eine von „katholischen Verfinsterungen" gereinigte

---

[36] Siehe *Hans Ulrich Gumbrecht / Rolf Reichardt:* Philosophe, Philosophie, in: Handbuch politisch-sozialer Grundbegriffe in Frankreich 1680 - 1820, hrsg. v. Rolf Reichardt u. Eberhard Schmitt, Heft 3, München 1985, 7 - 82.

[37] Sie erscheint u. a. 1542 auf einem Genfer Siegel und 1542 auf dortigen Geldstücken; vgl. *Im Hof* (Anm. 3), 124 und 134. – Daß die protestantische Lichtmetaphorik bis hin zu den Kirchenbauten ein europäisches Phänomen war, sei hier nur erwähnt, kann aber nicht ausgeführt werden.

Heilslehre im Zeichen des Lichts, wie u. a. Psalmen und Predigten reformierter Pastoren über die Notwendigkeit geistlicher Erleuchtung durch ein reinigendes, übernatürliches Feuer belegen: „Le propre du feu est de servir par sa clarté à la conduite de l'homme... Cet esprit... illumine nos esprits de la clarté de l'Evangile, et de la connaissance de la vérité... Et parmi les ténèbres de ce monde même dans l'obscurité de nos entendemens, l'Esprit de Dieu par sa parole nous éclaire au chemin de la vie éternelle[38]." Gebete von *réfugiés*[39] und noch erhaltene Mauerinschriften zerstörter Hugenottenburgen im Languedoc zeugen von der Beharrungskraft dieser protestantischen Lichtmetaphorik. Daß für die Hugenotten ihre Vertreibung aus Frankreich eine erneute Verfinsterung bedeutete, zeigt etwa folgendes um 1700 niedergeschriebene Gebet im Gesangbuch einer protestantischen Familie aus Caen: „Seigneur, y eut-il jamais affliction comparable à la nôtre! Nous n'avons plus de temple; nos assemblées sont dissipées; nos pasteurs interdits et bannis du milieu de nous! Notre soleil s'est couché, qu'il était encore jour! Les tenebres nous ont surpris en plein midi...[40]".

Etwa um die gleiche Zeit visualisierte eine Zeichnung solche Erfahrungen und das Selbstverständnis der hugenottischen Kirche überhaupt im Bilddiskurs von Licht und Finsternis *(Abb. 9)*. Im Zentrum einer Märtyrerszene, die an Darstellungen der Geißelung Christi erinnert, erleidet die Lichtgestalt der Reformierten Kirche nicht nur die bewaffneten Attacken der gekrönten Finsterlinge, angeführt vom *Roi très chrétien* mit seinem liliengeschmückten Umhang (wohl eine Anspielung auf den Kamisardenkrieg), sondern auch die grausamen Peinigungen eines römischen und eines griechisch-orthodoxen Priesters und sogar eines Calvinisten und eines Lutheraners[41]. Die unschuldig Verfolgte tröstet sich mit dem einer Weissagung Sacharjas (9, 9) nachgebildeten Spruch: „Affligée, Tempétée, Réjouis-toi. Voici ton Roi qui vient t'épouser, et se rendre vic-

---

38 *Samuel Durant,* Trois sermons sur ces mots de Saint Paul, „N'éteignez point l'Esprit", Sedan 1623, 39. Siehe auch weitere Quellenbelege bei *Françoise Chevalier,* Prêcher sous l'Edit de Nantes. La prédication réformée au XVIIe siècle en France, Genève 1994, 112, 126 und 131f.

39 So heißt es in der gedruckten Prière de J. De La Motte avant le sermon, à La Savoye, le soir après son abjuration (Londres 1675): „Seigneur Dieu d'immense bonté et d'infinie miséricorde, qui par la conduite admirable de ta divine providence, m'as fait sortir... comme Israel de l'esclavage et de la tyrannie d'Egypte... et comme l'aveugle de l'Evangile des ténèbres qui depuis mon enfance m'empêchaient de voir la lumière..." (Zitiert nach *Erich Haase,* Einführung in die Literatur des Refuge, Berlin 1959, 79 Anm. 180)

40 Zitiert nach *Haase* (Anm. 39), 131; s.a. ebd., 274. – Die große Bedeutung der Licht- und Schattensymbolik bei den Protestanten, besonders in ihren Gebeten, Liedern und Kirchenbauten, war ein europäisches Phänomen, das hier nicht verfolgt werden kann.

41 Ihr Eingreifen kommentiert ein aus den Wolken dringender Pfeil mit den Worten: „C'est ici la Jalousie de l'Eternel".

Abb. 9: *Wer mit dem Schwert wütet, der soll durch das Schwert umkommen: denn das Licht ist in der Finsternis erschienen, um sie zu zerstören.* Zeichnung von Jean Allut, um 1703. Abgebildet nach: *La France protestante. Histoire et Lieux de mémoire.* Sous la dir. de Henri Dubief et Jacques Poujol, Paris Chaleil 1992, 89.

torieux sur tes Ennemis." Und die Bildunterschrift prophezeit den Peinigern, daß das göttliche Licht sie wegen ihrer finsteren Taten vernichten wird: „Quand vous aurez saccagé vous serez saccagés: car la lumière est apparue dans les ténèbres pour les détruire." Dieser prophezeite Triumph der hugenottischen Märtyrerin kündigt sich im lichten Zukunftshorizont des Bildes an.

Gleichzeitig mit der hugenottischen Bildkritik an der Glorifizierung des *Roi-Soleil* war also auch der katholischen Lichtmetaphysik trotz aller Unterdrückung und Vertreibung eine dauerhafte Konkurrenz erwachsen – eine Konkurrenz zudem, die sich in der protestantischen Schriftgelehrsamkeit teilweise von der orthodoxen Doktrin geistlicher

Erleuchtung distanzierte[42] und unter den Bedingungen des Refuge zusätzliche rationalistische Elemente aufnahm[43]. Beide – die antiabsolutistische sowohl als die antikatholische Lichtpolemik – wurden somit wesentlich getragen von Kreisen emigrierter Hugenotten in den Niederlanden, Wegbereitern der französischen Frühaufklärung.

4. Bedeutete das Licht in den beiden umrissenen Traditionen eine himmlische, übermenschliche Kraft, so begann sich mit dem Rationalismus Descartes' und seiner Nachfolger eine weltliche Philosophie des Lichtes zu entwickeln – sehr zum Ärger rechtgläubiger Katholiken[44]. René Descartes betonte zwar wiederholt, daß der Mensch in Religionsdingen auf das Licht der göttlichen Offenbarung angewiesen bleibe: „La connoissance intuitive est une illustration de l'esprit, par laquelle il voit en la lumiere de Dieu les choses qu'il luy plaist luy découvrir par une impression directe de la clarté divine sur notre entendement, qui en cela n'est point considéré comme agent, mais seulement comme recevant les rayons de la Divinité[45]." Doch indem er die Geltung der göttlichen Erleuchtung auf den Bereich des Übernatürlichen beschränkte[46], die Welterkenntnis aber dem eigenständigen menschlichen *lumen naturale* unterstellte[47],

---

42 So wies *Samuel Turettini,* in seinem Préservatif contre le fanatisme ou réfutation des prétendus inspirez des derniers siècles (Genève 1723, 71) die These von der immer neu notwendigen Erleuchtung des Christen durch die Priester zurück, „parce que nous sommes dans des circonstances si heureuses, que nous vivons dans un siècle si éclairé, que nous avons tant de secours pour nous instruire, qu'il n'est point besoin pour notre salut, que Dieu se révèle de nouveau à nous." – Mehr und auch frühere entsprechende Belege in dem gelehrten Werk von *François Laplanche,* L'Ecriture, le sacré et l'histoire. Erudits et politiques protestants devant la Bible en France au XVIIe siècle, Amsterdam 1986.

43 Etwa in den Schriften von Basnage de Beauval und Le Clerc. Dazu *Haase* (Anm. 39), bes. 196, 203 und 239; außerdem natürlich das Standardwerk von *Elisabeth Labrousse,* Pierre Bayle, t. II: Hétérodoxie et rigorisme, La Haye 1964, S. 258 - 60 mit einschlägigen Quellenzitaten; s.a. *Myriam Yardeni,* La présence des Lumières dans les sermons du refuge huguenot, in: Studies on Voltaire and the Eighteenth Century 303 (1992), 615 - 620.

44 Einer von ihnen kritisierte die beobachtete Bedeutungserweiterung von *lumières* als Wortmißbrauch: „Ce siècle est bien éclairé, car on n'y entend parler que de *lumières.* On met partout ce mot aux endroits où l'on auroit mis autrefois *l'esprit* ou *l'intelligence,* et il arrive souvent que ceux qui se servent de ce mot l'appliquent si mal, qu'avec toutes leurs *lumières,* on peut dire qu'ils n'y voient goutte." (*Charles Sorel,* La Connoissance des bons livres, 1671, 409.)

45 Brief von der Monatswende März/April 1648 an den Marquis de Newcastle, in: *R. Descartes,* Œuvres, hrsg. v. Charles Adam u. Paul Tannery, t. V, Paris 1903, 136. – Siehe auch *Jean Laporte,* Le rationalisme de Descartes (1945), 3. Aufl., Paris 1988, 48f.

46 So schrieb er am 31. Dez. 1640 an Mersenne: „Pour le Mystère de la Trinité, je juge, avec saint Thomas, qu'il est purement de la Foy, & ne se peut connoistre par la Lumiere Naturelle." *Descartes,* Œuvres (Anm. 45), t. III, 1899, 174.

47 So schrieb er um 1641 in der Schrift Recherche de la Vérité par la Lumière Naturelle, kraft dieses ‚natürlichen Lichtes' könne der Mensch das Richtige erkennen „sans emprunter le secours de la religion ou de la philosophie." Siehe auch den Artikel „Lumière naturelle" von *T. Gontier,* in: Encyclopédie philosophique

eröffnete Descartes diesem von Natur vorhandenen „Licht der Vernunft" ein zukunftsreiches säkularisiertes Wirkungsfeld, zumal in der Moralphilosophie: „...was das natürliche Licht mir zeigt – wie z.B. daß daraus, daß ich zweifle, folgt, daß ich bin, und dergleichen –, das kann keinesfalls zweifelhaft sein[48]." Dies bedeutete eine höchst folgenreiche Emanzipation vom Lichtverständnis der christlich-katholischen Tradition: Der Ursprung des Lichtes liegt nicht mehr in Gott, sondern in den Gesetzen der Natur; um das Licht zu erlangen, bedarf der Mensch nicht länger göttlicher Erleuchtung, sondern ihm genügen seine eingeborenen *lumières naturelles* und die von ihm selbständig entwickelte „Erkenntnismethode"; und das Licht setzt sich in der Welt durch nicht mit der Verbreitung des wahren Glaubens, sondern kraft seiner eigenen Evidenz[49]. Allerdings: bei aller grundsätzlichen „Lichthaftigkeit des menschlichen Geistes" ist das „Licht der Wahrheit" nicht allgemein selbstleuchtend, sondern muß gezeigt werden[50]. Eben dies ist die Aufgabe der Philosophen und Aufklärer.

Obwohl einflußreiche cartesianische Denker wie Nicolas Malebranche[51] sich an das neue Konzept der *lumière naturelle* anlehnten, suchten sie es noch lange mit der orthodoxen Lichtmetaphysik zu verbinden. Aber im Maße wie das Licht der autoritätskritischen *raison* seinen Zuständigkeitbereich festigt und ausdehnt, erweisen sich die Konsequenzen als unausweichlich. So will der junge Voltaire sogar in Fragen der Metaphysik sich nur noch auf „mes propres lumières" verlassen und lehnt Spekulationen über die Unsterblichkeit der Seele mit dem Argu-

universelle, II: Les notions philosophiques. Dictionnaire, hrsg. v. Sylvain Auroux, t. I, Paris 1990, 1514.

48 „...quaecumque lumine naturali mihi ostendentur, ut quod ex eo quod dubitem sequator me esse, et similia, nullo modo dubita esse possunt..." heißt es Ursprünglich in *Descartes'* Meditatio III, Abs. 9 von 1642, in: ders., Œuvres (Anm. 45), t. VII, 1904, 38 - 39; Übersetzung nach der zweisprachigen Ausgabe: *Descartes,* Meditationes de prima philosophia/Meditationen über die Grundlagen der Philosophie, neu hrsg. v. Lüder Gäbe, Hamburg 1959, 69.

49 S.a. die Darstellung und Belege von *John Morris,* Descartes's Natural Light, in: Journal of the History of Philosophy 11 (1973), 169 - 187, abgedr. in: René Descartes. Critical Assessments, hrsg. v. Georges J. D. Moyal, vol. I, London 1991, 413 - 32.

50 *Blumenberg* (Anm. 29), 445 f.

51 In seinem Traité de Morale (Paris 1683), 1 - 2, schrieb er: „La raison de l'homme est le Verbe ou la Sagesse de Dieu même. Car toute créature est un Etre particulier, et la raison de l'homme est universelle. Si mon esprit était ma Raison et ma lumière, mon esprit serait la Raison de toutes les intelligences: car je suis sûr que ma raison éclaire toutes les intelligences." Ähnlich *ders.,* Entretiens sur la métaphysique et sur la Religion chrestiennes, Paris 1688, S. 23. Auch Fontenelle vertrat vorsichtig schon in seiner Schrift De l'Origine des fables (1684) die weltlich-philosophische Tauglichkeit der menschlichen *lumières:* „nous sommes éclairés des lumières de la vraie religion et, à ce que je crois, de quelques rayons de la vraie philosophie..." (*Bernard de Fontenelle,* Œuvres, vol. I - VI, Paris 1742, hier Bd. V, 364).

ment ab: „Je n'avance pas davantage dans ces ténèbres; je m'arrête où la lumière de mon flambeau me manque: c'est assez pour moi que je voie jusqu'où je peux aller[52]." Damit hat sich die Religion, bei Descartes noch der Geltungsbereich des göttlichen Lichtes, zum Hort der *ténèbres* verfinstert.

Wenn diese Vorstellungen vom Licht der philosophischen Vernunft auch keinen eigenständigen, unmittelbaren bildlichen Ausdruck gefunden zu haben scheinen, so griffen sie doch auf die ältere Allegorie der *nackten Wahrheit*[53] zurück – eine durchaus geläufige Visualisierung, wie noch unser obiges Eröffnungsbild zeigt. Denn die von den Emblematikern entwickelte Ikonographie der *Vérité* stand mit der Sonnenmetapher in enger Verbindung und wurde zunehmend rationalistisch gedeutet. Hatte zur Zeit Descartes' die maßgebliche französische Übertragung von Cesare Ripas *Iconologia* (1603) die *Vérité* noch als Abglanz des göttlichen Lichtes verstanden[54], so erklärt ein angesehenes ikonologisches Handwörterbuch der Aufklärungszeit dieselben Attribute der *Vérité* völlig säkular: „Elle est représentée presque nue, avec un Soleil au-dessus de la tête ou sur la poitrine. La Vérité a un Soleil, parce qu'elle est amie de la lumière, ou plutôt parce qu'elle est elle même la lumière qui écarte les nuages de l'erreur. Lorsqu'on lui a fait tenir une palme, on a voulu marquer que la Vérité est toujours triomphante. On lui a aussi donné un miroir, & ce symbole lui convient très-bien, parce qu'ainsi que le miroir, elle nous présente les objets tels qu'ils sont[55]." Dem entspricht genau ein Stich von 1744 *(Abb. 10)*. Er ist dem autoritätskritischen Hauptwerk eines venezianischen Frühaufklärers vorangestellt, das häufig nachgedruckt wurde und auch in Frankreich Verbreitung fand. Das Psalmzitat in der Legende[56] tarnt eine bildliche Darstellung mit fast entgegengesetztem Sinn: nicht Gott, sondern die Wahrheit ist es, welche die Blinden sehend macht. Noch ausdrücklicher figuriert die Allegorie der *Vérité* als neue – aufklärerische – Oberinstanz auf dem bekannten *Frontispice de*

---

52 *Voltaire,* Traité de Métaphysique (1734), chap. V und VI, in: ders., Œuvres complètes, hrsg. v. Maurice Tourneux, t. 22, Paris 1879, 213 und 215. – Zum geistigen Kontext u.a. *Simone Goyard-Fabre,* La Philosophie des Lumières en France, Paris 1972, 85 - 132.

53 Ihre große Bedeutung auch für die philsophischen Texte belegt *Hans Blumenberg,* Paradigmen zu einer Metaphorologie, Bonn 1960, 12 - 58.

54 „Elle est peinte nuë, pour monstrer que la naïfueté luy est naturelle, & qu'elle n'a pas besoin d'explication pour se faire entendre. Pour montrer aussi combien elle cherit la clarté, elle tient & regarde un Soleil, qui est Dieu, source de toute lumiere, & la mesme Verité." Vgl. *C. Ripa,* Iconologie où les principales choses qui peuvent tomber dans la pensée touchant les vices sont représentées, aus dem Ital. übers. v. Jean Baudoin, t. I, Paris 1643, 192 u 195f. mit Emblem N° CLXVI.

55 *Honoré Lacombe de Prézel,* Dictionnaire iconologique... (1756), neue verb. u. verm. Ausg., t. II, Paris 1779, 284.

56 In der alten Vulgata zählten die Psalmen etwas anders als heute; nach moderner Zählung handelt es sich um Psalm 146, 8.

Abb. 10: *Die Wahrheit erleuchtet die Blinden.* Kupferstich von Francesco Cepparuli, 1744, 15,2 × 9,7 cm. Frontispiz zu: Giuseppe Antonio Costantini, *Lettere critiche, giocose, morali, scientifiche, ed erudite alla moda, ed al guste del Secolo presente,* Bd. 1, Venezia Bassaglia 1751.

l'Encyclopédie von Charles-Nicolas Cochin le Jeune (1764/72); von der *Raison* und der *Philosophie* entschleiert, erleuchtet sie, wie der mitgelieferte Begleittext erklärt, alle Wissenschaften, als erste jedoch die ihr früher übergeordnete Theologie: „À ses piés [!], la Théologie agenouillée reçoit la lumière d'en haut[57]."

5. Christliche, rationalistische und auch magische Elemente der Lichtmetaphorik mischten sich schließlich bei den Freimaurern. Schon der maurerische Initiationsritus, wie ihn um 1740 eine Pariser Loge praktiziert und wie ihn ein Kupferstich von 1775 bestätigt *(Abb. 11)*, wird als Weg vom Dunkel der Laienschaft zum Licht des Maurerstandes inszeniert: nachdem er eine Stunde lang mit verbundenen Augen in einem dunklen Raum meditiert hat, wird der „Neophyt" zu seinen künftigen „Brüdern" in den Logensaal geführt, den drei in einem Dreieck aufgestellte Fackeln erleuchten; dem aufgeschlagenen Johannesevangelium – diesem „Lichtbuch" des Neuen Testaments – gegenüberstehend, muß er seine Beitrittsabsicht („vocation") bekräftigen; daraufhin befiehlt der Logenmeister, seine Augenbinde zu lösen: „‚Faites-luy voir le jour, il y a assez longtemps qu'il en est privé.' Dans cet état, on luy débande les yeux, tous les frères assemblez en rond, mettent l'épée à la main[58]." Seit Mitte der 1760er Jahre erhielt der neue „Bruder" anschließend eine Schmuckurkunde[59]. Das bei der „Loge de l'Amitié de Bordeaux" übliche Diplom *(Abb. 12)* steht unter der von der aufgehenden Sonne erhellten Devise *„Post Tenebras Lux"* und datiert nach Jahren des Lichtes. Was damit gemeint ist, wird noch deutlicher in einer anderen Urkunde, welche die „Grand Loge des Maîtres de l'Orient de Paris" am 24. Mai des „An de Lumière 1774" einem gewissen Jean Chunois ausstellte. Gleichsam unter der Schirmherrschaft einer sakralen Lichtglorie, welche die erleuchtende Kraft des „Grand Architecte de l'Univers" (so eine stehende Formel dieser Diplome) versinnbildlicht, wird Chunois in die Bruderschaft der Erleuchteten aufgenommen: „Déclarons, Certiffions [!] et Attestons à tous les hommes qui connaissent la vraie Lumière sur la sur-

---

57 Vgl. die gründliche Dokumentation von *Christian Michel,* Charles-Nicolas Cochin et le livre illustré au XVIIIe siècle, Genève 1987, 283 - 288 und Abb. 126; s. a. *Georges May,* The Frontispice of the „Encyclopédie", in: Diderot Studies 16 (1973), 159 - 74.

58 BNF, Ms. fr. 15176, fol. 27, zitiert nach *Gérard Gayot,* La franc-maçonnerie française. Textes et pratiques (XVIIIe - XIXe siècles), Paris 1980, 133; s. a. ebd. als Abb. 24 einen zeitgenössischen Stich, der eine solche Initiation darstellt; ein vergleichbarer Stich von 1766 findet sich bei *Francis Marais,* La Franc-maçonnerie dévoilée. Glossaire à l'usage de néophyte et du chercheur, Boucherville (Canada) 1994, 210; eine entsprechende Darstellung der Loge von Rochefort aus den 1780er Jahren reproduziert *Francis Masgaud,* Franc-maçonnerie et francs-maçons en Aunis et Saintonge sous l'ancien régime et la Révolution, La Rochelle 1989, 98.

59 Die folgenden Angaben zu den Freimaurerdiplomen verdanke ich zum Teil Ursula Terner; sie bereitet eine Mainzer kunsthistorische Dissertation mit dem Arbeitstitel *Ikonographie freimaurerischer Symbolik* vor.

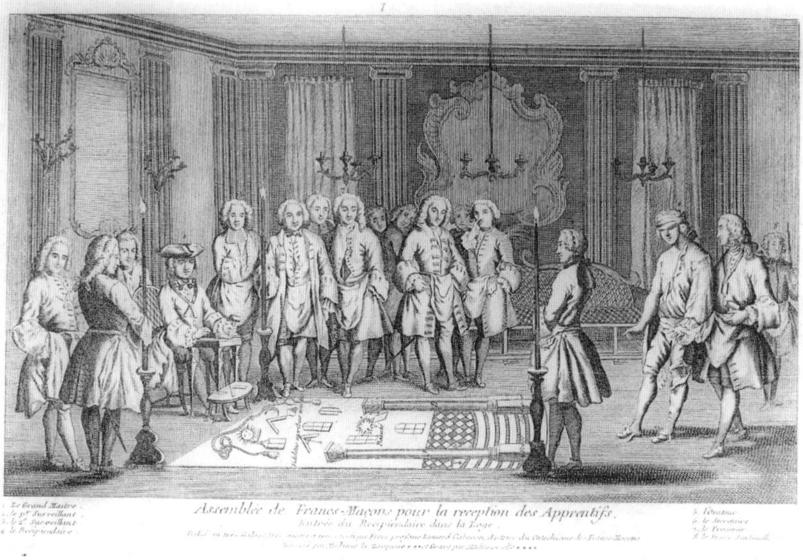

Abb. 11: *Aufnahme von Lehrlingen in eine Freimaurerloge.* Anonymer Kupferstich, um 1775. 22,5 × 33,2 cm (BNF, Est., Coll. Hennin 9545).

face de la terre, que le Frere Jean... Chunois a été reçu par Nous Aprentis [!], Compagnon et Maître... Certificat revêtu des Sceaux et Timbre de notre Architecture afin qu'il reçoive de tous les frères éclairés, Joye, Satisfaction et bon accueil[60]."

Derartig initiiert, übertragen und bestätigt, wirkt die Erleuchtung weiter in dem maurerischen Grundanliegen, das Licht sowohl der göttlichen als auch der humanitären und naturwissenschaftlichen Wahrheit und Ethik zu erlangen, zu sammeln, zu vereinen und zu verbreiten[61], und führt schließlich zu dem stolzen Bewußtsein von Freimaurern, mit ihren *lumières* mehr zur Französischen Revolution beigetragen zu haben als die Aufklärer selbst:

„Bien des siècles avant que Rousseau, Mably, Raynal eussent... jetté dans l'Europe la masse des lumières qui caractérise leurs ouvrages, nous pratiquions dans nos loges tous les principes d'une véritable sociabilité. L'égalité, la liberté, la fraternité étoient pour nous des devoirs d'autant plus faciles à remplir, que nous écartions soigneusement loin de nous les erreurs et les préjugés qui, depuis

60 BNF, Ms., Bestand F. M.

61 Noch am 17. Januar 1874 sagte der Bruder Royer in einer Rede vor der Loge „L'Etoile de Chaumont" im Departement Haute-Marne: „La Franc-Maçonnerie aime la lumière, elle la répand à profusion autour d'elle, elle demande qu'elle soit encore répandue avec la plus grande libéralité; il faut que l'instruction soit mise à la portée de tous..." (zit. nach Gayot [Anm. 58], 108).

Abb. 12: Freimaurerdiplom der bordeleser Loge „Zur Freundschaft". Kupferstich von Pierre-Philippe Choffard nach François Boucher, 1765/66. 41,4 × 27,6 cm (BNF, Est., Coll. Hennin 8563).

longtemps, ont fait le malheur des nations... une révolution amenée par les lumières... subsiste autant que les lumières, et le propre des véritables lumières... est de se propager et de s'étendre. Voilà comment nous avons réellement influé sur la révolution actuelle, c'est en éclairant dans nos mystérieux ateliers

Abb. 13: Selbsterleuchtung der Freimaurer. Anonymer Kupferstich, 1791. Frontispiz zu: *Der verklärte Freymaurer. Eine Schrift, worinn die hyroglyphische Zeichen, Worte, Werke, wie sie sollen verstanden, und so weit es thunlich ist, ausgedeutet werden* [Wien: Pazowski] 1791.

une foule de citoyens qui ont reporté dans la société ordinaire nos principes et, nous pouvons dire, nos vertus[62]."

Dieses maurerische Lichtverständnis visualisiert das Frontispiz eines 1791 veröffentlichten Traktats *(Abb. 13)*. Aus dem göttlichen Auge[63], das

---

62 Rundschreiben der Pariser Loge „Contrat social" vom 20. November 1790, zit. nach *Gayot* (Anm. 58), 210.

einem gleichseitigen Dreieck als Zeichen der Vollkommenheit eingeschrieben ist, leuchtet ein überweltlicher Lichtstrahl mit den Worten des Johannesevangeliums in die (Bild-)Welt hinein: „Lux lucet in tenebris". Er fällt zwar auf einen Spiegel, bleibt aber wirkungslos, weil es der „blinde Spiegel" der unaufgeklärten Welt ist, wie der zweite Halbsatz des Evangelisten bestätigt: „Tenebrae eam non comprehenderunt". Dennoch ist der Tisch, um den die Logenbrüder versammelt sind, hell erleuchtet, und zwar durch ihre geheimnisvolle Arbeit selbst, deren Instrumente und Symbole vor ihnen ausgebreitet sind. Da das göttliche Licht auf Erden nicht (mehr) unmittelbar wirkt, tritt also die maurerische Selbsterleuchtung an seine Stelle[64].

II. Aufklärerische Vergeschichtlichung der *lumières* und Politisierung der *ténèbres*

„Il s'est répandu depuis un temps un esprit philosophique presque tout nouveau, une lumière qui n'avait guères éclairé nos ancêtres", rief Fontenelle schon 1731 in seiner Gedächtnisrede auf Houdar de la Motte vor den versammelten Mitgliedern der französischen Akademie aus[65]. Er lebe in einem „siècle lumineux et philosophique", bestätigte 25 Jahre später der Marquis d'Argenson[66], und Voltaire wurde nicht müde, in seinen Briefen – besonders der 1760er Jahre – immer wieder die „Frohe Botschaft" vom unaufhaltsamen, nahe bevorstehenden Sieg der Aufklärung zu verkünden: „La révolution s'opère sensiblement dans les esprits malgré les cris du fanatisme. La lumière vient par cent trous qu'il sera impossible de boucher[67]." In diesen zeittypischen Äußerungen verbinden sich verschiedene Traditionsstränge der oben vorgestellten Lichtmetaphorik – insbesondere die eschatologische Lichtbotschaft des Johannesevangeliums und die *lumière naturelle* des Rationalismus – zu einem autoritätskritischen Diskurs von neuartiger Brisanz. Er hat sich zwar die religiöse Gewißheit vom heilbringenden Endsieg des Lichtes über die alt-

63 Zur ikonographischen Multifunktionalität des Auges vgl. *Klaus Herding* u. *Rolf Reichardt,* Die Bildpublizistik der Französischen Revolution, Frankfurt/M. 1989, 44 - 49.

64 Ein weiterer Beleg für die zusammenfassende These von *Schöne* (Anm. 35), 165: „Das Bildlicht der neuzeitlichen Malerei ist zur Lichtquelle seiner selbst geworden."

65 Eloge de La Motte, abgedr. in: *Antoine Houdar de la Motte,* Œuvres, Paris 1754, I.

66 *René-Louis de Voyer,* marquis *d'Argenson,* Journal et Mémoires, hrsg. v. E. J. B. Rathery, t. IX, Paris 1867, 222, Eintrag vom 5. März 1756.

67 An Charles Bordes am 18. Nov. 1768, in: The complete Works of Voltaire, vol. 118 (Correspondance and related documents XXXIV), Banbury 1974, 142, Nr. D15322. Weitere Belege in der Blütenlese von *Mortier* (Anm. 3), 37 - 39.

bösen Mächte der Finsternis anverwandelt, aber über die Zwischenstadien des cartesianischen und des hugenottischen Lichtbegriffs hat er die orthodox-katholische Lehre von Licht und Finsternis umgepolt: wie einerseits die *lumières* im Diskurs der Aufklärung nicht mehr das gottgesandte geistliche Heil bezeichnen, sondern im Gegenteil philosophische Selbstvergewisserung ausdrücken, so verwandeln sich andererseits Kirche und Klerus von Mittlern der wahren *lumières* in Träger der *ténèbres*. Und daher genügte es den *philosophes* nicht, die vernunftgeleiteten *lumières* endgültig vom Katholizismus gelöst zu haben – ein Bruch, der um 1750 weitgehend vollzogen war; sondern weil sie sich nun ihrerseits als Träger des Lichtes verstanden, fühlten sie sich zum Kampf gegen die „Finsterlinge“ aufgerufen. Symptomatisch für diesen neuen Diskurs erscheint eine Äußerung des jungen Turgot von 1753, in welcher der soeben von der Geistlichkeit in den Staatsdienst übergewechselte *philosophe* den Katholizismus, insofern er die vernunftgeleiteten *lumières* bekämpfe, zum finsteren Gegenprinzip der politischen Aufklärung erklärt: „Une religion qui paraîtrait fausse par les lumières de la raison, et qui s'évanouirait devant ses progrés, comme les ténèbres devant la lumière, ne devrait point être adoptée par le législateur[68].“

Wie sich schon bei einigen hugenottischen Zeugnissen angedeutet hat und wie die zitierten Worte des späteren Reformministers verstärkt zeigen, bedeutete die Distanzierung der Lichtmetaphorik vom Katholizismus und ihre konkretisierende Übertragung auf innerweltliche Erfahrungen und Vorstellungen eine Verzeitlichung und damit zugleich eine Politisierung. Je nachdem, ob dabei mehr die *lumières* oder mehr die *ténèbres* im Blick waren, prägte sich diese Verweltlichung bei den französischen Aufklärern vor allem in zwei Hauptvarianten aus.

1. Zum einen kann man von einer philosophisch-geschichtlichen Lichtmetaphorik mit vor allem antiklerikaler Stoßrichtung sprechen. Mit ihr geben die *philosophes* ihrem Bewußtsein vom Fortschritt der Vernunft, der wissenschaftlichen Erkenntnisse und der allgemeinen Wissensverbreitung Ausdruck. Im Blick auf die Verbreitung der Entdeckungen Newtons und Lockes rief Turgot schon 1750 aus: „Enfin, toutes les ombres sont dissipées. Quelle lumière brille de toutes parts[69]!“

Radikaler und visionärer war zwei Jahrzehnte später die antiklerikale geistig-moralische Zeitdiagnose voll aufklärerischer Zukunftshoffnung, die der Baron d'Holbach mit Hilfe der Lichtmetaphorik ausdrückte; um

---

68 *Anne Robert Jacques Turgot,* Lettres à un grand vicaire sur la tolérance I (1753), in: Œuvres de Turgot et documents le concernant, hrsg. v. Gustave Schelle, t. I, Paris 1913, 390.

69 Tableau philosophique des progrès successifs de l'esprit humain (Sorbonne-Rede vom 11. Dez. 1750), in: ebenda, 234.

religiöse Anklänge zu vermeiden, griff er dabei auf die Natursymbolik von Nacht und Tag zurück und erfand zugleich ein physikalisches Bild: „Malgré l'obscurité du crépuscule où les nations semblent encore errer, des coups fréquents de lumière annoncent l'aurore et la venue du jour; la vérité, comme le soleil, ne peut point rétrograder; les ténèbres disparaissent..." Ja Holbach meinte aus den kumulierenden Effekten immer zahlreicherer Einzelstrahlen eine Art aufklärerischen Quantensprung der *lumières* vorausberechnen zu können – geradezu einen Lichtbrand, der alle Finsternis um sich her verzehren werde: „Une multitude de rayons rassemblés formera quelque jour une masse immense de lumière qui échauffera tous les coeurs, qui éclairera les esprits... et finira par produire un embrasement général dans lequel toutes les erreurs humaines se trouveront consumées...[70]". Eine eschatologische Vision der Autodafés von 1793.

Den vorrevolutionären Höhepunkt aufkärerischer Selbstvergewisserung im Zeichen der *lumières* markiert die so überaus erfolgreiche Raynalsche *Histoire des deux Indes* in ihrer um radikale Texte Diderots angereicherten Ausgabe von 1780. Inhaltlich d'Alemberts „Discours préliminaire" zur *Encyclopédie* folgend, aber mit gesteigerter Emphase beschreibt ihr Schlußband resümierend die Aufklärungsbewegung als langen Kampf der *philosophie* gegen die *superstition*. Mit Galileis Entdeckungen beginnt die Emanzipation von der Autorität katholischer Offenbahrungslehre: „La lumière naquit au sein des ténèbres. ... Ainsi la philosophie sortit du cloître, & l'ignorance y resta[71]." Und diese neben den Ketzerverbrennungen aufleuchtende Verheißung vernunftgemäßer Aufklärung scheint Raynal nun im „siècle de la philosophie" dank verbesserter Wissensvermittlung der Erfüllung nahe: „Cependant, la lumière gagne insensiblement un plus vaste horizon. Une espèce d'empire s'est formé... Les livres éclairent la multitude... Les erreurs même des esprits systématiques se dissipent au grand jour de l'impression, parce que le raisonnement & la discussion les mettent au creuset de la vérité[72]."

Die hier einem historischen Werk eher angehängte These von der „mittelalterlichen Verfinsterung" und ihrer allmählichen Erhellung durch die Aufklärung wird schließlich während der Revolution von Con-

---

70 Essai sur les préjugés, 1770, nacheinander 388f und 384.

71 Histoire philosophique et politique des établissemens et du commerce des Européens dans les deux Indes, t. I - X, Genève 1780, hier t. X, 433. – Zum Stellenwert unseres Begriffspaares bei Raynal vgl. *Hans-Jürgen Lüsebrink*, „Lumières" et „ténèbres": présence et usages d'un couple sémantique-clé du dix-huitième siècle dans l'„Histoire des deux Indes", in: L'Histoire des deux Indes – réécriture et polygraphie, hrsg. v. H.-J. Lüsebrink u. Anthony Strugnell, Oxford 1996, 57 - 67.

72 Ebd., 440f. – Diese Sätze finden sich allerdings bereits in Raynals Tableau de l'Europe, pour servir de Supplément à l'Histoire... [des] deux Indes, Amsterdam 1774, 149.

dorcet in eine allgemeine Fortschrittstheorie integriert. Bedeutet das Mittelalter für den flüchtigen Girondisten eine „décadence des lumières", gekennzeichnet durch „ignorance", „férocité", „intolérance religieuse", „tyrannie sacerdotale" und „despotisme militaire"[73], so verklärt sich ihm andererseits die Revolutionszeit – trotz aller Verfolgungen – zum Sonnenaufgang des Glücks der Menschheit: „Cependant, le jour renaît peu à peu; les yeux, longtemps condamnés à l'obscurité, l'entrevoient, se referment, s'y accoutument lentement, fixent enfin la lumière, et le génie revient sur ce globe, d'où le fanatisme et la barbarie l'avaient exilé[74]." Auch wenn die christliche Lichtmetaphorik in solchen Formulierungen verdrängt wird, so wirken in ihr doch besonders eschatologische Elemente unterschwellig fort. Sie vor allem verleihen dem philosophischen Lichtbegriff der *philosophes* sein Pathos und seine geschichtliche Dimension: so verstanden umfassen, strukturieren und lenken die philosophischen *lumières* das gesamte kulturelle Leben als dynamischen Prozeß mit offener Zukunftsperspektive.

2. Zum anderen ist eine zunehmende politische Instrumentalisierung der aufklärerischen Lichtmetaphorik zu beobachten, die vom Gegenbegriff der *lumières* ausgeht – die Tendenz der *philosophes,* mit dem Ausdruck *ténèbres* konkrete politisch-soziale Kräfte und Verhältnisse der Vergangenheit und ihrer eigenen Zeit anzuprangern. So legte Diderot schon in seinem Enzyklopädieartikel „Bramines" die soziale Verfinsterung des 17. Jahrhunderts indirekt den Privilegierten, d.h. vor allem Klerus und Adel zur Last: „s'il arrive qu'il y ait dans une société des gens intéressés à former, pour ainsi dire, des centres de ténebres, bientôt le peuple se trouve plongé dans une nuit profonde. Nous n'avons point ce malheur à craindre: jamais les centres de ténebres n'on été plus rares & plus resserrés qu'aujourd'hui: la Philosophie s'avance à pas de géant, & la lumière l'accompagne & la suit[75]." Die zeitlich mit dem Verbot des Jesuitenordens zusammenfallende Sonnenfinsternis vom November 1764 wurde denn als himmlisches Strafgericht begrüßt begrüßt, das den Sturz der Anti Aufklärer in die ewige Nacht besiegelte *(Abb. 14)*.

Ganz besonders Voltaire trug durch seine europaweit verbreitete Korrespondenz wie durch seine anonymen Pamphlete höchst wirkungsvoll zur konkreten Stigmatisierung „unaufgeklärter Finsterlinge" in Frankreich bei, ob er nun mit dem Schlachtruf „écrasez l'infâme" zum Kampf gegen „katholischen Aberglauben und Fanatismus" aufforderte, die

---

73 Esquisse d'un tableau des progrès de l'esprit humain, hrsg. u. annotiert v. Monique u. François Hincker, Paris 1966, Überschrift und Beginn der 6. Periode, 153; s.a. die letzten Absätze zur 7. Periode, ebd. 175.

74 Esquisse, 9. Epoche, ebenda 203.

75 Encyclopédie (Erstausgabe in Folio), T. II, 1751, Sp. 394a.

Abb. 14: Die Sonnenfinsternis der Jesuiten. Kupferstich von Jean Coegesse (?), 1764. 17 × 12,2 cm (BNF, Est., Coll. Histoire de France, cliché 97652).

Abschaffung der Leibeigenschaft im Pays de Gex betrieb oder die Revision des Justizskandals um Jean Calas erreichte. 1775 entwarf er in seiner *Éloge historique de la Raison* eine Art politisches Testament im Zeichen des Dualismus von Licht und Finsternis. Während die aufklärerischen *lumières* von der *Raison* und ihrer Tochter, der *Vérité*, vertreten werden, konkretisieren sich die *ténèbres* sowohl in historischen Greueltaten wie der Bartholomäusnacht als auch in Mißständen des Ancien Régime wie der Folter oder der rechtlichen Benachteiligung der Protestanten. Um diesen Bedrohungen der Intoleranz und des Despotismus zu entgehen – so Voltaire –, hielten die Vernunft und die Wahrheit sich lange Zeit versteckt; nun aber, da der neue Minister Turgot sich anschickt, Staat und Gesellschaft zu reformieren, kann die *Raison* sich in Frankreich zeigen und der *Vérité* zurufen: „Vous voyez que tout vient tard; il fallait passer par les ténèbres de l'ignorance et du mensonge avant de rentrer dans votre palais de lumière, dont vous avez été chassée avec moi pendant tant de siècles[76]." Mit einigem Grund wurde Voltaire daher von Zeitgenossen wie Nachwelt besonders nachhaltig in Form von Lichtmetaphern gefeiert[77]. Als er am 7. April 1778 in einer feierlichen Zeremonie der Pariser „Loge des Neuf Soeurs" beitritt, würdigt ein Bruder dieses aufsehenerregende Ereignis mit einem Vierzeiler von La Dixmerie als Verstärkung der Außenwirkung maurerischer Erleuchtung:

„Au nom seul de l'illustre frère
Tout maçon triomphe ajourd'hui;
S'il reçoit de nous la lumière,
le monde la reçoit de lui[78]."

Voltaires Tod wird von Graphikern sogleich zu einer Apotheose verklärt *(Abb. 15)*: der berittene Lichtgott Apollo, die Totenmaske des Alten von Ferney tragend, würdigt die von Voltaire erreichte Vertreibung der Finsterlinge *Erreur* und *Fanatisme* und entführt den Aufklärer – sehr zum Leidwesen der ihm nachtrauernden Francia – in ein übernatürliches Licht, das nicht ganz erkennen läßt, ob es von der Maske Voltaires oder von einer genau dahinter liegenden himmlischen Quelle aussstrahlt. Ein fast zeitgleicher Kupferstich, den Moreau le Jeune für Beaumarchais' Kehler Voltaire-Ausgabe anfertigte *(Abb. 16)*, errichtet dem berühmten *philosophe* ein imaginäres Denkmal im Zeichen des – nunmehr innerweltlichen – Lichtes. Ausgehend von einem Vers der *Henriade*, den er von dem Pariser Obergerichtshof *(parlement)* auf Voltaire überträgt, visualisiert Moreau dessen aufklärerische Leistung durch die helle Fackel, die ein merkurartiger Himmelsbote über dem Haupte des Verstorbenen erstrahlen läßt, während seine Rechte – die Wirkung des Lichtes nachvollziehend – der Menschheit die Binde jahrhundertealter Irrtümer, zumal päpstlicher Machtverschleierung[79], von den Augen streift;

---

76 In: *Voltaire,* Romans et contes, hrsg. v. Henri Bénac, Paris 1960, 487.

77 Vgl. allgemein *James A. Leith,* Les trois Apothéoses de Voltaire, in: Annales historiques de la Révolution française 51 (1979), 161 - 209.

78 Zitiert nach *Louis Amiable,* Une loge maçonnique d'avant 1789. La loge des Neuf Soeurs. Augmenté d'un commentaire et de notes critiques de Charles Porset, Paris 1989, hier Porset, 31. Ebenda 32f. zitiert Porset die Stances chantées au banquet de la loge des Neuf-Soeurs..., le 7 juin 1778, après la réception du frère Arouet de Voltaire, mit dem Schlußvers: „Et l'emblème de la lumière/Annonce la divinité."

79 Darauf liegt im Kontext der *Henriade* zum Titelvers der Schwerpunkt.

Abb. 15: *Voltaires Apotheose.* Kolorierte Radierung in Punktiermanier von Pierre-François Le Grand nach Robert-Guillaume Dardel, 1782. Platte 29,7 × 34 cm (BNF, Est., Coll. Hennin 9671).

eine Großtat, die Klio sogleich ins Buch der Geschichte einträgt[80]. Und tatsächlich – als wollten sie solche Visionen in die Wirklichkeit umsetzen, inszenierten die Politiker der Revolution nach Plänen des Malers Jacques-Louis David am 11. Juli 1791 einen regelrechten Triumphzug, um Voltaires sterbliche Überreste in den neuen Ruhmestempel der Nation zu überführen. Die Pantheonisierung des „*Hercule* Français" ergab sich für Voltaires Anhänger aus seinen Pionierleistungen beim Kampf der Aufklärung gegen Mächte der Finsternis: „Voltaire est le premier philosophe qui ait attaqué courageusement et de front les préjugés, la superstition, le fanatisme, la féodalité, et tous les genres de tyrannie...[81]" Und in der Begründung des Dekrets zur feierlichen Überfüh-

80 Eine revolutionäre Weiterentwicklung dieses Moreau-Stichs ist abgebildet bei *Leith* (Anm. 77) als Planche XXVII.

81 *Paul Philippe Gudin de la Brenellerie:* Réponse d'un ami des Grands Hommes, aux envieux de la gloire de Voltaire [Paris 1791], 1 und 3.

Abb. 16: *Er nimmt den Nationen die Binde des Irrtums von den Augen.* Kupferstich von Jean-François Ribault nach Jean-Michel Moreau le jeune, 1785. 13 × 8,6 cm. Illustration zum Kap. 4 der *Henriade,* in: Voltaire, *Œuvres complètes* (Oktav-Ausgabe), Bd. X, Kehl: Imprimerie de la Société Typographique 1785, zu S. 105.

rung der sterblichen Überreste Voltaires in das Pantheon stellte der Verfassungsausschuß der Nationalversammlung am 30. März 1791 offiziell fest: „Voltaire a terrassé le fanatisme, dénoncé les erreurs jusqu'alors idolâtrées de nos antiques institutions; il a déchiré le voile qui couvroit toutes les tyrannies...[82]".

Doch die vorrevolutionäre Politisierung des Konzepts der *lumières* blieb nicht auf den Kreis der Aufklärer beschränkt. Gezielt nutzte der aus dem protestantischen Genf[83] kommende Finanz- und Premierminister Necker die Lichtmetaphorik für seine eigenen propagandistischen Zwecke. Die zahlreichen Ausgaben seines aufsehenerregenden *Compte rendu au Roi* von 1781, das die Arcana des Staatshaushalts erstmals ans Licht der Öffentlichkeit brachte, enthielten in Variationen fast alle ein Frontispiz[84] mit Neckers Brustbild und der Unterschrift „Post tenebras lux“ *(Abb. 17)*. Tatsächlich sendet der Rechenschaftsbericht einen Lichtstrahl aus, welcher der Hydra des Staatsbankrotts und seiner Urheber schon mehrere Köpfe abgetrennt hat. Als der zwischenzeitlich entlassene Minister Necker dann am 25. August 1788 von Ludwigs XVI. erneut berufen wurde, feierte der Stecher Gaucher diese populäre Rückkehr mit einem allegorischen Bildflugblatt *(Abb. 18)*. Umgeben vom Jubel des Volkes verweist die mit Krone und Lilienmantel ausgestattete Francia den König auf Necker als tüchtigen Nothelfer, während das aus einem (freimaurerischen) Dreieck strahlende Auge Gottes die Versöhnungsszene erleuchtet, begleitet von der Devise „Post tenebras lux.“

III. „Notre révolution, c'est la guerre des lumières contre les préjugés[85]“

Während mit diesen Worten ein republikanischer Journalist Anfang 1794 der gewaltsamen Rückführung der abtrünnigen Stadt Lyon unter den revolutionären Zentralismus Robespierres einen höheren Sinn zusprach, betrieb ein Propagandastich dasselbe Ziel mit ikonographischen Mitteln *(Abb. 19)*. Er knüpfte an das vorstehende Blatt zu Neckers Rückberufung an, verstärkte seinen triumphalen Gestus aber auf dop-

---

82 Décret sur la translation des cendres de Voltaire à Sainte-Geneviève, précédé du Rapport fait par M. Gossin, au nom du Comité de Constitution, le 30 Mars 1791, Paris 1791, 2f.

83 Dort sollte die Devise „Post tenebras lux“ 1794 im Zeichen des revolutionären Republikanismus reaktiviert werden, und zwar auf dem Bürgerzertifikat sowie auf Entwürfen von Jean-Pierree Saint-Ours für einen Amtsstab und für eine Sixsols-Münze; vgl. dazu die Abb. und Nachweise in dem Ausst.-Kat. Révolutions genevoises, 1782 - 1798, Genève 1989, 101, 110 und 115.

84 Weitere Belege in dem Ausst.-Kat. Les Portraits gravés de Jacques Necker, conservés à la Bibliothèque de Genève, hrsg. v. Vincent Lieber, Genève 1989, Nr. 24a - 26, S. 58 - 59.

85 Fortsetzung des Zitats: „des vertus contre les crimes, de la sagesse contre les abus, de la raison contre le fanatisme...; c'est la guerre du genre humain contre les ennemis du genre humain...“ Dies verkündet ein robespierristischer Republikaner im von den Revolutionstruppen zurückeroberten Lyon in dem anonymen Artikel „Suite des Observations sur Commune-Affranchie“, in: Journal Républicain des deux départemens Rhône-et-Loire, N° 87, 14 Ventôse an II (4. Februar 1794), 181.

Abb. 17: Neckers *Compte rendu* bringt Licht in die Arcana des Staatshaushalts. Kupferstich von Jean-Baptiste-Pierre Le Brun nach Charles-Ange Boily, 1781. Platte 21,6 × 15,8 cm (BNF, Est., Coll. de Vinck 1356). Frontispiz zu: Jacques Necker, *Compte rendu au Roy... au mois de janvier 1781,* Paris: Imprimerie Royale 1781.

pelte Weise: erstens, indem er die drei Hauptpersonen von 1788 durch eine blumenstreuende Allegorie der *Liberté* mit Stange und Freiheitsmütze ersetzte; zweitens, indem er das erleuchtende göttliche Auge vom Himmel tilgte und die Lichtstrahlen stattdessen von der Figur der Freiheit ausgehen ließ. Aus der sakralen, überweltlichen Erleuchtung ist so ein weltlich-allegorisches Licht geworden – man kann kaum prägnanter sichtbar zu machen, welch enormen Säkularisationsschub die Revolution für die politische Lichtmetaphorik bedeutete.

Abb. 18: *Neckers Rückberufung zum Finanzminister.* Radierung und Kupferstich von Charles-Etienne Gaucher nach „I. H. E.“, 1788. Zeichnung 20,7 × 29,2 cm (BNF, Est., Coll. de Vinck 1369).

In der Tat: als Erfüllerin der verheißenen Aufklärung wird die Französische Revolution ihrerseits zur Trägerin, ja Quelle des Lichtes. Dieses zeitgenössische Selbstverständnis manifestierte sich nicht nur in öffentlichen Symbolhandlungen wie den feierlichen Pantheonisierungen von Voltaire und Jean-Jacques Rousseau[86], es äußerte sich auch in der revolutionären Text- und Bildpublizistik[87]. So gab Rabaut Saint-Etienne,

86 Siehe zuletzt *Annie Jourdan,* Le culte de Rousseau sous la Révolution: la statue et la panthéonisation du Citoyen de Genève, in: Politique et révolution chez Jean-Jacques Rousseau, ouvrage collectif... dirigé par Tanguy L'Amiot, Oxford 1994, 57 - 77. – Nicht eingehen kann ich hier auf die Licht-Dramaturgie der revolutionären Architekturbilder, die ebenfalls manche Anspielungen auf die Aufklärung enthält. Vgl. dazu u. a. *James A. Leith,* Space and Revolution: Projects for Monuments, Squares and Public Buildings in France, 1789 - 1799, Monreal 1991; sowie *Anthony Vidler,* Claude-Nicolas Ledoux: Architecture and Social Reform at the End of the Old Regime, Cambridge (Mass.) 1991.

87 In diesem Sinne argumentiert viel militanter als das vorgenannte Blatt eine andere allgemeinrevolutionäre Radierung von 1792, ohne allerdings den von ihr

Abb. 19: *O Freiheit, bald bricht der Tag der wohltätigen Gesetze an, die vom Irrtum befreien und die Könige ächten – der Tag, an dem das Universum auf sicherer Bahn zum wahren Glück, das die Natur schenkt, fortschreitet.* Anonyme Radierung, verlegt von Desombrages, Lyon, Okt./Nov. 1793. 31,2 × 23 cm (BNF, Est., Coll. Histoire de France, M 102446).

visualisierten Licht-Dunkel-Gegensatz auch zu verbalisieren; sie ist überschrieben: La liberté triomphante, ou les sans coeurs terrassés und zeigt, wie die Blitze schleudernde Lichtgestalt der Freiheit die gekrönten Finsterlinge Europas zu Boden wirft. Siehe *Herding* u. *Reichardt* (Anm. 63), Abb. 200, 150.

protestantischer Pastor und Abgeordneter der Nationalversammlung, in seinem weitverbreiteten populären Volksalmanach dem „Licht der Revolution“ eine geradezu weltmissionarische Deutung:

„La révolution françoise a donc été le produit des lumières, qui avoient pénétré, plus que chez d'autres peuples, dans toutes les classes de citoyens. Elle a commencé du moment où les hommes ont réfléchi, les fautes de trois regnes l'ont mûrie, la résistance de privilégiés l'a accélérée, et l'impétuosité françoise l'a consommée... Mais les lumières de la raison appartiennent à tous les peuples et à tous les pays, et il n'est au pouvoir d'aucun potentat et d'aucun corps d'en retarder aujourd'hui les progrès[88].“

Auch ein liberaler Adliger wie Lezay-Marnézia sah in den *lumières* das Lebensprinzip der Revolution: „Les abus féodaux et religieux quadroient admirablement bien avec la barbarie des temps où ils prirent naissance. ... Les lumières défirent ce que les ténèbres avoient fait: à mesure qu'on s'éclaira, la féodalité fut resserrée dans des limites plus étroites...“ Und zusammenfassend erklärte er, noch keine Revolution habe so viele gute Ergebnisse erreicht wie die französische: „Le progrès des lumières avoit été sa cause, il devoit être aussi sa garantie[89].“

Erst recht die radikalrevolutionäre Presse schrieb die Ablösung des „finsteren Ancien Régime“ durch die „lichte Revolution“ immer wieder der Aufklärung zu:

„Les lumières jaillies à flots de l'encyclopédie & des écrits immortels de Montesquieu, Voltaire, J. J. Rousseau, Raynal, Mably, ont déterminé la majorité des voeux à détruire l'arbre de la féodalité, à rétablir entre les mains du corps social l'autorité souveraine. Le prisme délicat de la raison a pénétré parmi le peuple, devenu dépositaire de tous les talens, du goût, des graces & de la philosophie qui les couronne[90].“

Selbst ein so vehementer Kritiker Marats und der Terreur wie François Pagès anerkannte das emanzipatorische Grundanliegen der Revolution und verlieh letzterer mit Hilfe der Lichtmetaphorik einen umfassenden Sinn. Als Voraussetzung der Revolution würdigt Pagès zunächst die sich vor allem als Despotismuskritik äußernde Aufklärungsarbeit der *philosophes:* „le despotisme voulut arrêter ce torrent de lumière; mais les livres sembloient sortir de dessous terre. La plupart avoient une tournure populaire, qui les mettoit à la portée de tous les esprits.“ Um dann die Revolution als ebenso rechtmäßige wie notwendige Konsequenz zu deuten: „Quel plus beau spectacle que de voir s'élever, dès son horizon, quoique obscurci long-tems par les nuages les plus sombres, le soleil de

88 Précis historique de la Révolution française, Strasbourg 1792, 256f.

89 *Adrien Lezay-Marnézia:* Des causes de la Révolution, et de ses résultats, Paris 1791, nacheinander 7 und 74.

90 Anonymer Artikel „Le passé, le présent & l'avenir“, in: Révolutions de Paris N° 159, 21.-28. August 1792, 159; s.a. *Marats* Ami du Peuple, N° 35 vom 10. Nov. 1789.

cette justice sociale qui doit progressivement porter ses rayons sur toutes les parties du globe? Les peuples ont été long-tems repoussés de l'histoire, de même qu'ils l'étoient des palais des tyrans..." Insgesamt begrüßt Pagès die Revolution – nach der „finsteren Nacht des Despotismus" – als zukunftsträchtigen Sonnenaufgang: „Que de traits d'héroïsme ont signalé ce grand jour de la révolution, de l'ère radieuse devant laquelle pâliront toutes les époques antérieures de nos annales[91]."

Die Konkretisierungen dieser allgemeinen revolutionären Lichtmetaphorik konzentrieren sich vor allem auf drei Bereiche: die Beseitigung des Ancien Régime, den Aufbau der neuen Verfassungsordnung und die pädagogisch-religiösen Anliegen der Revolution.

1. Die symbolträchtige Erstürmung und anschließende Schleifung der Bastille, dieses von finsteren Geheimnissen umwitterten Staatskerkers, markierte für viele Zeitgenossen den Triumph der politischen Aufklärung, ihr Vordringen auch auf die Schattenseite des philosophischen Zeitalters: „ce gouffre du despotisme vient d'être changé en un foyer de liberté d'où émanent des rayons de lumière qui, répandus sur toute la France, commencent déjà à la révivifier, & qui de proche en proche parviendront à changer la face des gouvernemens des nations qui nous environnent[92]." Daß solche bildlichen Vorstellungen kein Einzelfall waren, zeigt eine Illustration zu Camille Desmoulins' radikalrevolutionärer Wochenzeitung *Révolutions de France et de Brabant (Abb. 20)*: ausgerüstet mit Stange und Freiheitshut und vor der Silhouette der Bastille-Ruine bringt eine an Merkur erinnernde *Liberté* das Licht und zertrümmert – Blitze schleudernd – die Symbole des finsteren Zeitalters samt seiner verhaßten „Mißstände" – von den Urkunden der Feudalrechte über Adelswappen und Kardinalshüte bis hin zu Krone und Szepter.

Als Trägerin des Lichtes gewinnt die vom Volk eingenommene Bastille und mit ihr die Revolution überhaupt sakrale Qualität. Diese Bedeutung der politischen Lichtmetaphorik, die in den vorstehenden Zeugnissen nur anklingt, ist in anderen Äußerungen Camille Desmoulins' offensichtlich. So rief Desmoulins im Frühsommer 1790 den Vierzehnten Juli zum Nationalfeiertag aus mit der Begründung, für die französische Nation habe der Bastillesturm die gleiche fundamentale Bedeutung der Erlösung wie der Auszug aus Ägypten für das Volk Israel und wie Ostern (das Fest des Lichtes) für den gläubigen Katholiken: „la pâque sera célébrée le 14 juillet. C'est le jour de l'affranchissement de la servitude d'Egypte, et du

91 Histoire secrète de la Révolution française, t. I - II, Paris 1797, hier nacheinander I 76, 23 und 150f.

92 „Notes historiques sur la Bastille", in: La Bastille dévoilée, ou Recueil des pièces authentiques pour servir à son histoire, 2. Lieferung, Paris, Sept. 1789, 22f.

Abb. 20: *Die siegreiche Freiheit vernichtet die Mißstände.* Anonyme Radierung, 1790. 13,8 × 8 cm. Illustration zu: *Révolutions de France et de Brabant* N° 51 (15. Nov. 1790).

passage de la mer *Rouge*. ... C'est le jour prédit par le prophête *Ezéchiel,* c'est la grande fête des *lanternes*[93]."

Daß Camille Desmoulins hier auch von Laternen redet, ist kein Zufall. Dienten die an den Pariser Häusern befestigten Straßenlaternen doch ab

93 Révolutions de France et de Brabant, N° 30, Anfang Juni 1790, 284 f. Der alttestamentarische Prophet Hesekiel hatte seine Weissagungen zur Befreiung Israels durch Gesichte empfangen, bei denen ihm Gott in einem Feuer als Licht erschien.

Juli 1789 wiederholt als Instrumente spontaner Volksjustiz zur Erhängung von „Revolutionsfeinden“ wie Berthier und Foulon. In der sogleich zum politischen Symbol erhobenen *réverbère* verband sich das unter dem Einfluß der Aufklärung weiterentwickelte Motiv des Menschensuchers Diogenes[94] mit der reaktualisierten strafenden Bedeutung des (göttlichen) Lichtes: die revolutionäre Laterne kann sowohl erleuchten wie „heimleuchten“. Wie populär dieser Doppelsinn war, belegt die Allgegenwart des Symbols in der Revolutionsgraphik, ob die Laterne nun auf Marat als den „wahren neuen Menschen“ verweist[95], ob sie drohend über den Häuptern von Revolutionsgegnern schwebt[96], ob ihr das Brustbild des dem Tod geweihten „Bürgers Louis Capet“ angehängt ist[97] oder ob sie – wie etwa in Desmoulins' Zeitung *(Abb. 21)* – sich selbst in Bewegung setzt und vermeintliche „Volksverräter“ geradezu verfolgt.

In diesem Zusammenhang ist noch eine andere Form der strafenden Licht-Dunkel-Metaphorik zu erähnen, die später große Bedeutung erlangen sollte: das Löschen des „falschen Lichtes“ durch den Löschhut[98] als Werkzeug der politisch-sozialen Zeitenwende. Das symbolische Verständnis dieses Instruments konnte u. a. an die allgemein vertraute Liturgie der Karwoche anschließen, bei der in den katholischen Andachten traditionell nach und nach alle Kerzen des sog. Tenebrae-Leuchters erloschen, bis – in Erwartung des neuen Lichts der Auferstehung – die Finsternis der Osternacht hereinbrach. Analog dazu imaginierte im Frühjahr 1792 eine Bildsatire folgende Schlußszene der „politischen Karwoche“ *(Abb. 22)*. Eine Trauergemeinde ehemaliger Edelleute und Prälaten beklagt den schmerzlichen Verlust ihrer alten Privilegien und der meisten Institutionen des Ancien Régime durch die Beschlüsse der Nationalversammlung seit 1789. Nachdem vom Gerichtswesen über die Steuerpächter und Zünfte bis hin zum Adel und Klerus alle Mißstände „ausgelöscht“ sind, brennt nur noch die Kerze des Königs. Doch sie wird im selben Maße erlöschen, wie Louis XVI. seine grundsätzliche Ablehnung

94 Dazu eindringlich *Klaus Herding*, Diogenes als Bürgerheld, in ders.: Im Zeichen der Aufklärung. Studien zur Moderne, Frankfurt/M. 1989, 163 - 81 u. 219 - 31.

95 Vgl. die bekannte Radierung Villeneuves von 1793, abgebildet und kommentiert ebd. 173 - 75.

96 So etwa in der anonymen kolorierten Radierung *Avec de la Patience on vient à bout de tout* (1792), dokumentiert bei *Herding/Reichardt* (Anm. 63), 111. – Eine weitere Variante der doppelsinnigen Lichtmetaphorik bildet der revolutionäre Ausdruck für das In-Brand-Stecken adeliger Schlösser durch aufständische Bauern: „éclairer les châteaux“.

97 Siehe Villeneuves Aquatinta aus Anlaß des 10. August 1792 mit dem Titel *Le traître Louis XVI voué au mépris et à l'exécration de la nation française*... (BNF, Est., Coll. Histoire de France, Nr. M 104330).

98 Zur politischen Ikonographie dieses Symbols bes. *Hubertus Fischer*, Wer löscht das Licht? Europäische Karikatur und Alltagswelt 1790 - 1990, Stuttgart 1994, der von den beiden im folgenden besprochenen Karikaturen nur die zweite erwähnt (S. 21 - 24).

Abb. 21: *Die patriotischen Laternen verfolgen General d'Alton.* Anonyme Radierung, 1790. 14,3 × 8,8 cm. Illustration zu: *Révolutions de France et de Brabant* N° 15 (8. März 1790).

der Revolution zu erkennen gibt. So stimmt denn die Gemeinde in das Klagelied des Propheten Jeremia (2.3, 6 und 8) ein: „Er hat mich in Finsternis gelegt, wie die, so längst tot sind. … Und wenn ich gleich schreie und rufe, so stopft er die Ohren zu vor meinem Gebet.“ Der nächste Schritt, das Auslöschen auch der „Königskerze“, wurde mit der Revolution vom 10. August 1792 praktisch getan und anschließend wiederum

Abb. 22: *Das Auslöschen der alten Verfassung*. Anonyme Radierung, 1792 (Musée Carnavalet, Est., *Hist* PC 014A).

Abb. 23: *Das neue französische Gestirn*. Anonyme Aquatintaradierung, 1793 (BNF, Est., Coll. Histoire de France, M 101787).

allegorisch verarbeitet *(Abb. 23)*: die in Chronos verkörperte neue Zeit der Revolution hat das Lebenslicht von „Louis... le dernier" bereits erstickt, sein Standbild durch einen nationalen Opferaltar mit Freiheitsmütze ersetzt und schickt sich nun an, auch die übrigen gekrönten Häupter Europas zu beseitigen. Doch anders als bei der vorgenannten Karikatur bedeutet das Löschen des schlechten Lichtes hier keine Finsternis mehr, denn Chronos handelt im Zeichen des „neuen französischen Gestirns", der Kokarden-Sonne der Revolution, deren Strahlen die Vernunft verbreiten, die Vorurteile besiegen und eine strahlende Zukunft ankündigen[99].

99 Diese kurze Deutung beschränkt sich bewußt auf die Problematik von Licht und Finsternis. Eine vollständigere Interpetation des Blattes gibt *Klaus Herding*, Visuelle Zeichensysteme in der Graphik der Französischen Revolution, in: Die Französische Revolution als Bruch des gesellschaftlichen Bewußtseins, hrsg. v. Reinhart Koselleck u. Rolf Reichardt, München 1988, 513 - 552, hier 514 - 19.

Abb. 24: *Auf die Finsternis folgt das Licht.* Anonyme Eisenmedaille, Ende 1789, Durchmesser 4,5 cm. Abb. nach: Michel Hennin, *Histoire numismatique de la Révolution française,* Paris 1826, Taf. 10 zu Nr. 76, S. 63.

2. Nicht strafend, sondern wahrhaft erleuchtend konkretisierte sich das „Neue Licht" der Revolution in der parlamentarischen Arbeit. *„Après les ténèbre [!] la lumière"* war eine wohlfeile Eisenmedaille betitelt, die zum Ausklang des ersten Revolutionsjahres den Zusammenschluß der drei alten Stände in der Nationalversammlung feierte *(Abb. 24).* Die Sonne, die über den Repräsentanten der ehemaligen Stände erstrahlt, ist halb göttlich, halb weltlich, wie die Rückinschrift präzisiert: „La divinité nous soutien [!] et la France nous appuie".

Vor allem waren es die revolutionären Rechteerklärungen und Verfassungungen, denen die Stecher Heiligkeit beilegten, indem sie sie als „Lichtgeburten" darstellten. Schon eine Radierung Claude Niquets vom September 1789 basiert auf dem Gegensatz von Licht und Finsternis *(Abb. 25).* Begrüßt von einer jungen Mutter, die ihr Kind auf die soeben von der Nationalversammlung verabschiedete „Déclaration des droits de l'homme et du citoyen" hinweist, dringt diese von einem himmlischen Licht erleuchtete Menschheitsurkunde gleichsam in die vom Baum der Feudalität verbreitete Finsternis des Ancien Régime ein; dort klammert

Abb. 25: Die Menschenrechtserklärung vertreibt die Finsternis des Ancien Régime. Radierung und Kupferstich von Claude Niquet le jeune, 1789. Oval 21,5 × 29,9 cm (BNF, Dép. des Est., Coll. de Vinck 4225).

sich ein Dunkelmann an die unzeitgemäße Verbriefung der „Feudalrechte und Privilegien", wird aber von einem Blitz zu Boden geworfen, während im lichten Hintergrund gegenüber das Volk mit dem Tanz um den Freiheitsbaum seine Erlösung feiert. Strafe für das Reich des Bösen, Morgenglanz für das Reich des Guten – diese Doppelfunktion des Lichtes wird hier zum Konstruktionsprinzip der bildlichen Darstellung.

Noch bevor sie vollständig ausgearbeitet, von der Nationalversammlung beschlossen und vom König beeidigt worden war, wurde auch die erste schriftliche Verfassung Frankreichs als Offenbarung der *lumières* sublimiert *(Abb. 26)*. Eine anonyme Radierung, wiederum für Desmoulins' Zeitung bestimmt, nahm Ende Mai 1790 die Verabschiedung des Artikels über das – nun vom König auf die Nation übertragene – Recht zur Erklärung von Krieg und Frieden zum Anlaß, Moreaus Stich für Voltaire von 1785 (oben Abb. 16) umzuwidmen und zu aktualisieren. Der Denkmalsockel weist nun, wie das Hôtel des Invalides im Hintergrund anzeigt, zugleich auf den Vaterlandsaltar des Föderationsfestes voraus und erhält so zusätzliche Weihe. Auf ihm steht die Büste des Abgeordneten Jacques-Guillaume Thouret[100], damals Vorsitzender des Verfassungsausschusses, dessen übrige Mitglieder der Obelisk am rechten Bildrand verewigt. Der Reichsapfel Frankreichs im Vordergrund beschwört den in der Verfassung niedergelegten neuen Geist nationaler Einigkeit, hinter den die Wappen der einzelnen Provinzen zurücktreten. Diese ganze Szene wird gleich zweifach erhellt: zum einen von dem Lichtboten im Bildzentrum, der durch die Flamme auf seinem Haupt selbst als „Erleuchteter" ausgewiesen ist; zum anderen von dem maurerischen Lichtdreieck, dessen ebenso „kraftvolle" wie „weise" Strahlen den Menschen „Glück und Ruhm" verheißen. Himmlisches und weltliches Licht – so läßt sich die Aussage des Bildes zusammenfassen – wirken zusammen, um die Verheißungen der Heiligen Schrift und der Aufklärung in der Revolution zu erfüllen.

Gleich dreierlei Licht verklärt beide – die Menschenrechtserklärung sowohl als die Verfassung – in einer Radierung, die der Stecher Audouin 1790 nach der Idee eines revolutionsbegeisterten freiwilligen Soldaten anfertigte *(Abb. 27)*. Im Zeichen der Gerechtigkeit und des Regenbogens als dem Symbol des „neuen Bundes" leuchtet das göttliche Auge in großer Distanz über der alles beherrschenden „Lichtexplosion" der „Révolution de France", in welcher wiederum das strafende Licht agiert: ausgehend von der „Nation Française" zuckt ein „Législature de 1789 et 1790" benannter Blitz diagonal nach unten in das zurückweichende

100 Auf ihn bezieht sich nun der aus dem Vorbild übernommene Vers der Unterschrift, denn auf die 1785 vorhandene Gestalt der Nation mit der Augenbinde hat der Stecher verzichtet.

Abb. 26: *Er nimmt den Nationen die Binde des Irrtums von den Augen.* Anonyme Radierung, 1790. 14,8 × 9 cm. Illustration zu: *Révolutions de France et de Brabant* N° 27 (31. Mai 1790).

dunkle Gewölk, um sowohl das „régime féodal“, die „privilèges et ordres“ und die „servitude“ als auch die „lettres de cachet“, die „Parlements“ und die „Bénéfices“ zu vernichten. Als Hauptquelle des neuen kraftvollen Lichtes der Revolution figuriert im Bildzentrum der Globus Frankreichs mit den Menschenrechten und der Verfassung unter der doppelten Schirmherrschaft Ludwigs XVI. und der Nationalversammlung,

Abb. 27: *Zum Ruhm der französischen Nation dem Vaterland gewidmet und der Nationalversammlung am 15. Mai 1790 gestiftet.* Radierung von Pierre Audouin nach Le Taillieur, 1790. 45 × 48,2 cm (BNF, Est., Coll. Histoire de France, Qb[1] 15 mai 1790).

welche ein Faszenbündel zusammenhält und die der Gallische Hahn mit Freiheitsmütze überwacht.

Daß an dieser lichtsymbolischen Überhöhung der Verfassung außer der christlichen, der aufklärerischen und der freimaurerischen Ikonographie auch die vom König auf das Volk übertragene Sonnenallegorie mitwirkte, verdeutlichen zwei andere Stiche. Der eine knüpft an die Emblematik des *Roi-Soleil* an, indem er die revolutionäre Verfassungssituation mit Hilfe konzentrischer Kreise als „astronomisches", also naturgesetzliches System darstellt *(Abb. 28)*. An der Peripherie ihres Wirkungskreises wird die Verfassung der konstitutionellen Monarchie von zwei Gruppierungen extremer politischer Kräfte bedroht. Angeführt von der Anarchie und dem verderblichen Gegenlicht – dem „flambeau incendiaire" des Bürgerkrieges – in ihrer Faust, betreiben einerseits (oben) „Räuber" und „Republikaner" mit bewaffneten Aufständen, den Sturz des Königs, Massaker und Plünderungen. Auf der Gegenseite (unten) propagieren „Royalisten" und „Aristokraten" die Entmachtung der Nation und die Restauration des „Despotismus" mit seinen ständischen Privilegien und seinen Zwangsmitteln wie den „Lettres de Cachet" und der Bastille. Doch alle müssen sie zurückweichen vor dem geschlossenen Eintreten der Nation für die neuen Grundsätze der Freiheit und Gleichheit und vor der Leuchtkraft, die von der Devise der gemäßigten Verfassungsrevolution ausgeht: „au Centre", erklärt die Legende, „un Soleil lumineux, prenant sa force et sa splendeur de la nation et de la loi qu'il renferme dans son sein, dissipe les nuages et le venin de ces Génies destructeurs et fait triompher la Constitution Démocratique et Monarchique, sous l'emblême de la liberté, de l'égalité, de l'union et de la force qui en sont les bases." Werden hier die Attribute des ehemaligen *Roi-Soleil* vom Mittelpunkt an den Rand der Zeichnung gerückt, so sind sie in einer anderen, kompromißloser revolutionären Radierung vom Frühsommer 1791 völlig verschwunden *(Abb. 29)*. Den politischen Hintergrund dieser Karikatur bilden Bemühungen gemäßigter Abgeordneter um Antoine Barnave, Adrien Duport und Alexandre Lameth (auch *triumvirat* genannt), in der Konstituante, die bürgerrechtliche Gleichstellung der Farbigen in den französischen Kolonien zu verhindern. Ihre Abstimmungsniederlage im Mai 1791 deutet die Allegorie als Sieg der vom *„Soleil National"* ausstrahlenden Verfassungsprinzipien. Bevor ihr Licht jedoch seine befreiende Wirkung, die ein Freudentanz der Nationen im Hintergrund veranschaulicht, erreicht, durchläuft es zwei Metamorphosen: zunächst wird es mit Hilfe der von Chronos entschleierten, von der vereinten „Freiheit" und „Gleichheit" gestützten „Vérité" zum philosophischen Licht der Wahrheit geklärt und gebündelt, um sich anschließend in der Hand des herkulischen „Volkes" in einen Blitz zu verwandeln, der „die Hydra des Triumvirats" niederstreckt. Der neue Souverän hat sich das Herrschaftssymbol des Sonnenkönigs zueigen gemacht.

Waren diese Verschmelzung und politische Umfunktionierung der ikonographischen Traditionsstränge der Lichtsymbolik zu übertreffen? Wenn überhaupt, dann leisteten das einige Bildflugblätter der radikalen

Abb. 28: *Das astronomische System der Französischen Revolution.*
Kolorierte Radierung von Moulin, 1791. Platte 35 × 23,3 cm
(BNF, Est., Coll. Hennin 11063).

Abb. 29: *Die National-Sonne*. Anonyme Radierung, verlegt von Coustellier, 1791/92. 25,5 × 34,5 cm (BNF, Dép. des Est., Coll. Hennin 11926).

Revolutionsphase durch größere künstlerische Geschlossenheit (siehe oben Abb. 1) und durch emblematische Verdichtung. So veröffentlichte Louis-Jean Allais zum Verfassungs- und Einigkeitfest der Republik am 10. August 1793 einen Farbstich[101], der ausdrücklich alttestamentarische Modellvorstellungen auf die Revolution projizierte *(Abb. 30)*. Wie Gott sich Mose auf dem Berge Sinai aus einer Wolke mit Feuer und Blitz offenbarte und ihm die Gesetzestafeln eingab, so erschafft die furchtgebietende *Montagne* – der „heilige Berg“ – im französischen Nationalkonvent, wie die Bergpartei genannt wurde, die leuchtenden Tafeln der Menschenrechte und der jakobinischen Verfassung von 1793[102].

---

101 Das reproduzierte Medaillon bildet die erste Hälfte eines Blattes, das sich als Entwurf einer Medaille gibt. Deren Rückseite – also die zweite Häfte des Bildblattes – zeigt ein Revolutionsemblem bestehend aus Winkelmaß, Faszienbündel, Freiheitsmütze, Lorbeerzweigen und Trikolorebändern mit den Umschriften „Union, Liberté, Sûreté, Force, Propriété, Egalité“ (innen) sowie „Fête de l'Union de tous les Départemens, célébrée à Paris le 10 Août 1793, l'an 2e de la Rép.^{que} fran.^{se} une et indivisible“ (außen).

102 Zu diesem auch als Entwurf einer Gedenkmedaille konzipierten Stich lieferte Allais eine Rückseite mit Umschrift zum Einigkeitsfest und Symbolen des Tierkreises als Zeichen der ‚Naturnotwendigkeit'; im Mittelfeld versinnbildlichen ein Richtscheit, ein Faszienbündel und eine Jakobinermütze die Prinzipien der

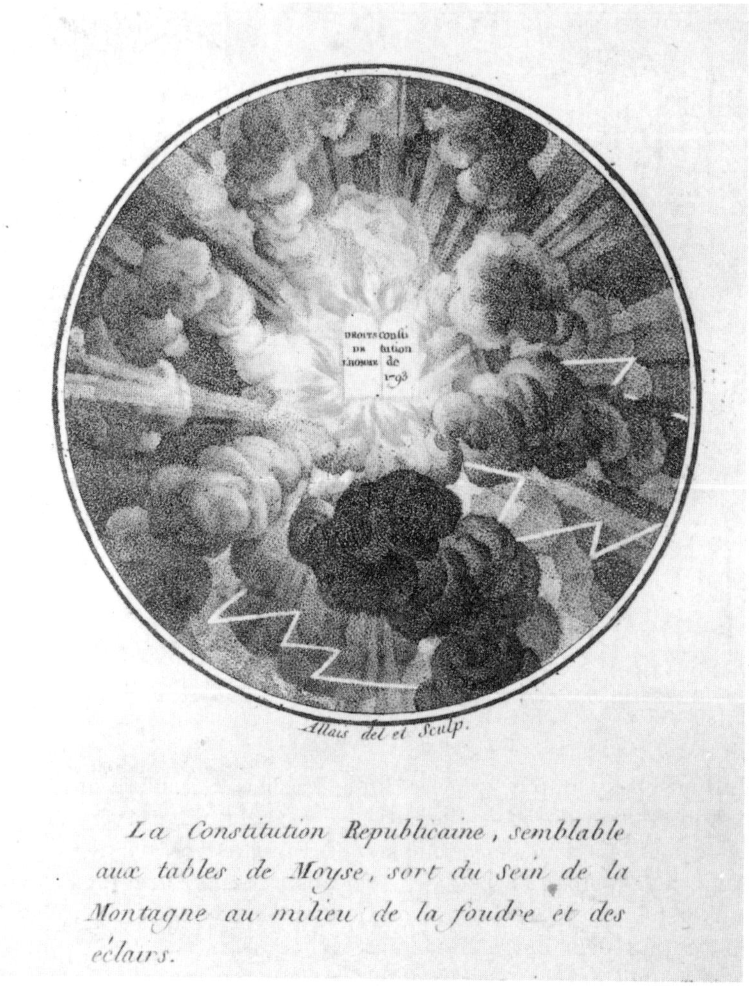

Abb. 30: *Die Republikanische Verfassung. Fest der Einheit und Unteilbarkeit der Republik.* Farbstich von Louis-Jean Allais, Herbst 1793. Durchmesser 8,1 cm (Musée Carnavalet Paris, Inv. PC Hist. 21D).

3. Griffen solche Konkretisierungen der revolutionären Lichtmetaphorik auf ältere Bildtraditionen zurück, um sie politisch umzufunktionieren, so ist die Text- und Bildsprache im Bereich der Dechristianisie-

---

Gerechtigkeit, der Einheit und der Freiheit. – Zur symbolischen Bedeutung der Gesetzestafeln vgl. *Renée Neher-Bernheim:* Les Tables de la Loi dans l'iconographie de la Révolution, in: Les juifs et la Révolution française..., Actes du colloque tenu au Collège de France..., hrsg. v. Mireille Hadas-Lebel u. Evelyne Oliel-Grausz, Louvain/Paris 1992, 29 - 52.

rungsbewegung eher als eine radikalisierte Fortsetzung des aufklärerischen Antiklerikalismus und Antikatholizismus zu verstehen. Den Übergang bilden Äußerungen der ersten Revolutionsjahre, in denen sich religiöse Vorstellungen mit neuen massendidaktischen Zielen verbanden. So vereinigten sich aufklärerische Patrioten aus dem Umkreis des Schriftstellers Nicolas de Bonneville und des Geistlichen und Freiheitspredigers Claude Fauchet im Cercle social, um die *lumières* in öffentlichen Vorlesungen und mit einer eigenen Zeitung, der *Bouche de fer,* zu verbreiten. Böten doch die neu erkämpfte Freiheit des Volkes und dessen Bewußtsein seiner Stärke einzigartige Voraussetzungen, dem „Licht der Wahrheit und der Vernunft" nun endlich allgemeine Geltung zu verschaffen: „Cette lumière est encore cachée dans les ténèbres; *et les ténèbres ne l'ont pas comprise.* ... Le soleil de la raison paroîtra dans la Gloire, et l'univers, insensiblement éclairé de sa lumière créatrice, verra un nouveau monde sortir *du chaos,* égal au néant[103]." Die Amis de la Vérité, wie sich die allen Bürgerinnen und Bürgern offenstehende Vereinigung auch nannte, verstanden sich als verschworene und zugleich im vollen Licht der Öffentlichkeit tätige Gemeinschaft: „Nous qui n'avons plus besoin de *ténèbres* pour y parler des loix de la nature, pour que *la voix de l'homme libre* se fasse entendre; ... nous *travaillons en place publique...*" Um die Frohe Botschaft *(la bonne nouvelle)* der Revolution bis hin „zu den Despoten und den Sklaven" zu verkünden, ersetzten sie die Arcana der alten Machthaber durch freiheitliche Öffentlichkeit: „Notre unique *mystère...* est de trouver un chemin sûr qui porte au Peuple Franc, dans les ténèbres, pour le conduire, *un rayon de lumière*[104]."

Im Maße wie solche Anleihen an die katholische Lichtmystik dann mit der zunehmenden Priesterverfolgung politisch verdächtig wurden, säkularisierten sich auch die *lumières* der Revolution, besonders deutlich beim Kult des Höchsten Wesens, der sich nach den Gründungsfeiern vom 8. Juni 1794 in einer reichen Bild- und Textpublizistik niederschlug. So rief ein populäres Bildblatt *(Abb. 31)* Voltaire und Rousseau als Väter des neuen Kultes auf, setzte aber zur (aktuellen) Erleuchtung ein mächtiges Auge ein, das sowohl den Allerhöchsten als auch die Wachsamkeit des Volkes meinen kann. Jedenfalls handelt es sich um ein politisch wirksames Licht, wie die in einem republikanischen Liederbuch eingestreute „Prière civique" von Ducray-Duminil präzisiert: „Astre brillant du jour, de toi vient la fécondité, la force et la santé; tous ces biens que tu prodigues aux mortels leur donnent la raison & le jugement; ils ont joui de l'exercice de cette raison pour conquérir la liberté, ils sont libres! ...

103 La Bouche de fer, N° 2, Okt. 1790, 4; Hervorhebungen hier und im folgenden wie im Original.

104 Ebd. N° 14, Nov. 1790, 220 und 222. Die Aussage ist ungewöhnlich, aber eindeutig formuliert.

Abb. 31: Voltaire und Rousseau als Väter der Republik und des Kultes des Höchsten Wesens. Anonyme kolorierte Radierung, verlegt von Paul-André Basset, 1794. 46,2 × 64,8 cm (BNF, Est., Coll. de Vinck 6283).

éclaire leurs travaux patriotiques; échauffe sans cesse de tes rayons la terre de la liberté[105]." Die Strahlen des sonnenartigen „Etre Suprême", so lehrte gleichzeitig das Frontispiz eines Bürgerkatechismus zu den Revolutionsfeiern *(Abb. 32)*, künden nicht nur von der „Immortalité de l'Ame", sie bringen nicht nur Freiheit und Gleichheit mit sich, sondern sie wecken auch den „Héroïsme", sie beleben Landwirtschaft und Gewerbe, sie stiften Glückseligkeit und die Einheit der Republik. Teils als Bürgerbreviere, teils als Elementarbücher für Sansculotten konzipiert, nutzten solche revolutionären Katechismen die Lichtmetaphorik auch in ihren Lehrdialogen, um aufklärerische Grundsätze mit scharf antiklerikaler Tendenz zu propagieren: „si les lumières de la philosophie ne fussent venues dissiper les épaisses ténèbres, dont depuis des milliers siècles, la superstition a couvert le globe, nous livrerions encore nos biens aux ministres des cultes...[106]"

---

105 Anthologie patriotique, ou Choix d'Hymnes, Chansons, Romances, Vaudevilles & Rondes civiques..., Paris, an III (1794), 10.

106 [*Bias-Parent,*] Catéchisme français républicain, enrichi de la Déclaration des droits de l'homme et des Maximes de morale républicaine. Par un sans-culotte français, Paris, an II (1793/94), Vorwort, III f.

Abb. 32: *Wie die Sonne ist die Republik eins und spendet ihren wohltätigen Einfluß der ganzen Welt.* Anonyme Radierung, 1793/94. 6,5 × 4,8 cm. Frontispiz zu: *Catéchisme des Décades, ou Instruction sur les Fêtes Républicaines, sanctionnées par la Convention Nationale,* Paris: Barba, seconde année de la République (1793/94).

Die Ansätze zur Dechristianisierung im Zeichen der radikalrevolutionären *lumières* erfaßten auch die französische Provinz. So versandte die jakobinische Volksgesellschaft von Blois an alle Schwesterklubs des Departements Loir-et-Cher ein gedrucktes Flugblatt, das dazu aufrief, sowohl die religiösen Bücher zu verbrennen, die Kirchenglocken und den katholischen Gottesdienst abzuschaffen als auch die Wegkreuze zu Freiheitsbäumen und die katholischen Kirchen zu Vernunfttempeln umzuwidmen: „Enfin le voile de la superstition se déchire, après vingt siècles d'épaisses ténebres, le soleil de la verité luit sur notre horison [!], et la France renaît à la raison et à la justice...[107]" Doch während in Paris der republikanische Folgekult der Théophilanthropie wenigstens offiziell einige Anhänger gewann[108], berichteten als Kommissare in die Provinzen entsandte Konventsabgeordnete immer resignierter von einem unverbesserlich „finsteren" Frankreich – „l'antipode de la France des lumières"[109]. Mallarmé beispielsweise schrieb dem Wohlfahrtsausschuß aus Briey am 2. Mai 1794 folgendes: „Dans les trois quarts des grandes ou petites communes que j'ai parcourues, surtout dans celles des campagnes que n'ont pas encore inondé de leurs lumières philosophiques et républicaines la Raison et la Liberté, j'ai vu les lois méprisées, le fanatisme, à demi-mort, reparaître sous toutes les formes; la présence des ci-devant curés était comme... un moyen de contre-révolution et surtout de contreraison, auquel la superstition, l'aristocratie, l'égoïsme rattachaient leurs farouches espérances[110]."

IV. „Soufflez, soufflez, vous ne l'éteindrez jamais"[111]: Bilderkampf der *lumières* gegen die *éteignoirs* im XIX. Jahrhundert

War solche Entmutigung begründet? Blieb die politische Lichtmetaphorik der Ersten Republik Episode, ging sie mit dieser Republik unter? Mittel- und längerfristig keineswegs, ganz im Gegenteil. Zwar okkupierte Napoleon I.[112] den ludowizianischen Sonnenkult *(Abb. 33)*, zwar

---

107 Les Sans-Culottes, composant la Société populaire de Blois, aux sociétés populaires & à tous les sans-culottes du Département de Loir et Cher, Blois [1793], 1.

108 So feierte das Journal des hommes libres vom 26. November 1797 die Umwidmung der Pariser Kirche Saint-Roch in einen Dekadentempel als Etappensieg der Aufklärung über die Volksverdummung: „C'est un pas de plus fait au profit des lumières et à la honte de la superstition." Vgl. *François-Alphonse Aulard* (Hrsg.), Paris pendant la Réaction thermidorienne et le Directoire. Recueil de documents pour l'histoire de l'esprit public à Paris, vol. I - V, Paris 1898 - 1902, hier Bd. IV, 471.

109 So der Konventskommissar Dentzel am 16. Sept. 1795 aus Coutances im Departement Manche, zit. nach *F.-A. Aulard* (Hrsg.), Recueil des actes du Comité de salut public, t. I - XXX, Paris 1889 - 1932, hier Bd. XXVII, 455.

110 *Aulard,* Comité de salut public (Anm. 109), Bd. XIII, 224. – Zuversichtlicher hatte die Verbreitung der *lumières* noch Le Tourneur am 13. Nov. 1793 in Alençon beurteilt (ebd. Bd. VIII, 398).

111 Siehe unten Abb. 44.

112 Große Ähnlichkeit mit der folgenden Abbildung hat das um 1804 entstandene Ölgemälde *Tête irradiée de Napoléon* von Anne-Louis Girodet-Trioson (New York, Galerie Wildenstein), dokumentiert in dem Ausst.-Kat. Europa 1789: Aufklärung – Verklärung – Verfall, hrsg. v. Werner Hofmann, München/Hamburg 1989, Kat.-Nr. 497 u. Farbtaf. 47.

Abb. 33: *Wie ein mächtiges leuchtendes Gestirn spendet er Licht und Fruchtbarkeit und lenkt allein nach seinem Willen das Geschick der Welt.* Kupferstich von Alexandre Tardieu und Aubert Sourd Muet nach Dabos, 1810. Zeichnung 47 × 35,5 cm (Westfälisches Landesmuseum Münster, Portraitarchiv Diepenbroick, ohne Inv.Nr.)

suchte dann auch die bourbonische Restaurationspolitik an das Vorbild des *Roi-Soleil* anzuknüpfen *(Abb. 34)*, aber diese Bemühungen kamen nur kurze Zeit und nur im engen Bereich des offiziösen Herrscherkults zum Tragen. Und vor allem: sie provozierten eine gegen sie gerichtete Lichtpolemik, die ihre Argumente aus der Aufklärung und der Revolu-

Abb. 34: *Die Sonne Frankreichs.* Radierung und Punktiermanier von Jacques-Louis Pérée, 27. Dez. 1816. 20,2 × 18 cm (BNF, Est., Coll. de Vinck 10196).

tion bezog. Wurde Napoleons Selbstinszenierung als Sonnengott etwa von einer Karikatur angezweifelt, auf der eine himmlische Hand nach der Völkerschlacht von Leipzig den „Eteignoir des Alliés" auf den bedrängten Kaiser herabsenkt[113], so wurde Ludwig XVIII. von antiroya-

---

113 *Le Chef de la Grande Nation dans une triste position,* anonymer Nachstich einer Karikatur von George Cruikshank von der Jahreswende 1813/14, dokumentiert bei *Fischer* (Anm. 98), 36 - 38. – Weitere ‚Einsätze' des Lichttöters gegen Napoleon bzw. in dessen Hand gegen seine Feinde imaginieren zwei andere französischen Blätter von 1815: *Le Génie de la France renversant le Grand Eteignoir Impérial* von Pierre Audouin (Fischer, 48ff. und 72) und die anonyme Karikatur *Napoléon véritable Grand maître de l'Eteignoir* (Fischer, 50f und 73). Unter dem Titel *Die Wahrheit siegt, und das Falsche erlischt* karikierte außerdem eine anonyme kolorierte Radierung und Aquatinta von 1813 den Kaiser als kurzen,

listischen Zeichnern als Finsterling karikiert, der seinerseits Napoleon unter dem Lichttöter begräbt[114], der auf Napoleons Besiegern reitet[115], der das Volk erneut zum Lasttier des Adels degradiert[116] und der – geführt vom Brandlicht der Kosaken sowie gestützt auf die Bajonette der alten Aristokratie – seinen Untertanen zuruft: „Français ralliez-vous à l'Eteignoir" *(Abb. 35)*. Denn jedesmal führt der Bourbone zum Zeichen seiner reaktionären Gesinnung den *éteignoir*, einen riesigen schwarzen Kerzenlöscher, sei es als Hut, sei es als Waffe[117].

In der Tat bürgerte sich mit dem *éteignoir* um 1815 in der französischen Bildpublizistik ein sinnfälliges und allgemein verständliches Symbol für die *ténèbres* ein, das deren bisherigen „ikonographischen Rückstand" gegenüber den *lumières* ausglich. Welche neuen Möglichkeiten sich damit eröffneten, die *ténèbres* in konkreter Aktion, sozusagen in flagranti vorzuführen, zeigt z. B. eine kolorierte Radierung von Genty aus dem Frühjahr 1815 *(Abb. 36)*. Ein bildbeherrschender Löschhut mit der Aufschrift *„Tenebres"* erstickt die Flamme des *„bon sens"* mit einem schier unerschöpflichen Schwall zeitgenössischer konservativer bis reaktionärer Publizistik, die sich aus seinem Innern ergießt; er besteht u. a. aus der offiziösen, regimetreuen Presse von der *Gazette de France* über die *Quotidienne* bis zum *Journal des Débats*, aus Verordnungen gegen die Pressefreiheit, einer anklagenden *Histoire des Comités Révolutionnaires* und Chateaubriands *Réflexions politiques* von 1814. Die Wetterfahne an der Spitze des *éteignoir* kennzeichnet seine Willfährigkeit gegenüber den wechselnden politischen Regimen. – Daß es der Löschhut hauptsächlich auf die *lumières* der Aufklärung abgesehen hat, verdeutlicht andererseits ein Bildflugblatt, das die früheren Lichtapotheosen der berühmtesten *philosophes* (siehe oben Abb. 15 und 16) abwandelt und weiterführt

---

bald abgebrannten Lichtstumpf; abgeb. und besprochen von Sabine u. Ernst Scheffler (unter Mitarb. von Gert Unverfehrt), *„So zerstieben getraeumte Weltreiche". Napoleon I. in der deutschen Karikatur*, Stuttgart 1995, Taf. XVII mit 89f. und 241. – Auch das Zwischenspiel der Hundert Tage wurde von Eteignoir-Karikaturen kommentiert.

114 *Le Crépuscule*, kolorierte Radierung von Y. V. Lacroix, Juni 1815 (Fischer, Anm. 98, 63f. und 77). Umgekehrt deuten die Karikaturisten auch Ludwigs Flucht vor dem zurückkehrenden Napoleon (April 1815) im Zeichen der *éteignoirs;* vgl. von den anonymen Stichen des Jahres 1815 besonders die Blätter: *L'Embalement des gens-bons par Londres* (BNF, Est., Coll. Caricatures, Tf 23-Fol., Nr. R 080487); *La Bonne Charge* (ebd. R 080489); *Le Coucher de la Basse Cour au bord de l'eau, à Londres* (ebd. R 080496); und *Rève d'un franc voltigeur* (ebd. R 080516).

115 *Les alliés, ou le candélabre moderne*, anonyme Radierung von 1814 (BNF, Est., Coll. Histoire de France, M 108263).

116 *Un Mot de Vérité! Monseigneur de Parchemin, Chevalier de l'ordre sombre de l'éteignoir &, &, &, Allant en partie de plaisir.* Kolorierte Radierung von Pochon, 9. Mai 1815 (BNF, Est., Coll. de Vinck 10293).

117 S. a. zwei andere anonyme, kolorierte Radierungen von 1815: *Le Règne de vingt ans* sowie *Tout se passe, tout s'éteint, tout fuit avec le temps!!!* (BNF, Est., Coll. Caricatures, Tf 23-Fol., Nr. R 080444 sowie R 080446).

Abb. 35: *Die Rückkehr eines mächtigen Königs. Er kehrt mächtiger zurück denn je.* Kolorierte Radierung von Bournisien, 10. Mai 1815. 19,2 × 29,2 cm (BNF, Est., Coll. de Vinck 9647).

(Abb. 37). Gleich Aposteln von Flammen auf ihren Häuptern erleuchtet, thronen Voltaire und Rousseau als neue Heilige auf den Stufen ihres Ruhms, um das Licht ihrer Vernunftwahrheiten an freudig herbeieilende Besitzbürger weiterzugeben – der fürstlich gekleidete Patriarch von Ferney mit einem prächtigen Leuchter, der einfache *citoyen* Jean-Jacques allein mit der Leuchtkraft seines *Contrat social.* In Gestalt von Minerva stehen die unüberwindliche Wahrheit und die Tugend der Republik bereit, um die Aufklärer gegen das von blindem Fanatismus geführte Heer der Lichtfeinde und seine zu Lanzen umgeschmiedeten *éteignoirs* zu verteidigen[118].

Daß die *éteignoirs* sich binnen kurzem so erfolgreich als Symbol für die politische Reaktion einbürgerten, daß sie sogar zum Thema von

118 Siehe auch die ausführliche Deutung dieses Blattes bei *Fischer* (Anm. 98), 17 - 20; Fischer datiert das Blatt allerdings irrtümlich auf 1794 und nennt seinen Titel nicht. – Einen noch detailreicheren Kampf der *éteignoirs* gegen die ‚Leuchten' Rousseau und Voltaire imaginiert die etwa gleichzeitig entstandene anonyme Radierung *La Lutte* (BNF, Est., Coll. Histoire de France, M 108903).

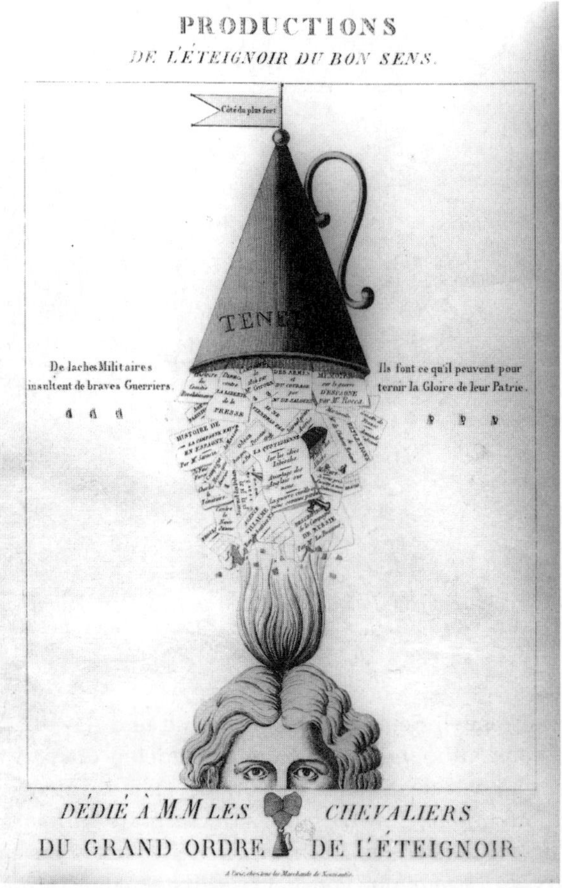

Abb. 36: *Erzeugnisse des Löschhuts, der den gesunden Menschenverstand erstickt; den Rittern des Löschhut-Ordens gewidmet.* Kolorierte Radierung von Genty, 13. April 1815. 29,6 × 21,8 cm (BNF, Est., Coll. de Vinck 10287).

Spielkarten[119] und Liedern[120] wurden, ist hauptsächlich dem *Nain Jaune* von Cauchois-Lemaire, der ersten französischen Karikaturzeitschrift, zuzuschreiben, die von 1814 bis 1815 einen regelrechten Bilderkrieg

---

119 Pik-Dame und Pik-König des *Jeu des Journaux* von 1819, dokumentiert bei *Fischer* (Anm. 98), 95f.

120 *André René Polydore de Chazet,* L'Eteignoir (um 1811), handschriftliche Einsendung zur Neuauflage Liedermacher- und Sängerhandbuchs von Pierre Capelle *(Clé du Caveau),* Universitätsbibliothek Mainz, 4° Ms 201.

Abb. 37: *Minerva schützt Jean-Jacques und Voltaire vor dem Fanatismus*. Anonyme Radierung, 18. April 1817. (BNF, Est., Coll. Histoire de France, M 108902).

gegen die erstarkenden Feinde von Aufklärung und Revolution führte[121]. Um die 1810 von Ferdinand de Bertier gegründeten *Chevaliers de la Foi,* eine nach dem Modell der Freimaurer organisierte royalistische Geheimgesellschaft, öffentlichkeitswirksam zu verspotten, imaginierten die Redakteure und Zeichner der satirischen Zeitschrift einen Ritterorden, die *Chevaliers de l'Eteignoir,* von dem sie regelmäßig in Wort und Bild berichteten. Schon die Ordensstatuten atmen den „Ungeist der Finsternis". Beginnend mit einer Anrufung des Höchsten, genannt „Génie des Ténèbres", begründet die wie ein königliches Dekret formulierte Stiftungsurkunde die Notwendigkeit der Ordensgründung mit dem Überhandnehmen des Lichtes:

„L'éclat du jour qui s'introduit dans les états de notre domination, au moyen de certains procédés d'optique pratiqués par des gens mal intentionnés, ayant fatigué nos yeux et blessé la vue débile des peuples de notre vaste Taupinière; voulant, autant qu'il est en nous, arrêter le progrès affligeant des lumières et maintenir nos sujets dans cette douce obscurité, dans ces ténèbres visibles, où nos pères ont vécu avec tant de gloire et de bonheur; A ces causes, et voulant encou-

121 Dazu allgemein *Klaus Schrenk,* Die republikanisch-demokratischen Tendenzen in der französischen Druckgraphik zwischen 1830 und 1852, Diss. Marburg/L. 1976, 223f und 288 - 91; sowie *Mariel Oberthür,* Le Nain Jaune, in dem Ausst.-Kat. Caricatures politiques 1829 - 1848: de l'éteignoir à la poire, hrsg. v. Paul Clément, Nanterre 1994, 43 - 49.

rager les efforts de nos amés et féaux, qui s'occupent avec tant de zèle et de succès à interrompre toute espèce de communication lumineuse, à intercepter toutes ces clartés funestes qui se répandent dans nos états: ... avons créé et créons par ces présentes l'Ordre de l'Eteignoir...

Art. 7. L'ordre ayant pour but l'extinction des lumières, nul ne pourra y être admis sans avoir fait preuve de quatre générations d'ignorance paternelle et maternelle...

Art. 9. Les Chevaliers de l'Ordre font voeu d'ignorance, d'impudence et de mauvaise foi.

Art. 10. Ils ne doivent jamais perdre de vue les principes fondamentaux de leurs institutions: abrutir pour gouverner, persécuter pour convaincre, ramper pour parvenir...

Art. 12. Ils prêteront entre nos mains serment de haine à la philosophie, aux idées libérales, à la charte constitutionnelle.

Art. 13. Afin de se pénétrer de leurs devoirs et de maintenir leur esprit dans cet état d'ignorance et d'abrutissement dont ils doivent propager la doctrine, ils liront et méditeront soir et matin le Journal des Débats, la Quotidienne, le Journal Royal...

Fait et donné à Obscuropolis..., la 2,734^{e} nuit de notre règne...[122]"

Den Aufnahmeritus in diesen Orden inszenierte *Le Nain Jaune* mit einer kolorierten Radierung von Lemaire *(Abb. 38)*. Die Ausstattung der wackeren Ritter und ihres Versammlungsraumes macht dem Ordensnamen alle Ehre: Löschhüte in allen Größen schmücken nicht nur den Teppich und die Kleidung, sie bilden nicht nur die übliche Kopfbedeckung, sondern fungieren auch als Baldachin und als architektonische Elemente in dem „gotischen" Raum. Begleitet vom Spiel eines „Orchestre des Aveugles" und vom Gesang der Brüder, denen die reaktionäre Pflichtlektüre aus den Rocktaschen schaut, erweist der Aufzunehmende seine Tauglichkeit dadurch, daß er die Lichtfackel, die ihm der Großmeister hinhält, mit seinem *éteignoir* auslöscht. Damit ist freilich noch keine völlige Finsternis hergestellt, weil von links oben durch ein Kirchenfenster eine Bahn göttlichen oder aufklärerischen Lichtes auf die „heilige Handlung" fällt[123]. Ist diese Szene an sich schon sinnfällig genug, so bestand ihr „Witz" für den zeitgenössischen Betrachter außerdem darin, daß sie auf zwei vertraute Zeremonien zurückgriff und deren Sinn satirisch in ihr Gegenteil verkehrte: Denn erstens folgt der Initiationsritus dem freimaurerischen Vorbild – nur mit dem Unterschied, daß das Licht nicht geboren, sondern getötet wird. Und zweitens parodiert er – worauf der von den Brüdern gesungene „chant des ténèbres" unmißverständlich hin-

---

122 Le Nain Jaune, 5. Jg., 5. Januar 1815, 6 - 8. – Die Nr. 365 vom 5. Mai 1815, 124 - 28, bringt ähnliche, wenn auch kürzere Gründungsstatuten der Soeurs de l'Eteignoir.

123 Zu diesem Blatt auch *Fischer* (Anm. 98), 55 - 57, dem allerdings der Stecher unbekannt ist.

Abb. 38: *Aufnahme eines Ritters in den Löschhut-Orden.* Kolorierte Radierung von Lemaire, 14. Febr. 1815. 26,8 × 41,5 cm (BNF, Est., Coll. de Vinck 10288).

weist – die Liturgie der Karwoche mit ihrer Tenebrae-Musik, bei der nach und nach alle Kerzen des Tenebrae-Leuchters gelöscht wurden. Daß diese Musik sich seit einem halben Jahrhundert nicht weiterentwikkelt hatte und 1815 sehr altmodisch geworden war[124], kennzeichnet einmal mehr den reaktionären Charakter des „Ritterschlags".

Wie bei den Freimaurern erhält der neue Ritter anschließend eine Urkunde, genannt *Brevet de l'ordre de l'Eteignoir (Abb. 39)*, auch sie eine anspielungsreiche Umdeutung freimaurerischer Vorbilder. Ihre Ikonographie steht im Zeichen nicht des Lichtgottes, sondern des „Génie des Ténèbres" in Gestalt einer Fledermaus, die über das Blatt einrahmende finstere Wolken und verschiedene *éteignoirs* gebietet. Die „amt-

124 Herbert Schneider sei herzlich gedankt, daß er mich auf diesen musikgeschichtlichen Hintergrund und die einschlägige Literatur hingewiesen hat. Vgl. *Theodor Käser,* Die „Leçon de Ténèbres" im 17. und 18. Jahrhundert unter bes. Berücks. der einschlägigen Werke von Marie-Antoine Charpentier, Bern 1966; *Herbert Schneider,* Die solistisch besetzten Leçons de ténèbres, in: Die Motette. Beiträge zu ihrer Gattungsgeschichte, hg. von H. Schneider u. Heinz-Jürgen Winkler, Mainz 1991, 243 - 268.

Abb. 39: Mitgliedsurkunde des Löschhut-Ordens. Radierung in Punktiermanier, signiert „E...–", Januar 1815. 25 × 40 cm (BNF, Est., Coll. de Vinck 10290).

liche" Formel für die Verleihung der Urkunde an den neuen Ritter lautet: „voulant signaler en lui cette obscurité profonde, épaisse, incommensable, dont il s'est environné par tant d'écrits et de travaux...[125]" Und über das sonstige Ordensleben informierte die Zeitschrift in ihrer Rubrik „Almanach de l'Eteignoir"; hier wurden Politiker und Kirchenleute mit einem „Brevet" und kleinen gedruckten *éteignoirs* ausgezeichnet, wenn sie etwa liberale Zeitungen oder Demonstrationen verboten hatten[126]. Zum Beispiel der „wetterwendische" Talleyrand *(Abb. 40)*, der sich zur „N° 18" der Bourbonenherrscher geschlagen hat[127] und weihevoll bemüht ist, das Licht der Schriften Mablys, Voltaires, Rousseaus und Diderots zu ersticken.

Die so in der politischen Kultur Frankreichs institutionalisierte ikonographische Bipolarität von *lumières* und *éteignoirs* durchzieht mit weit

125 Anonyme Radierung in Punktiermanier, veröffentlicht als Beilage zu Le Nain Jaune, N° 359 vom 1. April 1815 (BNF, Est., Coll. de Vinck 10290).

126 Das führte – nach Verbot des Nain Jaune – das Nachfolgeorgan Le Nain Jaune réfugié, par une société d'anti-éteignoirs 1816 im Brüsseler Exil in 42 Nummern fort; die entsprechende Rubrik hieß „Biographie générale des Chevaliers de l'Eteignoir".

127 Am 10. Juli 1815 berief Louis XVIII das Kabinett Talleyrand/Fouché.

Abb. 40: *Der Oberste Geistliche des Wetterfahnen- und Löschhut-Ordens.* Anonyme kolorierte Radierung, 1815. 15,9 × 10 cm (BNF, Est., Coll. de Vinck 10292).

über hundert Karikaturen die gesamte satirische Bildpublizistik von der Restauration bis zur Dritten Republik – eine freiheitlich-republikanische Polemik im Zeichen des Lichts, auf welche die konservativen Gegner allerdings nicht unmittelbar antworteten. Dieser wechselvolle, auch text- und liedpublizistisch geführte Bilderkampf kann hier nur in seinen Grundzügen und Hauptphasen skizziert werden[128].

128 Eine differenzierte Darstellung in europäischem Rahmen bietet neuerdings *Hubertus Fischer* (Anm. 98). Daß Fischers auf Vollständigkeit angelegte Studie

1. Unter der Restauration argumentieren die Eteignoir-Karikaturen vor allem gegen zwei verbündete politisch-gesellschaftliche Trägergruppen. Zum einen gegen den nach den revolutionären Verfolgungen überwiegend aufklärungsfeindlichen katholischen Klerus, der – geführt von den in Frankreich wieder geduldeten Jesuiten[129] und unterstützt von der reaktionären Presse – eine regelrechte Missionierung[130] des republikanisch gesinnten Frankreich betrieb. Dabei taten sich Zeitungen wie *La Quotidienne, La Gazette de France, Le Conservateur* und das *Journal des Débats* besonders hervor, allen voran das von Martainville redigierte *Drapeau blanc.* Ihre militant antiaufklärerische Polemik provozierte nicht nur einen „Les Missionnaires en France" überschriebenen satirischen Artikel von Jouy, den die oppositionelle Zeitschrift *La Minerve* in Fortsetzungen publizierte[131], sondern auch eine erfolgreiche Liedsatire des populären Protestsängers Béranger mit dem Titel *Les Diables Missionnaires* und dem Refrain

„Vite, soufflons, soufflons, morbleu!
Eteignons les lumières
Et rallumons le feu.[132]"

Diesen ganzen Diskussionszusammenhang verarbeitet und visualisiert eine anonyme Lithographie, die von derselben *Minerve* im April 1819 als Beilage veröffentlicht wurde *(Abb. 41).* Ihre satirischen Anspielungen reichen bis in das imaginäre Impressum. Getreu dem Refrain Bérangers, der als Motto und Legende dient, recken die teufelsfüßigen, als Jesuiten-

---

allerdings etwa die Hälfte der von mir ermittelten französischen Eteignoir-Karikaturen nicht erwähnt (darunter eine ganze Reihe der hier besprochenen Blätter), zeigt, wie schwierig und unerschlossen dieses Forschungsfeld noch immer ist.

129 Daß dabei das Erscheinungsbild des Ordens in der Gesellschaft maßgeblicher war als sein tatsächlicher Einfluß, zeigt u. a. *Michel Leroy,* Le Mythe jésuite, de Béranger à Michelet, Paris 1992.

130 Dies karikierte 1819 auch der anonyme Stich *Le Sermon d'un Missionnaire,* der eine ekstatische Predigt im Schutz von Eteignoir-Lanzen zeigt (BNF, Est., Coll. Caricatures, Tf 54-pt. Fol., Nr. R 083998).

131 La Minerve, livr. 61 (2. April 1819) und 65 (29. April 1819). Siehe auch die anonym veröffentlichte Satire von *L. Guyon,* Histoire des Missions dans le Midi de France..., t. I - III Paris 1819, wo es u. a. heißt: „D'une extrémité de la France à l'autre, un cri d'indignation s'élève contre les Missionnaires." (I, S. 2) – Zum größeren publizistischen Zusammenhang vgl. *Ephraïm Harpaz,* L'Ecole libérale sous la Restauration. Le Mercure et la Minerve, 1817 - 1820, Genève 1968.

132 *Pierre-Jean de Béranger,* „Les Missionnaires", in: ders., Œuvres complètes, t. II, Paris 1834, 176 - 79. Das Lied war zu singen auf die Weise „Le coeur à la danse, un rigaudon zigzag" und wurde erstmals publiziert in: La Minerve, N° 63, 1819. Zugleich erschien es in Brüssel als illustriertes Liedflugblatt: *Chansons Politiques De Béranger. Les Missionnaires,* 1819 (BNF, Est., Coll. de Vinck 10251). Außerdem wurden die „Missionnaires" zusammen mit sieben weiteren Chansons Bérangers trotz Verbots in 10.000 Exemplaren nachgedruckt und innerhalb weniger Tage verkauft: Procès fait aux chansons de P.-J. Béranger, avec le réquisitoire de M. Marchangy..., Paris, Déc. 1821. – Zum Hintergrund *Heinz Thoma,* Die öffentliche Muse. Studien zur Versdichtung und zum Lied in Frankreich (1815 - 1851), München 1986.

Abb. 41: *Schnell, blast, wie ihr könnt; löscht die Aufklärung und zündet die Scheiterhaufen wieder an!* Anonyme kolorierte Radierung, verlegt von Léonce Lhuillier, April 1819. 20,1 × 30,3 cm (BNF, Est., Coll. de Vinck 10302).

patres und Priester gekleideten Redakteure der genannten reaktionären Zeitungen ihre *éteignoirs* gegen einen mit den Insignien der revolutionären Republik geschmückten Altar, um die auf ihm brennenden Lichter des – sehr weit gefaßten – „Dix huitième Siècle" zu löschen[133]. Mit diesem Sakrileg an Aufklärung und Revolution geht ein Autodafé Hand in Hand, das der Karikaturist nicht zu erfinden brauchte[134]. Entzündet von der verderblichen Fackel[135] des fanatischen Journalisten Martainville und angefacht vom „Mandement de MM. les Vicaires généraux" (dem Blasebalg), verzehren die „heiligen" Flammen der katholischen Reaktion[136] nicht nur die Werke der Aufklärer einschließlich der natur-

133 Die Namen der totgeweihten Aufklärer sind auf dem Altar eingraviert: Fénelon, Condorcet, Franklin, Buffon, d'Alembert, Lavoisier, Monge, Condillac, Voltaire, Rousseau, Montesquieu, Montaigne, Helvétius, Raynal, Mably. – Siehe allgemein zu diesem Blatt auch die Interpretation von *Fischer* (Anm. 98), 86 - 95.

134 So organisierten die von Jesuiten aus Nevers und Vannes geführten Missionare im März und April 1817 in Bourges Autodafés der Bücher von Voltaire und Rousseau. Vgl. *Leroy* (Anm. 129), 31.

135 Mit ihrem Rauch verbreitet sie die Plagen „Division des familles, les Privilèges, les Droits féodaux, la Dîme".

136 Als deren Mittel sind den Flammen die Worte „Doctrine chrétienne, Missions, Mandements, Conférences" eingeschrieben; das strafende religiöse Licht wird also zur Mordflamme des Fanatismus umgedeutet.

wissenschaftlichen Schriften Lavoisiers und der mathematischen Abhandlungen d'Alemberts, sondern auch einen reformpädagogischen Traktat über das „Enseignement mutuel" und Ludwigs XVIII. Versprechen einer „Charte Constitutionnelle". Autodafé[137] und Löschaktion werden im Hintergrund unterstützt von einem jesuitischen Prediger[138], der in der Ecole de Droit zum Pflanzen von Missionskreuzen aufruft. Dieser ganzen Szene erteilt obendrein der Papst seinen Segen, indem er beispielgebend den Säbel der Hugenottenverfolgung schwingt (Inschrift: „Dragonnades") und seinen Getreuen bescheinigt, daß sie in der löblichen Tradition der „Bulles, Croisades, Vepres Siciliennes" und „Saint-Barthelemy" handeln.

Zum anderen kommentieren die Eteignoir-Satiren der Restaurationszeit die ultraroyalistische Innenpolitik. Eine Lithographie imaginiert ein vom Satan dirigiertes okkultistisches „Kammerkonzert" des reorganisierten Geheimdienstes, der die Fäden seines Spitzelsystems spinnenartig über die Bevölkerung auslegt[139]. Eine Reihe anderer Karikaturen richtet sich gegen Bestrebungen, die in der Revolution abgeschafften Feudalrechte wieder einzuführen. So läßt eine kolorierte Lithographie von Langlumé einen royalistischen Offizier, der die „Droits féodaux" verficht, vor der „Justice" niederknien, um von ihr zur Buße einen Eteignoir-Helm zu empfangen[140]; und die Pariser Librairie Constitutionnelle Brissot-Thivars bringt für 1820 einen zweiseitigen *Calendrier Féodal* im Folio-Format heraus, der als „Heilige" die Namen von Inquisitoren und Despoten aufführt, als denkwürdige Ereignisse deren finstere Taten von der Bartholomäusnacht bis zur Halsbandaffäre aufzählt und das Ganze ikonographisch unter das Motto zweier *éteignoirs* stellt: „Ignorance, Missions, Discorde"[141].

Vor allem kämpfen diese Karikaturen jedoch für die Charte. Tendenzen zu ihrer Abschaffung erscheinen als Gemeinschaftsaktion Ludwigs XVIII.

---

137 Ein anderes Autodafé der Schriften Voltaires und Rousseaus durch einen Priester und einen Royalisten imaginierte um die gleiche Zeit eine kolorierte Radierung von Naudet mit dem Titel *Les Ultras En Jouissance* (BNF, Est., Coll. de Vinck 10304). Siehe auch die Lithographie *Eteignons les lumières et rallumons le feu* von Ratier nach Grandville (1830), dokumentiert bei *Fischer* (Anm. 98), 126.

138 Um die gleiche Zeit wurden die Missionsprediger wiederholt karikiert, so auf einer *Avant Garde Missionnaire* betitelten kolorierten Lithographie von C. Motte, die einen mit *eteignoir* und Klistierspritze ausgerüsteten Priester auf einem Weinfaß reiten läßt (BNF, Est., Coll. de Vinck 10362) oder auf einer *Jeu de paume Breton* unterschriebenen kolorierten Lithographie von Lecorne, auf der Federballspieler kugelförmige Mönche in zu Fanghüten umfunktionierte *éteignoirs* schlagen (BNF, Est., Coll. Histoire de France, M 109202).

139 *Le Cabinet Noir ou Les Pantins du 19ième Siècle,* anonym um 1817 (BNF, Est., Coll. Histoire de France, M 108263).

140 Das Blatt trägt den Titel *Justice rendue au courage* (BNF, Est., Coll. de Vinck 10298).

141 Der satirische Kalender findet sich ebenda Nr. 10307 - 10308.

und seiner klerikal-altaristokratischen Kamarilla, alle Versprechungen des Regierungsantritts in einen riesigen Eteignoir-Papierkorb zu werfen[142]. Die Entschlossenheit der erzkonservativen Rechten im Parlament[143], die geltende Verfassung einer konstitutionellen Monarchie mit allen Mitteln zu hintertreiben[144], persifliert eine Lithographie von Bernard als „Schwur der Ultras“ *(Abb. 42)* – eine deutliche Parodie auf Davids „Schwur der Horatier“ von 1784: hatten die Söhne des Horatius die Schwerter von ihrem Vater empfangen, um die Republik zu retten, so erhalten nun die unter ihren Eteignoir-Helmen verdummten Ultras von dem Mönch „Purgon“ Klistierspritzen, um den Liberalen ihre freiheitlichen Prinzipien auszutreiben. Das führt – auf einem anderen Blatt von 1819 – zu einem imaginären Gefecht, bei dem die Ultras vergeblich gegen die Festung der „Charte“ anstürmen, weil die liberalen Verteidiger die *éteignoirs* so geschickt auf die Köpfe der Angreifer zurückschleudern, daß diese die Sicht verlieren[145]. Schließlich siegt die Liberté über die Reaktionäre, die sich vor dem strahlenden Licht der „Charte“ in das Dunkel ihrer *éteignoirs* ducken[146].

In den 1820er Jahren nehmen die Lithographen dann das Königshaus selbst aufs Korn, besonders Charles X, dessen verstärkt von reaktionären und ultramontanen Remigranten beeinflußte Politik sie mit dem *Nouveau modèle d'étouffoir (Abb. 43)* auszeichnen. Sie karikieren den König als bigotten Rompilger mit Eteignoir-Kappe[147], als *Charl-atan*[148], der

---

142 *Exercice du Royal éteignoir,* kolorierte Radierung von Lacroix, 21. April 1815 (BNF, Est., Coll. de Vinck 10295).

143 Langlumé charakterisiert sie 1819 in einer kolorierten Lithographie als Zweibund eines Priesters und eines alten Offiziers, beide tragen als Kopfbedekkung ein *éteignoir: Je n'aime ni le feu... ni la chaleur...* (BNF, Est., Coll. de Vinck 10298). – Unter dem Titel *Club jésuitique* erweitert eine Lithographie von V. Ratier das dann 1830 zum Dreibund, den ein Jesuit, ein Ultra und ein ‚Voltigeur‘ im Zeichen ihrer Insignien – dem Kreuz, dem *éteignoir* und der Maske – beschwören (ebd. 10242). Von den weiteren Karikaturen, welche die verfassungsfeindlichen Gesinnungen im Parlament mit dem *éteignoir* kennzeichneten, seien genannt: die anonyme kolorierte Radierung *Une Chambre divisée en trois parties,* 1819 (BNF, Est., Coll. Caricatures, TF 54-Pt. Fol., R 084082); ferner *Bernard, Le Supplice d'un ultra dans les Enfers,* Lithogr. 1820 (ebd. Tf 55-Pt. Fol., R 084070); sowie *C. Motte, Les Etrennes,* Lithogr. 1820 (ebd. R 084082).

144 Siehe auch die anonyme Lithographie *Une Croisade* von etwa 1817, auf der mit *éteignoirs* bewaffnete Ultras der Charte zu Leibe rücken (BNF, Est., Coll. Histoire de France, M 108885).

145 *Grand combat entre les Libéraux et les Ultras,* Radierung, dokumentiert bei *Fischer* (Anm. 98), 81 - 81; s. a. *C. Motte, Le Fanatisme attaquant la Charte,* Lithographie von 1820 (BNF, Est., Coll. Caricatures, TF 55-Pt. Fol., R 084083).

146 So die Bildidee einer Lithographie von Lebournu, *Défaite des Géants modernes,* 1819 (BNF, Est., Coll. Histoire de France, M 109144).

147 *Départ de Charlot pour les états du Pape,* „FB“ signierte Lithographie, etwa 1829 (BNF, Est., Coll. Histoire de France, M 110928).

148 So der Titel einer anonymen kolorierten Lithographie von 1830 (BNF, Est., Coll. Histoire de France, M 110629).

Abb. 42: *Der Schwur der Ultras*. Kolorierte Lithographie von A. Bernard, 7. Okt. 1819. 24 × 36,7 cm (BNF, Est., Coll. de Vinck 10300).

seine hilflosen Kabinettsumbildungen wie ein betrügerischer Lösch-Hütchenspieler inszeniert. Höhnisch führen sie vor, wie sein mit *éteignoirs* ausgerüstetes klerikal-aristokratisches Gefolge in der Julirevolution von den im Namen der „Charte" vereinigten Bürgern, Arbeitern und Soldaten hinweggefegt wird[149] und wie er sein aus *éteignoirs* bestehendes Waffenarsenal räumt[150]. – Auch zeigt sich nun, daß das *éteignoir* inzwischen eine Vielzweckwaffe geworden ist, die sich gegen ihre Urheber umfunktionieren läßt. So wird es gelegentlich zum Kehrichtbehälter, in den das erwachte Volk von Paris die dekadente königliche Sippschaft hineinpeitscht[151], oder auch zum republikanischen Werkzeug, mit dem die Helden der „glorreichen Julirevolution" das Königtum von Charles X auslöschen *(Abb. 44)*.

149 *Adjudication définitive de l'entreprise générale du balayage de notre bonne ville de Paris,* anonyme kolorierte Lithographie von 1830 (BNF, Est., Coll. Histoire de France, M 111002).

150 *Peuple ingrat! ... va, je ne t'en laissera pas un,* Lithographie von Contredit (?), um 1830 (BNF, Est., Coll. Histoire de France, M 110985).

151 *A c'te niche* [!], Lithographie von V. Ratier, 1830, dokumentiert bei *Fischer* (Anm. 98), 102 - 104.

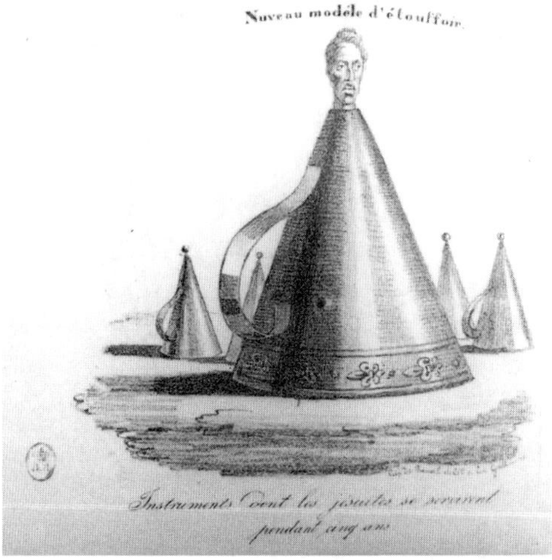

Abb. 43: *Neues Löschhut-Modell* (Ausschnitt). Kolorierte Lithographie, gez. „Pascal & Cie à la Guillotière", Lyon, 9. Sept. 1830. 13,2 × 12,7 cm (BNF, Est., Coll. de Vinck 11507). Unsere Abbildung zeigt nur eine von vier Miniaturen auf demselben Blatt; die drei anderen Miniaturen karikieren Charles X als Pfaffen-Ente, als bigotten Rompilger und als ‚eingemachten Priester' in einem Weckglas.

2. Von der Julimonarchie bis zur Zweiten Republik gewinnt die Bildsprache der Eteignoir-Karikaturen an republikanischer Schärfe, nicht zuletzt durch die Lithographien Honoré Daumiers[152]. Einerseits argumentiert Daumier mit eingeführten Motiven gegen das Bündnis von Bürgerkönigtum und Katholizismus, indem er Montalembert und Veuillot antiaufklärerische Bücherverbrennungen zur Last legt[153], die Kapuziner im Ansturm gegen die Ruhestätten von Voltaire und Rousseau im Pantheon zeigt[154], die Verfechter einer antiliberalen Schulpolitik als Eteignoir-Teufel im Weihwasserbecken karikiert[155] und führende Konservative einen pervertierten Horatiereid gegen die soziale Republik schwören

152 Vgl. das einschlägige Kapitel bei *Fischer* (Anm. 98), 182 - 91. Zu den im folgenden erwähnten Blättern die umfangreiche Daumier-Literatur zu zitieren, schien mir im Rahmen der hier verfolgten Fragestellung nicht zwingend; ich habe daher darauf verzichtet.

153 *Un Autodafé au XIXème Siècle,* in: Le Charivari, 30. April 1851.

154 *Mr de Montalembert marchant à l'assaut du Panthéon afin d'en chasser les grands hommes pour y installer les Capucins,* in: Le Charivari, 22. April 1851.

155 *Trois saints dans le même Bénitier,* in: Le Charivari, 4. Februar 1850.

Abb. 44: *Hut nach Art von Rambouillet, erfunden und angefertigt von der Pariser Bevölkerung.* Anonyme Lithographie, verlegt von Gobert, 1830. 24,1 × 20 cm (BNF, Est., Coll. Caricatures politiques: Tf 57 - Pt Fol., t. 4, R 084295).

läßt[156]. Andererseits aber erscheinen die *lumières* der politischen Aufklärung nicht länger nur als Verfolgte, sondern sie beginnen mehr denn je zum Handlungsträger aufzusteigen, wobei auch das zeitweise zurückgetretene Sonnenmotiv wieder an Bedeutung gewinnt[157]. Diese Entwicklung leiten in den frühen 1830er Jahren zwei Blätter der satirischen Zeitschrift *La Caricature* ein. Auf dem einen protestieren Grandville und

156 *Les Horaces de l'Elysée,* in: Le Charivari, 18. Mai 1851.

157 Letzteres schon in der Freiheitsallegorie *Il serait plus facile d'arrêter le soleil,* einer Lithographie von Traviès, in: La Caricature N° 163 vom 20. Dez. 1833, Pl. 341/342.

Desperret gegen akute Beschränkungen der Pressefreiheit *(Abb. 45)*. Aus einem finsteren Gewölbe recken sich die bösartigen Köpfe der regimetreuen Zensoren, Anwälte und Richter der Julimonarchie, auch die Fratze des hakennasigen Chefzensors d'Argout; doch obwohl sie aus allen Kräften blasen, gelingt es ihnen nicht, das von einer hell leuchtenden Liberté hochgehaltene Licht der „Pressefreiheit" zu löschen. Ja, der Textkommentar zu diesem Blatt geht noch weiter, indem er andeutet, das Licht könne nicht nur leuchten, sondern auch verbrennen: „Non, ils ne l'éteindront pas, ces noirs moustiques, ces gnômes caverneux. Ils auront beaux braquer leurs joues gonflés contre le flambeau de la presse, ce flambeau brillera toujours d'un pur éclat. Ils y brûleront leur[s] ailes de chauve-souris, et plus ils en approcheront, plus ils mettront en évidence la laideur de leurs ignobles faces!!!!!!"[158].

Die andere Lithographie nimmt bildlich bereits den Sieg des republikanischen Freiheitslichtes vorweg *(Abb. 46)*. „Liberté" ist der überdimensionalen roten Flamme eingeschrieben, gegen welche die Anhänger der Restauration mit ihren lächerlich kleinen *éteignoirs* vergeblich anstürmen. Wie aus den Schriften in der Zeichnung[159] abzulesen ist, interpretiert die Karikatur die politische Krisenlage Europas im Frühjahr und Sommer 1832 sehr konkret als letzten Versuch der alteuropäischen Legitimisten, die revolutionäre Ausbreitung des lichtbringenden republikanischen Prinzips einzudämmen[160]. Nachdem dessen Flamme in der Julirevolution das endgültige Scheitern der „Heiligen Allianz" und den Sturz von „Charles X" samt Krone und Szepter bewirkt hat, trotzt sie nun den Angriffen der fragwürdigen Erben. Angeführt von Louis-Philippe und Redakteuren der reaktionären französischen Presse, die in Paris mit neuen Arbeiterunruhen zu kämpfen haben, gehen links im Bild Papst Gregor XVI. und der Ordensgeneral der Jesuiten mittels „Exkommunikation" und „Inquisition" gegen die republikanische Volksbewegung in Ancona vor, während rechts der österreichische Staatskanzler Fürst Metternich bemüht ist, in Mitteleuropa eine neue antirevolutionäre Front zu bilden: zwar wird Kaiser Nikolaus von Rußland gerade durch den Polenaufstand in Anspruch genommen, und der König von Holland ist noch von der Lostrennung Belgiens geschwächt, aber immerhin den Preußenkönig Friedrich Wilhelm III., Kaiser Ferdinand von Österreich

---

158 Dazu auch *Fischer* (Anm. 98), 137 f.

159 Sie lauten links von oben nach unten: „etat de siège de la ville de Paris", „Figaro", „Excommunication des Ancônantins", „édit papal", „Inquisition", „Sainte Alliance" und „...vous Charles X" (Anfang unleserlich); und rechts: „Journal des Débats", „Ukase" (2mal), „22e Protocole de la Diète de Francfort", „Décret Metternich", „Hollande Protocole" und „Adhésion aux Décrets de la Diète de Francfort par les Petits Princes allemands et autres".

160 Vgl. *Gustav Huber*, Kriegsgefahr über Europa (1830 - 1832) im Urteil der Zeit und hundert Jahre später, Berlin 1936.

Abb. 45: *Blast nur, ihr werdet sie niemals auslöschen.* Lithographie von Jean-Ignace-Isidore Gérard, gen. Grandville und Honoré Daumier, in: *La Caricature* N° 178 (3. April 1832), Taf. 375, 21 × 31 cm.

Abb. 46: *Sie werden sich alle verbrennen!* Kolorierte Lithographie von Auguste Desperret, in: *La Caricature* N° 99 (27. Sept. 1832), Taf. 203, Platte 34 × 25,5 cm.

und Franz IV., Erzherzog von Österreich und Herzog von Modena, kann Metternich zu einem Zusammenschluß bewegen. Tatsächlich faßte der Frankfurter Bundestag – vom Hambacher Fest und seiner großen Resonanz aufgeschreckt – am 5. Juli 1832 wortstarke Beschlüsse gegen die Pressefreiheit und das „Revolutionswesen" – umsonst, wie das Bild argumentiert: das in Frankreich entbrannte Freiheitslicht wird im Gegenteil die politische Finsternis auch des übrigen Europas nach und nach erhellen. Oder wie es der zugehörige Kommentar ausdrückt: „Charles X s'est brûlé, le voilà renversé au pied du flambeau. Le Pape et presque tous les rois de l'Europe sentent déjà le roussi...[161]".

War dies noch eine Zukunftsvision, so kann Daumier – nachdem das Volk von Paris 1848 auch die Herrschaft des Bürgerkönigs ausgelöscht hat[162] – einen tatsächlichen Durchbruch der politischen *lumières* ins Bild setzen. Er tut dies in zwei miteinander korrespondierenden Lithographien, welche die alte Bedeutung des strafendes Lichtes reaktualisieren. Das erste Blatt von Anfang Juni 1850 *(Abb. 47)* zeigt den legitimistischen Abgeordneten Berryer, den jesuitenfreundlichen Publizisten Montalembert, den altgedienten Minister Adolphe Thiers und den konservativen Parteiführer Molé, wie sie als „politische Mücken" (bzw. „Knirpse") das junge Licht der Republik umflattern und sich mit vereinten Kräften bemühen, es auszublasen oder mit dem *éteignoir* zu ersticken; ein nicht ganz ungefährlicher antirevolutionärer Löschversuch, wie verkohlte Mottenleichen am Fuß des Lichtes ahnen lassen[163]. Und tatsächlich ergeht es den „moucherons politiques" wie Ikarus *(Abb. 48)*. Denn vier Tage später beschreibt Daumier auf dem zweiten Blatt, das er wie das erste in der Karikaturzeitschrift *Le Charivari* veröffentlichte, ihren Absturz in die Finsternis[164]. Der Zeichner argumentiert hier mit einem politischen Lichtbegriff, der seine Brisanz zu einem guten Teil aus der christlichen Lichtmetaphorik bezieht: Die Zweite Republik verdankt ihre Existenz dem Lichtausbruch der Februarrevolution von 1848; jeder Versuch, die *lumières* dieser Revolution zu löschen, ist ein Anschlag auf die Republik. Obwohl die Revolution vom Pariser Volk erkämpft wurde, steht das von ihr gestiftete Licht wie ein Gestirn am Himmel. Denn es gleicht dem göttlichen Licht – wenn nicht in seiner übermenschlichen Heiligkeit, so doch in seiner Bifunktionalität: während es die Republikaner wärmt und erleuchtet, verbrennt es ihre Gegner.

3. Diese radikalisierte und republikanisierte Deutung der *lumières* prägt schließlich die Eteignoir-Karikaturen, die den Übergang vom Zweiten Kaiserreich zur Dritten Republik bildpublizistisch verarbeiten.

---

161 La Caricature, N° 99 (27. Sept. 1832), 791.

162 Siehe die entsprechende unsignierte Eteignoir-Karikatur mit der Unterschrift *Eteint!!!* (BNF, Est., Coll. de Vinck 12358). – *Fischer* (Anm. 98), 179 erwähnt nur einen englischen Nachstich dieses Blattes von John Leech.

163 Siehe auch die Interpretation von *Fischer* (Anm. 98), 137.

164 Dazu auch ebenda, 164 - 67.

Abb. 47: *Politische Mücken*. Lithographie von Honoré Daumier, in: *Le Charivari* Jg. 19, N° 154 (3. Juni 1850), Taf. 130 der Serie „Actualités“, 26 × 21,2 cm.

Es handelt sich um vergleichsweise wenige, aber ausdrucksstarke Lithographien. Einerseits beschwören sie erneut das strafende Licht der Republik, das zunächst von der Pariser Commune ausgeht und den wie Motten gegen es anfliegenden konservativen Erfüllungspolitikern die Flügel versengt *(Abb. 49)*, um dann zu Beginn der Dritten Republik die

Abb. 48: *Die neuen Ikarusse.* Lithographie von Honoré Daumier, in: *Le Charivari* Jg. 19, N° 158 (7. Juni 1850), Taf. 140 der Serie „Actualités“, 26,3 × 21,4 cm.

Führer der überholten alten Parteien symbolisch zu verbrennen[165]. Andererseits versinnbildlichen sie die majestätische Würde der République, die nun nicht länger Vision, sondern politische Wirklichkeit ist. Auf einer Titellithographie von Alfred Le Petit im großen Zeitungsformat *(Abb. 50)* erklimmen die Redakteure der konservativ-klerikalen Presse im

165 *André Gill,* Les Vieux Partis, Titellithographie zu *L'Eclipse* vom 23. Juli 1871, dokumentiert bei *Fischer* (Anm. 98), S. 138.

Abb. 49: *Das Licht macht ihnen Angst.* Kolorierte Lithographie von Georges Labadie, gen. Pilotell, 1871, 18,1 × 21,3 cm (Stadt- und Universitätsbibliothek Frankfurt a. M., ohne Inv.Nr.).

Verein mit dem Chefzensor Pessard und Anastasia, der Personifikation der Zensur, vergeblich einen napoleonischen Obelisken, um die republikanische Sonne zu löschen. Es gelingt ihnen ebensowenig wie auf einem Blatt Daumiers den vereinten Löschversuchen von Orleanisten, Legitimisten und Bonapartisten: „Ils n'y arriveront pas… la République a le bras plus long qu'eux[166].“ Diese Bilder markieren den Endpunkt einer langen

166 So die Legende der Lithographie *Le Jeu de l'Eteignoir,* publiziert im Charivari vom 1./2. April 1872, dokumentiert bei *Fischer* (Anm. 98), S. 190f.

Abb. 50: *Die Sonne.* Kolorierte Lithographie von Alfred Le Petit, in: *Le Grelot,* Jg. 1, N° 35 (10. Dez. 1871), Titelseite, Zeichnung 30,6 × 27,7 cm.

Entwicklung. Mit der Gründung der Dritten Republik haben die majestätischen *lumières,* welche die christliche Lichtmetaphorik und die absolutistische Sonnensymbolik mit neueren demokratisch-revolutionären Bedeutungselementen verschmelzen, sowohl politisch wie ikonographisch über die *ténèbres* gesiegt. Letztere können nun, wie eine Karikatur von 1904 bemerkt[167], in die Rumpelkammer der Geschichte verbannt werden.

V. Schlußfolgerungen

Rückblickend zeichnen sich zunächst vier Hauptphasen der text- und bildsemantischen Entwicklung des Begriffspaares *lumières / ténèbres* ab. Nach der modellhaften Distanzierung des verinnerlichten Lichtes der Hugenotten von der traditionellen katholischen Lichtmetaphorik entwikkelte sich vom späten 17. Jahrhundert bis in die 1760er Jahre aus den konkurrierenden Lichtlehren von Bibelkritik, Kartesianismus und Freimaurertum ein säkularisiertes – aufklärerisches – Konzept der *lumières*. In den beiden letzten Jahrzehnten des Ancien Régime geht in dieses Konzept nicht nur das geschichtliche Selbst- und das Fortschrittsbewußtsein der Aufklärung ein, es wird durch Konkretisierungen der *ténèbres* zugleich mit Kritikpotential gegen kirchliche und politisch-soziale Mißstände aufgeladen; eine Politisierung, die dann in der Französischen Revolution voll zum Durchbruch kommt und einerseits den militanten Antiklerikalismus der Sansculotterie, andererseits die „Heiligkeit" der revolutionären Gegenkulte unterstützt. Im 19. Jahrhundert wird diese revolutionäre Lichtpolemik dann – ikonographisch auf neuem, höherem Niveau – zur publizistischen Waffe der anfangs unterdrückten, schließlich aber siegreichen republikanischen Bewegung.

Wenn diese zweihundertjährige „Karriere" der beiden Schlüsselwörter nun nicht früher abbrach, sondern sich im Gegenteil mit immer größerer Intensität und politisch-sozialer Wirksamkeit fortentwickelte, so lag das zu einem ganz erheblichen Teil an der symbolträchtigen Ikonographie, welche die Bedeutung der Begriffe immer häufiger und immer sinnfälliger visualisierte. Artikulierte sich die Begrifflichkeit um 1700 fast ausschließlich in Texten, so sind es um 1817 hauptsächlich die politischen Karikaturen, welche die radikalisierte Bedeutung von *lumières* und *ténèbres* prägen. Überhaupt wird dieses Begriffspaar im 19. Jahrhundert so viel nachdrücklicher und leidenschaftlicher diskutiert als im *Siècle des Lumières* selbst, daß sich die These ergibt, mit dieser Zeitalterbezeichnung sei die Aufklärung recht eigentlich erst nachträglich durch die Revolution und die politische Debatte von der Restauration bis zur Dritten Republik konstitutiert worden.

Über diese Einsichten in die Bedeutungsgeschichte zweier zusammenhängender Schlüsselwörter hinaus erlaubt die vorstehende Fallstudie,

---

[167] *Albert René, Au Magasin d'Accessoires,* Lithographie im Charivari vom 21. Juli 1904, dokumentiert bei *Paul Ducatel,* Histoire de la 3e République à travers l'imagerie populaire et la presse satirique, t. I - V, Paris 1973 - 79, hier Bd. III, 154.

wie mir scheint, vor allem von ihrer ikonographischen Seite her drei oder vier grundsätzliche Thesen zum begriffshistorischen Arbeitsansatz überhaupt.

Indem die historische Semantik, so wie sie bislang überwiegend praktiziert wird, sich weitgehend auf Texte (in der Regel Großer Autoren) konzentriert, vernachlässigt sie mit den Bildquellen eine Dimension der Überlieferung, die für eine soziale Kulturgeschichte wesentlich erscheint. Denn gerade in den erst teilweise alphabetisierten Gesellschaften des vorindustriellen Europas bildeten öffentliche Kommunikation und kollektive Sinnbildung in besonders intensiver Weise einen multimedialen Prozeß, in dem Schrifttexte, Bilder und Lieder vielfach zusammenwirkten. Wie oben am Beispiel der Eteignoir-Publizistik der Restaurationszeit skizziert wurde und wie andere wort- und symbolgeschichtliche Fallstudien zeigen[168], standen in diesem Prozeß Texte und Bilder weder selbstgenügsam und beziehungslos nebeneinander, noch gehörten sie zu völlig verschiedenen, scharf von einander getrennten kulturellen Ebenen, sondern im Funktionszusammenhang der sich entwickelnden Öffentlichkeit waren sie – nicht selten ganz ausdrücklich – eng aufeinander bezogen, unterstützten sich also wechselseitig. Während die schriftlichen Texte in erster Linie die Aufgabe hatten, die Begriffe theoretisch zu fundieren und inhaltlich zu differenzieren, reduzierten die Bilder diese Begriffe zwar oft auf ihre Kernbedeutung, vergrößerten dafür aber ihre gesellschaftliche Wirkungskraft durch Versinnlichung, Emotionalisierung und Popularisierung.

– Durch ihre Verbildlichung und Allegorisierung erhalten allgemeine, leicht abstrakte Prinzipien und Schlagwörter wie *Freiheit* oder *Aristokratie* gleichsam einen Körper, eine typisierte, leicht erkennbare Gestalt, die das in ihnen enthaltene Bedeutungs- und Handlungspotential sinnfällig und erlebbar macht. In dem hier besprochenen Fall gilt dies vielleicht weniger für die in der Sakralkunst von alters her visualisierte christliche Lichtmetaphorik, es gilt aber für die von ihr abgeleiteten philosophisch-politischen *lumières* des XVIII. Jahrhunderts und erst recht für die *ténèbres,* die in den *éteignoirs* ein konkretes, aussagestarkes, vielfältig verwendbares Symbol erhielten: hier die wehrlose Lichtgestalt des

---

168 Da es sich hier in gewisser Hinsicht um einen neu entwickelten Arbeitsansatz handelt, sei es gestattet, auf eigene Versuche zu verweisen: *Hans-Jürgen Lüsebrink* u. *Rolf Reichardt,* Die „Bastille". Zur Symbolgeschichte von Herrschaft und Freiheit, Frankfurt a.M. 1990; *dies.,* Colporter la Révolution: Médias et prises de parole populaires, in: Imprimés de large circulation et littératures de colportage dans l'Europe des XVIe - XIXe siècles, actes du colloque international de Wolfenbüttel, hrsg. v. Roger Chartier u. Hans-Jürgen Lüsebrink, Paris 1996, 71 - 106; *Rolf Reichardt,* Historical Semantics and Political Iconography: The Case of the Game of the French Revolution (1791/92), in: Conceptual History. Comparative Perspectives, hrsg. v. Karin Tilmans u. Frank van Vree, Amsterdam 1997 (im Druck).

philosophe, dort die mit den Waffen der Inquisition ausgerüstete Gegenfigur des klerikalen Lichttöters. Allgemein dürfte gelten, daß solche Ikonität geradezu eine Grundbedingung für die Symbolkraft und die Breitenwirkung geschichtlicher Schlüsselwörter bildet.

– Nicht selten kann die Verbildlichung eines Begriffs dessen Bedeutungsbereiche, implizite Bedeutungen, Wertungen, Nuancen und semantischen Beziehungen deutlicher und offensichtlicher machen als der schriftliche Kontext. Während z.B. die Begriffe *lumières* und *ténèbres* wechselseitig als Antonyme aufeinander bezogen sind, ohne deswegen regelmäßig beide in ein und demselben Kontext zu erscheinen, werden sie im Bild zu einer Bedeutungseinheit verschmolzen: erst das Dunkel macht das Licht als solches sichtbar, beide zusammen bilden eine Kontrast-Einheit. Hinzu kommt, daß die Ikonographie es erleichtert, bestimmte Bedeutungsbereiche besonders inhaltsreicher Schlüsselwörter zu identifizieren und von benachbarten diskursiven Zusammenhängen abzugrenzen, wie die Beispiele der philosophischen *vérité* und der freimaurerischen *lumières* gezeigt haben.

– Im dem Maße, wie die Verbildlichung und Versinnlichung von Begriffen nicht distanziert und wertneutral bleibt, sondern entschieden, ja nicht selten emphatisch entweder schroffe Ablehnung oder aber begeisterte Zustimmung signalisiert, fördert sie die emotionale Aufladung der visualisierten Konzepte und damit deren appellative Potenz. So erscheinen die Löschhütchen-Auszeichnungen, die *Le Nain Jaune* um 1815 den Rittern des Eteignoir-Ordens verpaßte, wie „Brandmarken“, welche die Reaktionäre vor aller Augen an den Pranger stellten und im Gegenzug den Zusammenhalt des liberalen Lagers stärkten. Und wie die Beispiele des kriegerischen Einsatzes von *éteignoirs* und der strafenden *lumières* zeigen, können darüber hinaus in brisanten Konfliktlagen die bildliche Darstellung der politischen Aktion und deren tatsächliche Ausführung nah beieinander liegen oder sogar ineinander übergehen.

– Die derart durch Visualisierung vereinfachten, verkörperlichten und emotionalisierten Begriffe sind allgemeinverständlicher als abstrakte Prinzipien und Konzepte, sie lassen sich besser als diese popularisieren und den Vorstellungen der kleinen Leute einprägen. Daher spielt die Bildpublizistik in Zeiten großer sozialer Bewegungen wie in den französischen Revolutionen von 1789, 1830 und 1848, bei denen es auf die Mobilisierung der „Massen“ ankommt, eine so herausragende Rolle. Kein Zufall also, daß die *lumières* gerade 1793/94 zur „Heiligung“ von Menschenrechten und Verfassung aufgeboten wurden und daß 1871 mit ihnen die früher Gott bzw. dem *Roi-Soleil* vorbehaltene Majestät des himmlischen Lichtes auf die Republik überging.

Soziale Semantik von *Bonheur*

Von der aufklärerischen Reflexion zur politischen Agitation

Von Hans-Ulrich Thamer, Münster

Im 18. Jahrhundert wurde der Begriff *bonheur* in West- wie in Mitteleuropa zum „Losungswort aller Welt" (Kant). In der französischen Aufklärung gehörte die Suche nach dem Glück zu den großen Themen. Robert Mauzi hat mehr als 50 selbständige Schriften zur Frage nach den Voraussetzungen und Formen des Glückes ermittelt, und die einschlägigen Abhandlungen bzw. Erwähnungen in philosophischen Traktaten, Zeitschriften und Pamphleten, vor allem am Vorabend der Revolution, sind Legion[1]. Ein Rezensent seufzte im *Journal encyclopédique* von 1776, es sei schwierig, „de dire des choses neuves sur le bonheur[2]". Diderot zeigte sich ermüdet von den Traktaten über das Glück, „qui ne sont jamais que l'histoire de ceux qui les ont faits[3]."

Die Suche nach dem Glück war dem 18. Jahrhundert geradezu eine Obsession, der Philosophen wie Gläubige, Pädagogen wie Mediziner, Rationalisten wie Romantiker, Gebildete wie Dilettanten unterlagen. Der Abbé Jean-Baptiste Hennebert aus Saint-Omer konstatierte 1764: „Le cri de la terre entière est cependant d'être heureux. Le bonheur est le premier et le plus important de nos voeux: on ne souhaite d'exister que pour arriver à ce but. En le manquant, tout est indifférent, odieux, insupportable, hormis de la mort[4]."

Der philosophische Diskurs über das Wesen des Glückes war alles andere als neu. Seit der Antike ging es um die Frage, ob die *eudaimonia* in der Sinneslust oder im rein Geistigen, in der Gemütsruhe oder in der Bewegung, in der Tugend oder in der Vervollkommnung zu suchen sei, ob das Glück im Diesseits oder im Jenseits liege, ob die Theorie des

---

1 *Robert Mauzi,* L'idée du bonheur dans la littérature et la pensée française au XVIIIe siècle, Paris 1960.

2 Journal encyclopédique, tome II, partie II (1776), 191.

3 Zit. nach *Louis Trénard,* Pour une histoire sociale de l'idée de bonheur au XVIIIe siècle, in: Annales historiques de la Révolution française 35 (1963), 309 - 330, hier 310.

4 *Jean-Baptiste Hennebert,* Du plaisir, ou moyen de se rendre heureux, Lille 1764, VIII.

Glücks ein theologisches oder ein philosophisches Problem darstelle. Dabei ging es nicht nur um individuelles Glück, sondern auch um das Glück der Gemeinschaft, der Vielen. Glück ist darum seit der antiken Philosophie nicht nur eine Determinante individuellen Denkens und Handelns, sondern auch ein Zweck sozialer und politischer Ordnungen. Individuelles und öffentliches Glück gelten seit der Antike aufeinander bezogen. Was die beiden Elemente verknüpft, ist die Entdeckung „des Politischen als das Spezifikum des menschlichen Gemeinschaftslebens[5]."

Die Resonanz der philosophischen Diskussion war so groß, weil sich im Diskurs über das Glück Reflexion, Traum und Experiment miteinander berührten, weil sich die Suche nach dem Glück mit dem Glauben an die Vervollkommnung durch Aufklärung, an die Gewißheit der Machbarkeit und an die Forderung nach Gleichheit verband. Deren Einlösung wurde zunehmend als Postulat an Regierung und Politik verstanden, wurde zum Maßstab für die Legitimation von Staats- und Gesellschaftsordnungen. Die Herstellung von Glückseligkeit ließ sich in Entwicklungsschritten denken und beurteilen, sie rechtfertigte eine unendliche politisch-soziale Bewegung.

In der Begriffsgeschichte von *bonheur* im 18. Jahrhundert kreuzten sich mithin zwei fundamentale Entwicklungslinien der Moderne: einerseits eine Säkularisierung des Glückbegriffs, zum anderen dessen Politisierung. In der Suche nach dem Glück erschließt sich darum eine wichtige Quelle für die kollektive Mentalität des Jahrhunderts, freilich unterschieden nach sozialem Ort, nach Zeit und politischer Erfahrung.

In der Politisierung dieser Suche nach dem Glück, die kein Ziel, sondern nur Bewegung kannte[6], liegt die Verbindung von Aufklärung und Revolution, kündigt sich der Paradigmenwechsel und Legitimationswandel vom Ancien Régime zur Revolution an. War der Gedanke, daß es Aufgabe eines Gemeinwesens sein müsse, das Glück seiner Bürger zu sichern, Gemeinplatz des 18. Jahrhunderts, so waren die Revolutionäre, vor allem die Robespierristen, die ersten, die von sich behaupteten, sie verwirklichten mit den Mitteln der Politik das, was bislang nur Gegenstand des aufgeklärten Diskurses war. Das meinte Saint-Just mit seinem Ausruf: „Le bonheur est une idée neuve en Europe[7]."

---

5 *Jürgen Gebhardt,* Glück und Politik, in: Über das Glück. Vier Vorträge von Henning Kößler, Maximilian Forschner, Erhard Olbrich u. J. Gebhardt, hg. v. H. Kößler, Erlangen 1992, 59 - 73, hier 59.

6 Vgl. *Michael Stürmer,* Die Suche nach dem Glück, in: ders., Scherben des Glücks. Klassizismus und Revolution, Berlin 1987, 58; *Mona Ozouf,* Egalité, in: Dictionnaire critique de la Révolution française, hg. v. François Furet u. Mona Ozouf, Paris 1988, 696 - 710, hier 710.

7 *Saint-Just,* Discours et Rapports, Paris 1957; zit. nach *Trénard,* Histoire sociale (Anm. 3), 448.

I. Die philosophische Tradition

In den Traktaten des 18. Jahrhunderts über das Glück finden sich Denkmuster, die sich auf die epikureische wie auf die stoische Tradition beziehen, die Elemente der aristotelischen Polis-Philosophie aufnehmen oder sich am christlichen Moralbegriff orientieren. Die Verlagerung des Glücks von dem Besitz äußerer, materieller Güter auf die Seele des Menschen, auf das, was er „in sich und aus sich in der Erfüllung seines Lebens unabhängig vom Geschick zu sein und zu tun vermag[8]“, war das Verbindende der antiken Philosophie. Welche Eigenschaften des Menschen notwendig und zureichend wären, um ein menschliches Leben zu einem vollendeten und glücklichen zu machen, darüber handelte der philosophische Streit der Antike. In der aristotelischen Philosophie, dem frühesten Entwurf einer Glückstheorie, wurde die *eudaimonia* als „erfülltes Tätigsein[9]“ verstanden. Die Verwirklichung des Selbstseins des Menschen war an die Polis gebunden, an die vernunftgegründete Gemeinschaft der von materiellen Zwängen unbehinderten Bürger. Diese Begründung der Glückseligkeit wurde in der Stoa von ihren politischen Konnotationen losgelöst und in das Individuum zurückgenommen, welches das Glück in der Übereinstimmung mit sich selbst oder mit der Natur findet. Glücklich leben hieß, der Natur gemäß leben und damit der Vernunft folgen. Auch für Epikur lag Glückseligkeit in der Lebensweise des Individuums begründet, in seiner Befreiung von Angst und Bedürfnisdruck durch die Philosophie, um zu einem Leben der heiteren Gelassenheit als Ausdruck von Glück zu finden. Die christliche Lehre verlagerte Glückseligkeit vom diesseitigen Glück in moralischer Selbstzufriedenheit ins Jenseits. Für Augustin und Thomas von Aquin war Glückseligkeit nur eine Vorahnung der ewigen Seligkeit, die Erfüllung natürlichen Strebens, zum göttlichen Ursprung durch Gnade zurückzufinden. *Felicitas* war darum im Diesseits und im politischen Gemeinwesen nie vollständig zu erreichen.

Durch die Wiederbelebung der antiken Lehre des *summum bonum* seit der Renaissance und der älteren Naturrechtslehre des 17. Jahrhunderts erhielt der Glückseligkeitsbegriff wieder eine profane Bedeutung und eine politische Konnotation. So wurde in Erneuerung des philosophischen Glückbegriffs die *vita contemplativa* zur Voraussetzung des *bonum individuale,* wie andererseits bald auch die *vita activa* zur Begründung

---

8 *Joachim Ritter, Otto H. Pesch* u. *Robert Spaemann,* Glück, Glückseligkeit, in: Historisches Wörterbuch der Philosophie, hg. v. Joachim Ritter, Bd. III, Basel u. Stuttgart 1974, 679 - 707, hier 679.

9 *Maximilian Forschner,* Glück als erfülltes Tätigsein. Zum aristotelischen Konzept der Eudaimonia, in: ders., Über das Glück des Menschen: Aristoteles, Epikur, Stoa, Thomas von Aquin, Kant, Darmstadt 1993, 1 ff.

eines gemeinschaftlichen Glückes diente. Stoische wie epikureische Elemente finden sich in den Definitionen von Glück, christliche Vorstellungen werden schrittweise säkularisiert. Während Gassendi im Anschluß an Epikur das Glück in der Schmerzlosigkeit des Körpers und in der Ruhe der Seele sah, bestand für Descartes Glück im tugendhaften und vernünftigen Leben. Hobbes brach mit der Idee der *tranquillitas animi* und bestimmte *felicitas* als das andauernde Fortschreiten von einer Begierde zur anderen. Für Pascal schließlich lag das Glück in Gott und in der Verpflichtung der Religion, den Menschen zur Liebe und damit zu Gott zu erziehen.

Mit der älteren Naturrechtslehre gewann der Glücksbegriff zugleich sein „neuzeitlich staatsbestimmendes Gewicht[10]" zurück.

Christian Wolff definierte ganz in der Tradition der klassischen Lehre des *summum bonum* Glück als „Zustand eines dauerhaften Friedens" durch ein vernunftgemäßes und tugendhaftes Handeln. Die Überlegung, daß die Menschen auch gemeinschaftlich ihre Glückseligkeit befördern könnten, führte auf Gesellschaft und Politik. Die Wohlfahrt der Gesellschaft, verstanden als „ungehinderter Fortgang in Beförderung des allgemeinen Besten[11]" wurde zum Staatszweck der frühen Neuzeit.

II. Das Recht auf Glück

Für die Aufklärung gehörte Glück, ähnlich wie Tugend, zu den „aus sich selbst evidenten Begriffen[12]." Das enthob sie jedoch nicht der Schwierigkeit, Inhalt und Voraussetzungen des Glückes definieren zu müssen. Gemeinsam ist den zahlreichen Abhandlungen über das Glück, daß dieses nicht mehr länger als Inhalt, sondern als Zustand definiert wurde, der sich verschieden bestimmen ließ. Das Glück wurde zudem relativ. Der „Bezug von Glück und Wahrheit verschwand[13]". Es gab keinen Unterschied mehr zwischen einem wahren und einem eingebildeten Glück. Darum formulierte die Diderotsche *Encyclopédie:* „Chacun n'a-t-il pas droit d'être heureux selon que son caprice en décidera[14]?" Im

---

10 *Ulrich Engelhardt,* Zum Begriff der Glückseligkeit in der kameralistischen Staatslehre des 18. Jahrhunderts (J. H. G. v. Justi), in: ZHF 8 (1984), 37 - 79, hier 41.

11 *Christian Wolf,* Philosophia practica, Frankfurt/Leipzig 1738, § 3; zit. nach *Ritter, Pesch* u. *Spaemann,* Glück (Anm. 8), 702.

12 *Werner Schneiders,* Glück, in: ders., Lexikon der Aufklärung. Deutschland und Europa, München 1995, 165.

13 *Ritter, Pesch* u. *Spaemann,* Glück (Anm. 8), 700.

14 *Claude Courtepée,* Bonheur, in: Encyclopédie ou dictionnaire raisonné des sciences, des arts et des métiers. Par une société de gens de lettres, mis en ordre et publié par Diderot et d'Alembert, Bd. II, Neufchâtel 1751, 322.

Lichte eines sensualistischen Ansatzes konnten sich Glück und Vergnügen beispielsweise nur quantitativ und nicht länger qualitativ unterscheiden. Glück ließ sich nun auch kalkulieren, und die Suche nach Glück wurde zu einem technischen Problem, zu einem hedonistischen Kalkül. Gegen die Reduktion des Glücks auf eine bloße Subjektivität, die auch dem Verbrechen ein Glücksgefühl unterstellen könnte, stand die Vorstellung von einer von Natur vorgegebenen Harmonie von Tugend und Glück, die für die Mehrheit der Aufklärer galt. Sie waren von der Existenz einer natürlichen Moral überzeugt, in deren Verwirklichung der Mensch zugleich sein Glück fände. Zu diesen natürlichen Neigungen gehörte auch das Bedürfnis nach Gemeinschaft. Damit kam den sozialen Neigungen ein höheres Gewicht zu als den privaten Glücksgefühlen. Es bedurfte der Gesellschaft, um das Glück der Menschen zu verwirklichen. Auch die Leidenschaften, so empfahl Holbach, sollten in den Dienst dieser *félicité publique* gestellt werden[15].

Die Definitionen von Glück, wie sie die französische Aufklärung entwickelte, waren vielfältig und widersprüchlich. In ihren Vorstellungen finden sich fast alle Ansätze aus der Geschichte der philosophischen Glückstheorien nebeneinander, oft waren sie in einem Synkretismus miteinander verbunden. Eine wirklich systematische Untersuchung gab es nicht. Erst mit Kant kam die Diskussion zu einem konsequenten Schluß, indem er Moralität und Glückseligkeit voneinander trennte[16] und verdeutlichte, daß das Glück für ein vernünftiges Wesen nicht das Ziel einer in sich schlüssigen Handlungsweise sein könne. „Glück als Zweck könne durch den Handelnden gar nicht erreicht werden, denn dieser bedürfe dazu der Allwissenheit, um alle weitläufigen Folgen und Rückwirkungen seiner Handlungen übersehen zu können. Dieser Zweck könnte nur durch die Natur selbst erreicht werden[17]."

Robert Mauzi hat in seiner literaturgeschichtlichen Synthese über die Vielfalt und Entfaltung der Glückstheorien sowohl die psychologischen Bedingungen als auch die Erscheinungsformen des Glücks behandelt. In einem weiteren Versuch der Schematisierung unterschied er zwischen solchen Konzeptionen, die von Gefühlen wie Ruhe, Vergnügen oder Leidenschaft ausgehen und solchen, die sich auf die Vernunft gründen und Glück in Relation zur Natur, zur Gesellschaft oder zur Tugend definieren. Entscheidend für die jeweilige Konkretisierung des Glücks war das Menschenbild der Autoren. Die einen, wie Helvétius, orientierten sich an

---

15 *Paul-Henri-Thierry d'Holbach,* Système social, ou Principes naturels de la morale et de la politique, Bd. I, Londres 1773, 143.

16 *Maximilian Forschner,* Moralität und Glückseligkeit in Kants Reflexionen, in: ders., Über das Glück (Anm. 9), 108.

17 *Ritter, Pesch* u. *Spaemann,* Glück (Anm. 8), 704.

einer materialistischen Konzeption und sahen die Suche nach dem Glück darum in der Erfüllung der Bedürfnisse und Begierden. Die anderen, wie Rousseau, huldigten einem ethischen Humanismus und sahen in der Tugend die Realisation des Glücks. Viele schwankten zwischen beiden Positionen. Ebenso entscheidend war die Orientierung an einem optimistischen oder pessimistischen Menschenbild. Die Optimisten glaubten daran, daß der Mensch glücklich werden könne, wenn er sich nur an die Gesetze der Vernunft oder der Natur hielte. In der zweiten Jahrhunderthälfte veränderte sich die Ausprägung dieser optimistischen Einstellung: nicht mehr Moral und Vernunft begründeten das Glück, sondern eine mystische Vorstellung von Natur. Auch die Begierden wurden als Bedingungen des Glücks im letzten Drittel des Jahrhunderts immer stärker zurückgewiesen und unter dem Eindruck von Rousseau durch die Tugend ersetzt. Die *conditio humana* war nun nicht von der Natur abhängig, sondern vom Menschen selbst und seinen Vergesellschaftungsformen. Die Verwirklichung des Glückes konnte folglich zum Kriterium für die Beurteilung von Gesellschaften und Staaten werden.

Alle gingen davon aus, daß der Mensch geschaffen wäre, um glücklich zu sein, auch wenn sich die Definition von Glück ganz verschiedenen Kontexten zuordnete. Gerade das machte das Thema Glück zu einem Schlüsselbegriff, der sowohl Fragen der Moral wie der Politik, der psychischen Konstitution des Menschen wie seines Denkens berührte[18]. Was den unterschiedlichen Konzepten gemeinsam war, das war ihre Relativität, waren ihre Widersprüche. Oft fielen die Bestimmungen des Glücks zudem sehr vage und wenig originell aus.

Montesquieu verstand das Glück als den Moment der Zufriedenheit, „quand nous ne voudrions pas changer pour le non-être[19].“ Andere Definitionen waren präziser, aber dogmatisch auf einzelne Determinanten bezogen. Der Marquis d'Argens sah in der Eigenliebe, in der Vernunft und einem unbestimmbaren Gefühl, das allem Übel widerstrebte, die Wurzeln des Glücks, das für ihn wiederum in einem Zustand des Freiseins von allen Leiden und Übeln lag[20]. Madame du Châtelet sah die Garantie des Glücks in der Befreiung von allen Vorurteilen, in der Tugend und im Wohlverhalten sowie im guten Geschmack und in den Leidenschaften. Voltaire und mit ihm die Enzyklopädisten sahen das Glück als eine „suite des plaisirs“. Voltaire definierte *plaisir* als „senti-

[18] In diesem Sinne *Guillaume Dubois de Rochefort,* Histoire critique des opinions des anciens et des systèmes des philosophes sur le bonheur. Discours préliminaire, Paris 1778, VII.

[19] *Montesquieu,* Mes Pensées, in: ders., Œuvres complètes, hg. v. André Masson, Bd. III, Paris 1955, 994.

[20] *Jean-Baptiste d'Argens,* Discours sur le bonheur de la vie, Bd. I, La Haye 1755, 327.

ment agréable". Andere Autoren orientieren sich eher an der Vorstellung von der *tranquillitas animi.*

Zwischen den verschiedenen Bewußtseinslagen, die sich meist in der Form von Antinomien gegenüberstanden, so etwa als Gegensatz von Ruhe und Bewegung, von Vernunft und Gefühl, von Individuum und Gesellschaft, suchten die *philosophes* eine Synthese, sei es in Gestalt eines gedachten Gleichgewichts oder einer Mittellage zwischen den extremen Gegensätzen, sei es durch die Vorstellung einer perfekten Logik und Harmonie etwa zwischen Individuum und Gesellschaft. In der *Encyclopédie* heißt es: „Notre bonheur le plus parfait dans cette vie n'est donc [...] qu'un état tranquille semé çà et là de quelques plaisirs qui en égaient le fond[21]." Lag für Diderot das Glück in der Nähe der Ekstase, suchte der Marquis d'Argens das Glück in der Mäßigung der Begierden, um eine innere Harmonie herzustellen. Für Montesquieu war das Glück ein *état intermediaire* zwischen der Bewegung der Leidenschaften und der Stagnation der Ruhe. Auch christliche Moralisten, wie der Abbé de Gourcy, plädierten für eine mittlere Lösung zwischen Ruhe und Vergnügen. Dagegen verteidigte Voltaire die Zerstreuung, in der er die Quelle der sozialen Aktivitäten sah. Auch für Holbach waren die Leidenschaften die eigentlichen Triebkräfte, vergleichbar der Schwerkraft oder dem Magnetismus im Universum. Sie könne man nicht verbannen, sondern müsse sie ausbalancieren. Nicolas Bergasse wollte dabei den *passions sociales* die Suprematie gewähren, und Holbach empfahl die Leidenschaften in den Dienst der *félicité publique* zu stellen.

Alle Spannungen zwischen individuellen Interessen und sozialen Bedürfnissen finden ihren Ausgleich: einmal durch die Annahme einer natürlichen Soziabilität, die für die Ausrichtung individueller Neigungen auf die Forderungen einer allgemeinen Harmonie sorgt; zum anderen durch die Vorstellung eines Vergesellschaftungsprozesses, der individuelle Ansprüche in sozialen Erfordernissen aufgehen läßt. So regeln sich in der Gesellschaftslehre der Physiokraten die Spannungen zwischen dem Glück des Individuums und dem der Gesellschaft von selbst, da die natürliche soziale Ordnung alle partikularen Interessen miteinander verbinde und bündele. Die andere Lösung ist die von Rousseau, der den *citoyen* nach dem Prozeß der Vergesellschaftung nicht mehr mit Problemen des isoliert lebenden Menschen konfrontiert sieht und in der *cité ideale* eine Identität von individuellen und kollektiven Interessen annimmt.

Bei aller Rechtfertigung des Vergnügens und der Leidenschaften, die regulierende Rolle der Vernunft und der Natur bleibt dominant. Die Vernunft beschreibt die Techniken des Glücks und zeigt den Weg, den

21 *Courtepée,* Bonheur (Anm. 14), 322.

Gefahren der Leidenschaften zu entrinnen und eventuelle Abweichungen zu korrigieren. Die Aufklärer glaubten an die These des 16. Jahrhunderts von der prästabilisierten Harmonie von Tugend und Glück. „Le plaisir nait du sein de la vertu", heißt es in der *Encyclopédie*[22]. Dahinter steht die Vorstellung von einer natürlichen Moral, in deren Beachtung der Mensch zugleich sein Glück findet. Mit der Annahme solcher natürlicher sozialer Neigungen wird die Notwendigkeit umgangen, die Unterdrükkung der Neigungen als Voraussetzung für die Soziabilität ins Auge zu fassen. Auf diese Weise kann die *félicité publique* als Maximierung aller privaten Glücksgefühle verstanden werden.

Auch Rousseau sieht das eigene Glück als Ziel menschlichen Handelns. In der Bestimmung des Glücks aber greift er auf den traditionellen Begriff des „wahren Glücks" zurück, das ein harmonisches Verhältnis von Individuum und Gesellschaft und damit die Einheit des Menschen mit sich selbst als Bedingung und Ziel von Glück voraussetzt. Lag die Glückseligkeit des ursprünglichen Menschen im bloßen Sinnengenuß, so muß der Mensch in der zivilisierten Gesellschaft, deren Entfaltung zugleich den Verlust des ursprünglichen Glückes des natürlichen Menschen bedeutete, sich die Glückseligkeit durch Versittlichung verdienen. Dazu braucht er die Unterstützung der organisierten Gemeinschaft. „Je ne pouvais être heureux que de la félicité publique[23]". Gemeinwesen und sittliche Individuen sind wechselseitig aufeinander angewiesen. Erst die Gemeinschaft ermöglicht die Besinnung auf die Tugend und *liberté morale*. In Rousseaus Dialektik des Glücks verbinden sich Tradition und Modernität[24]. Zugleich wird damit das Streben nach Glück wieder politisiert.

Mit Rousseau treten die sozialen und politischen Bedingungen des Glücks stärker in den Blick, nachdem in der aufklärerischen Reflexion der ersten Hälfte des Jahrhunderts das Glück vor allem als Fähigkeit der Seele und nicht als Reflex von äußeren Bedingungen gesehen wurde. Rousseaus Modell einer organisierten Gemeinschaft, in der das kollektive Glück verwirklicht werden kann, wo das Glück des Einzelnen aus dem Glück aller erwächst, sind Genf und die Schweiz[25]: „Le bien-être, la fraternité, la concorde y disposent les coeurs à s'épanouir[26]." In seiner Beschreibung einer bäuerlich-handwerklichen Welt mit geringer Arbeits-

---

22 Ebenda.

23 *Jean-Jacques Rousseau,* Rêveries du promeneur solitaire. Septième promenade (1782), hg. v. Henri Roddier, Paris 1960, 94; zit. nach *Trénard,* Histoire sociale (Anm. 3), 435.

24 *Jean-Pierre Boon,* Tradition et modernité chez Jean-Jacques Rousseau. La thématique du bonheur, in: Romanic Review 64 (1973), 32 - 37.

25 Vgl. *Iring Fetscher,* Rousseaus politische Philosophie. Zur Geschichte des demokratischen Freiheitsbegriffs, Neuwied 1968, 225.

26 *Rousseau,* Rêveries (Anm. 23), 130.

teilung, mit individualistischen und freiheitsliebenden Eigentümern, voller Harmonie und Selbstverwirklichung zeichnet Rousseau den Zustand eines *bonheur collectif,* der zum sozialen Modell für seine republikanischen Verfassung wird. Damit nimmt er die *aurea mediocritas* der Antike wieder auf und macht sie als *heureuse médiocrité* zu einem polemischen Gegenbild gegen die aristokratische Gesellschaft und die Apologie des Luxus.

Mit Rousseau hatte das Ideal der *heureuse médiocrité* in der zweiten Hälfte des 18. Jahrhunderts Konjunktur[27]. *Médiocrité* und *vertu* waren die Grundlage des bürgerlichen Glücks. Ein Glück des *juste milieu.* Die Idee der *médiocrité* bedeutete die soziale Umsetzung des Konzepts der Ruhe, das zu den Grundbedingungen des individuellen Glücks gehörte. Helvétius sah das Unglück der Menschen in der zu großen Ungleichheit der Güter und in dem Kontrast zweier Klassen, der Reichen und der Armen, begründet und erwartete von einer gesellschaftlichen Neuordnung einen Ausgleich zwischen Armut und Reichtum. Mably betrachtete die extremen sozialen und materiellen Gegensätze als unvereinbar mit dem Glück. Das war zusammen mit einem Leben nach den Grundsätzen der Philosophie nur im Zustand der *aurea mediocritas* möglich: „C'est dans l'état heureux de la médiocrité qu'on peut, sans beaucoup d'efforts, se former à la philosophie[28]."

Mediocrité und *frugalité* werden immer wieder als soziale Bedingungen des Glücks genannt – und dies in einer Zeit steigender Preise und eines ökonomischen Aufschwunges. Das Landleben als Quelle der Friedens und der Erfülltheit fungiert als Gegenbild der Stadt und des höfischen Lebens, freilich immer in einer idealisierten Form aus der Perspektive der Stadt: die Schäferszene als Schmuck des Salons. Daneben gibt es freilich auch Hinweise darauf, daß Armut alle edlen Glücksgefühle zerstört: Mercier konstatiert das Elend der Handarbeiter, das keine Glücksgefühle aufkommen lasse. Andere Autoren beklagen, daß die Armen das Verbrechen zum Beruf gemacht haben und das Volk nicht glücklich sein kann, weil dies einen bestimmten Geisteszustand voraussetze.

Doch das Spektrum der möglichen sozialen Bestimmungen von Glück reicht von der Proklamation der *heureuse médiocrité* einerseits bis zur Verteidigung der sozialen Ungleichheit und des Luxus auf der anderen

---

27 Vgl. *Hans-Ulrich Thamer,* Revolution und Reaktion in der französischen Sozialkritik des 18. Jahrhunderts. Linguet, Mably, Babeuf, Frankfurt a. M. 1973, 243 ff.

28 *Gabriel Bonnot de Mably,* Principes de morale (1784), in: ders., Œeuvres complètes, 15 Bde., Paris 1794 - 95, hier Bd. 10, 365; vgl. *Hans-Ulrich Thamer,* Mably und die Anti-Physiokraten. Zur Ambivalenz der Modernisierung, in: Neue Wege der Ideengeschichte. Festschrift für Kurt Kluxen zum 85. Geburtstag, hg. v. Frank-Lothar Kroll, Paderborn 1996, 199 - 216.

Seite. Für Turgot ist Ungleichheit kein Unglück, sondern für die Menschheit förderlich und durch Leistung gerechtfertigt. Die Ungleichheit ist für ihn „un bonheur pour les hommes, un bienfait de celui qui a fait avec autant de bonté que de sagesse tous les éléments qui entrent dans la composition du coeur humain[29]." Auch für Holbach ist die soziale Ungleichheit Voraussetzung für die Erhaltung der Gesellschaft und des Glücks: „Cette inégalité est juste, parce qu'elle est fondée sur le but invariable de la société, je veux dire sur sa conservation et son bonheur[30]." In diesem Sinne wird auch der Luxus gerechtfertigt; er dient der Befriedigung der Bedürfnisse und ist nach Voltaire, seinem entschiedendsten Apologeten, Ausweis des Glücks.

III. Für eine Sozialgeschichte des Glücks

Ganz sicher spielen bei der Bestimmung des Glücks persönliche Erfahrung und sozialer Status des Autors eine Rolle. So kann die entschlossene Verteidigung des Luxus durch Voltaire und Holbach nicht unabhängig von deren sozialer Stellung und materieller Situation gesehen werden. Doch vor der Annahme einer simplen sozio-ökonomischen Widerspiegelung ist zu warnen. Sozialer Status und materieller Wohlstand sind nicht eo ipso Grundlage für eine bestimmte Konzeption von Gesellschaft und Glück. Auch die Verfechter der *heureuse médiocrité* gehörten teilweise den führenden sozialen Gruppen an.

Die Zuschreibung verschiedener Aspekte des Glücksbegriffes zu bestimmten sozialen Gruppen und ihren Wert- und Verhaltensmustern bereitet mithin Schwierigkeiten. Sicherlich ist die *aurea mediocritas* eine Konzeption, die bürgerlichen Leitvorstellungen und auch einem bürgerlichen Glücksbegriff entspricht; aber sie berührt sich auch mit handwerklich-plebejischen Vorstellungen, die sich aus dem Zunftideal von Ehre und Nahrung ableiten, und als politisches Konzept eines *état intermédiaire* war sie auch dem adligen Parlamentspräsidenten Montesquieu nicht völlig fremd. Die Zuweisung zu einer bürgerlichen Glücksvorstellung wird erst plausibler, wenn sich eine deutliche ‚Schnittmenge' von kompatiblen, verwandten Wertmustern ergibt. Dazu gehört das idyllische Bild einer bürgerlichen Familie, in der im häuslichen Bereich Harmonie, Frömmigkeit, Gehorsam der Kinder, Milde des Hausvaters und die Unterwerfung der Ehefrau bestimmend sind, im Bereich von Handel und Arbeit die kreativen und leistungsbezogenen Elemente betont werden.

---

29 *Anne-Robert Turgot,* Lettre à Madame de Graffigny sur les „Lettres péruviennes" (1751), in: ders., Œuvres complètes de Turgot, hg. v. Eugène Daire, Bd. 2, Paris 1844, 785f.

30 *Holbach,* Système social (Anm. 15), Discours, § 39.

Die Rechtfertigung des Handels als einer gewinnbringenden und dem Wohle der Gesellschaft förderlichen Betätigung durchzieht das Denken des Jahrhunderts, um an seinem Ende die Grundlage für ein gestärktes bürgerliches Selbstbewußtsein zu bilden. So hatte schon Savary in seinem *Parfait négociant,* der 1675 zum ersten Mal und danach immer wieder aufgelegt worden war, den Handel als Quelle des Wohlstandes und Wohltäter der Menschheit dargestellt und die besonderen Tugenden des Kaufmannes herausgestellt: „une bonne imagination“ und ein „tempérament fort et robuste[31]“. Auch die Würde und die Ehre, die ein erfolgreiches Handelsgeschäft mit sich brächte, vergaßen weder Savary noch seine Nachfolger de Sacy und Lordelot zu erwähnen. Dieser hatte die häuslichen und beruflichen Tugenden des Kaufmanns gelobt, „une paix solide et permanent dans les familles“ sei eine Grundvoraussetzung für häusliches Glück[32].

Im Laufe des Jahrhunderts verstärkte sich das Selbstbewußtsein des Handelsbürgers. In der *Noblesse commerçante* des Abbé Coyer (1756) wird der Handel als eine Wissenschaft, als eine auch dem Adel gemäße Beschäftigung dargestellt, welche die „grandeur des rois et le bonheur des peuples“ sichere[33]. Wer daran zweifele, daß der Handel Glück bringe, dem empfiehlt der Abbé einen Blick auf den Reichtum der Handelsstädte Lyon, Bordeaux, Nantes und Marseille[34]. Am Ende des Jahrhunderts ist der Bürger endgültig davon überzeugt, daß sein Glück das Äquivalent für seine Leistungen darstelle und daß er das richtige Gleichgewicht zwischen Genuß und Tugend gefunden habe. Der *Négociant patriote* von 1784, der einem Kaufmann Bedos zugeschrieben wird, spricht von einem „humanisme commercial“ und entwickelt eine Ethik des Kaufmannes, die von der Freude an seiner Arbeit und der Rechtfertigung des Bürgers durch seine Arbeit überzeugt ist und daraus seine Würde und seinen Anspruch auf Freiheit ableitet[35]. Der Anonymus resümiert seine Vorstellung von bürgerlicher Moral: „Trois choses donnent la distinction au négociant: la bonne foi, le travail assidu et le patriotisme[36].“ Profit und Glück sind für den Bürger ein göttliches Recht und bilden die Entschädigung für seine nutzbringenden Aktivitäten. Denn

---

31 *Jean Savary,* Le Parfait Négociant, Paris 1713, 29; zit. nach *Mauzi,* L'idée du bonheur (Anm. 1), 279f.

32 *Benique Lordelot,* Les Devoirs de la vie domestique par un père de famille, 1706; zit. nach *Mauzi,* L'idée du bonheur (Anm. 1), 280.

33 *Gabriel-François Coyer,* La noblesse commerçante, Londres 1756, 107.

34 Ebenda, 25.

35 *Anonym,* Le Négociant patriote, ouvrage utile aux négociants, armateurs, fabricants et agricoles, par un négociant qui a voyagé, Amterdam 1784, zit. nach *Mauzi,* L'Idée du bonheur (Anm. 1), 284f.

36 Négociant patriote (Anm. 35), 250.

der Kaufmann oder Fabrikant ist der „neue Atlas“, der auf seinen Schultern die moderne Welt trägt.

Diese Grundmuster bürgerlicher Moral und Glücksvorstellungen sind dieselben wie am Anfang des Jahrhunderts, nur daß sie nun nicht mehr christlich legitimiert werden. Nun aber kommt der Anspruch auf eine soziale Führungsrolle hinzu, die sich allein auf die geleistete Arbeit und die bürgerliche Tugend gründet, den Grundlagen des Glücks.

Worin besteht nun das Glück des Adels? Für den Abbé Coyer darin, daß sich der Adel der Moral und Lebensführung des Kaufmanns anschließt. Der Adel solle sich am Vorbild der Bürger orientieren, die ihr Glück im Handel fänden und damit zum Wohl des Gemeinwesens beitrügen. Dadurch böte sich dem Adel die Chance, zu Reichtum zu kommen und seine soziale Macht zu befestigen, auch den richtigen Ehepartner zu finden. Auch für andere Autoren, die in der Zeit der Jahrhundertmitte Ratschläge für die Erziehung und wissenschaftliche Ausbildung des jungen Adligen geben, ist der Gedanke des Glücks und der Leistung maßgebend[37]. Das Glück ist ein Recht aller.

Zur Sozialgeschichte der Ideen gehört schließlich die Frage nach der Verbreitung eines Ideenkonglomerats. Das Thema des Glücks war Gegenstand von Preisfragen einiger Akademien und gelehrter Gesellschaften; es war Thema von literarischen Produkten der *scriptores minores* wie der Zeitschriften. Dort spiegelten sich, meist in vereinfachter Form, die großen Hypothesen über das Glück uzw. in allen Varianten: sensualistische Positionen wurden ebenso vertreten wie die Berufung auf das Naturrecht; aber auch die Idee der Mäßigung und des inneren Gleichgewichts, des Ausgleichs zwischen Begierden und Tugend, bis hin zur Idee der *heureuse médiocrité*. Am Ende des Jahrhunderts wurden die Erfahrung sozialer Tugenden und Werte, wie Freundschaft und Liebe, als Inbegriff von Glück und als Geschenk der Natur betrachtet und propagiert[38].

Eine andere Form der Verbreitung waren die Buchbesprechungen, wie sie sehr häufig in dem *Journal de Trévoux* zu finden waren. Dort verband sich die Präsentation einer neuen Schrift oft mit der Kritik an der Säkularisierung der Idee des Glücks, am falschen Begriff von Glück und an den damit verknüpften leeren Versprechungen. So monierte man 1767, daß man trotz der intensiven Spekulation der Philosophen über das Glück und die Vergnügungen doch wenig Fortschritte in dem Wissen

[37] Vgl. *Chevigny,* La science des personnes de la Cour, de l'épée, de la robe (1706); *Nicolas Boudoin,* De l'éducation d'un jeune seigneur (1728); *Jean-Baptiste Duchesne,* La science de la jeune noblesse (1747).

[38] Vgl. dazu die Beispiele und Überlegungen von *Trénard,* Histoire sociale (Anm. 3), 442ff., die einer Vertiefung und Weiterführung bedürfen.

vom wahren Glück gemacht habe. Den tieferen Grund dafür sah das *Journal de Trévoux* in dem Verlust an Religiosität, die nicht durch säkularisierte Moralvorstellungen ersetzt werden könnte[39].

IV. Das Glück der Nation

Neben der individuellen Suche nach dem Glück und deren zunehmender Verflechtung mit soziopolitischen Bedingungen, bis hin zu den Konzepten eines bürgerschaftlichen Lebens in einer organisierten Gemeinschaft, hat das 18. Jahrhundert die *félicité publique* zu einem großen Thema gemacht, d.h. den „état de bonheur d'une nation, qui résulte de son aisance et de sa liberté[40]." Diente die Sicherung von Gesetz und Ordnung, von Handel und Wohlstand der Rechtfertigung eines „bon gouvernement[41]", so wurde bald in der französischen Diskussion die Verwirklichung des Glückes zum kritischen Maßstab zur Beurteilung einer Herrschaftspraxis und zur Rechtfertigung des Bedürfnises nach Veränderung.

Die *Encyclopédie méthodique* zählte noch einmal die Merkmale einer guten Staatswirtschaft auf, die zur Legitimation absolutistischer Herrschaft gehörten. Zuerst „une subsistance abondante et saine" als „une des premières bases de la félicité publique." Dann die Förderung des Gewerbes, aber nicht mehr im Sinne einer merkantilistischen Politik mit einer strengen Reglementierung, sondern einer größtmöglichen Freiheit des Gewerbes. „Le meilleur moyen, pour atteindre ce but, est peut-être de laisser à la liberté d'industrie tout l'essor dont elle est capable, en ne faisant intervenir les loix de police que dans ce qui peut être utile à la conservation de la propriété, de la liberté, de la tranquillité de toutes les classes d'ouvriers et d'artisans[42]." Kein Zweifel, die Idee des Wirtschaftsliberalismus, wie sie von den Physiokraten vertreten wurde, hatte sich im wirtschaftspolitischen Diskurs durchgesetzt. Dazu gehörte auch die Forderung, daß man unsinnige Privilegien und Gesetze, die im Widerspruch zum Gedanken des Fortschritts und des individuellen Glücks standen, abschaffen sollte. Das Konzept eines wirtschaftlichen Liberalismus unterschied die französische Situation von der deutschen.

Im Topos der Glückseligkeit hatte sich in der deutschen Kameralistik zwar auch die allgemeine Tendenz zur Säkularisierung der Lebens- und

---

39 Journal de Trévoux, Nov. 1767, 257f.

40 Art. „Félicité publique", in: Encyclopédie méthodique, ou par ordre de matières. Jurisprudence, Bd. X, Paris 1791, 169 - 192, hier 169f.

41 Ebenda.

42 Ebenda.

Staatszweckvorstellungen verdichtet, aber sie war verbunden mit der Vorstellung von einer Steigerung staatlicher Wohlfahrtskompetenz. In der Regierungslehre des aufgeklärten Absolutismus lag das treibende Moment aller politisch-sozialer Vereinigung im Streben nach „gemeinschaftlicher Glückseligkeit", wie dies in fast stereotyper Wiederholung genannt wurde[43]. In der Wohlfahrt des Gemeinwesens wurden individuelle Interessen und Staatsbedürfnisse als kongruent betrachtet, auch wenn dieses Gegenseitigkeitsverhältnis von Fürst und Untertanen der Absicherung durch weise Gesetze bedurfte und nicht etwa, wie in der liberalen Doktrin, sich gleichsam von selbst herstellte. Um Vollkommenheit und irdisches Glück zu erreichen, werden materielle Bedingungen angenommen, auf die ein „vernünftiges Volk, dem seine Glückseligkeit am Herzen liegt" nicht verzichten kann: genannt werden die innere und äußere Sicherheit, eine vernünftige Freiheit, Rechtssicherheit und die Sicherung der Subsistenz durch eine blühende Staats- und Volkswirtschaft.

Die Entscheidung über Inhalt und Mittel „wahrer Glückseligkeit" liegt bei der Obrigkeit, die auch ihre Erziehungskompetenz auf die Sicherung des Glücks gründen kann. Daß diese Zweckbestimmung des Staates, nämlich die Herstellung von Glückseligkeit, der politischen Wirklichkeit entspräche, haben die Theoretiker der *guten Policey* wie Justi freilich nicht angenommen: „Wenn man von mir verlangte, ich sollte erweisen, daß die Glückseligkeit der Untertanen allenthalben der Hauptzweck von den Maßregeln der Regenten wäre, so würde ich diesen Erweis für so schwer halten, daß ich lieber alleruntertänigst bitten wollte, diese Arbeit einem anderen aufzutragen[44]."

Verbunden mit dem Konzept der Glückseligkeit als Staatszweck war die aufklärerische Grundvorstellung von der Machbarkeit des Glückes, die wir noch ausgeprägter in der französischen Literatur finden, wo die Suche nach dem Glück allmählich zu einem technischen Problem geworden war.

Die Vorstellung von der Sicherung des Glückes der Untertanen findet sich ebenso im politischen Denken des französischen Absolutismus, meist verbunden mit dem Postulat der *tranquillité*. Dabei trat an die Stelle der Zielgruppe der Untertanen zunehmend die Vorstellung vom *bonheur public* bzw. dem *bien général* als einem abstrakten Staatszweck[45].

---

[43] Vgl. *Engelhardt,* Glückseligkeit (Anm. 10), an dessen begriffsgeschichtlicher Untersuchung sich die folgenden knappen, exkursartigen Ausführungen orientieren.

[44] *Johann Heinrich Gottlieb von Justi,* Natur und Wesen der Staaten als die Quelle aller Regierungswissenschaften und Gesetze (1755), Neudr. Aalen 1969, 73f.; zit. nach *Engelhardt,* Glückseligkeit (Anm. 10), 67.

[45] *Gaspard de Real de Corban,* La science de gouvernement, 8 Bde, Paris 1760.

Seit den 1770er Jahren wurde *bonheur public* in Verbindung mit *nation* gebraucht, der König als bloßer *mandataire* der Nation in ihrem Interesse nach Frieden und Glück gesehen. „Le privilege des rois n'est fondé que sur l'autorité de la nation qu'ils exercent et n'a pour objet que son bonheur[46]." Der Legitimationsverlust der absoluten Monarchie hatte eingesetzt.

Nun sind es die Nation oder die Individuen, die nach einer politisch-sozialen Ordnung verlangen, in der die Möglichkeiten für ein selbsttätiges glückliches Leben der Individuen ebenso gewährleistet sind wie für das Glück der Gesellschaft.

Das Recht auf Glück wurde schließlich in der vorrevolutionären Periode zu einer zentralen Forderung. Die Vorstellung vom Glück bildete eine Grundlage des Patriotismus und der Politisierung. Der Autor eines *Avis des bons Normands à leurs frères tous les bons Français* (1788) formulierte das so: „C'est de votre bonheur de celui de votre posterité, de l'honneur et du salut de la France qu'il s'agit." Ein Patriot ist der, der alles für das Wohl Frankreichs tut und der von der Überzeugung getragen ist, daß das Glück in einer geeinten Nation realisierbar ist.

„Les membres d'un Etat ne doivent être divisés par les classes distinctes et séparées d'intérêts; rien n'est plus contraire à l'union, à la paix, à l'égalité qui doit regner entre eux, et au bonheur national[47]." Im Namen des *bonheur général* werden in der revolutionären Publizistik dann die Abschaffung von Privilegien einzelner Provinzen und Vereinheitlichung der Nation gefordert wie die Enteignung der Kirchengüter, die Reorganisation der Wirtschaft.

V. Revolution und Glück

Mit der patriotischen Begeisterung wurden die Glückserwartungen realer; es eröffnete sich die Hoffnung auf Verwirklichung des Traums vom Glück, wie er durch die Aufklärungsliteratur genährt worden war. „Mon âme sensible s'est enflammée en contemplant la perspective de bonheur qui s'ouvre pour la nation", schrieb Jean Démeunier 1789[48]. Der Jakobiner François Robert forderte 1792 dazu auf, die Sicherung des

---

[46] Mémoires secrets pour servir à l'histoire de la république des lettres en France depuis 1762 jusquà nos jours, hg. v. Louis Petit de Bachaumont u. Pidansat de Mairobert, 36 Bde., London 1777 - 89, hier Bd. 21, 291f. zum 18. November 1771.

[47] Zit. nach *Trénard,* Histoire sociale (Anm. 3), 447.

[48] *Jean N. Démeunier,* Avis aux députés qui doivent représenter la nation dans l'assemblée des Etats généraux, o. O. 1789; zit. nach *Werner Giesselmann,* Die brumairianische Elite. Kontinuität und Wandel der französischen Führungsschicht zwischen Ancien Régime und Julimonarchie, Stuttgart 1977, 229.

Glückes nicht nur von den gewählten Repräsentanten zu erwarten: „Votre bonheur, citoyens, il est dans vos mains[49].“

Die Revolution verstand sich als Verwirklichung des Glückes und verlangte die Beachtung und Durchführung ihrer Dekrete. Das Volk habe, so hieß es in den *Annales patriotiques* von 1790, verstanden, „que son bonheur residoit dans l'exécution des décrets de l'Assemblée Nationale. Nos sages représentants ont élevé l'édifice de la félicité publique“[50]. Die Verfassung von 1793 erklärte dann auch, „que le but de la société est d'assurer le bonheur commun.“ Nicht nur das Verfassungswerk wurde mit der Sicherung des Glücks begründet, seit 1789 und vor allem seit 1792 wurden auch Vaterland und Glück identifiziert. Saint-Just erklärte am 29. November 1792 vor dem Konvent: „Un peuple, qui n'est pas heureux, n'a pas de patrie[51].“ Die Suche nach dem Glück war zum politischen Programm und zur Verheißung geworden und gehörte zum alltäglichen Wortschatz und bevorzugten Legitimationsmuster.

Der Begriff des *bonheur* fand sich seit 1792 meist in der Verbindung mit der Idee der *égalité*. Der neue Egalitarismus richtete sich nicht mehr nur gegen die Ungleichheit der Geburt, sondern auch gegen die Ungleichheit im Besitz. Beide galten als Bedrohung der Einheit der Nation und damit des Glücks. Leitbegriff diese neuen, radikaleren Konzeptes wurde die Vorstellung vom *bonheur commun,* die bereits in einigen *Cahiers* von 1789 auftauchte, aber in der Zeit der Konvents, von Soboul auch als Phase der „Revolution der Gleichheit“ bezeichnet, politische Relevanz erhielt. Im Diskurs der Volksbewegung treffen wir den Gedanken des *bonheur* ebenso wie in der Verfassung von 1793, welche die Sicherung des „bonheur commun“ zum Ziel der Gesellschaft erklärte. Die sozialen Vorstellungen, die sich hinter diesen Formeln verbargen, erinnern teilweise an das Konzept der *heureuse médiocrité,* wie wir es bei Rousseau, vor allem aber bei Mably gefunden haben. „Bannir d'un Etat la mendicité et l'excessive opulence“, war die Empfehlung von Mably. Nicht Abschaffung des Eigentums, sondern die Bewahrung eines teilweise statischen Eigentumskonzeptes und einer ökonomischen Unabhängigkeit. Dahinter steht das Bild von unabhängigen Kleinproduzenten, die ihre kleine Werkstatt und ihren Laden besitzen und genügend Gewinn für den Unterhalt ihrer Familie erwirtschaften. Es geht darum, so Robespierre, „d'assurer à tous les membres de la société la portion des fruits de la terre qui est nécessaire à leur existence[52].“ Die Eingriffe in die Wirtschaft rechtfertigten sich schließlich mit der Dominanz der Idee

---

49 La Société des Jacobins. Recueil de documents pour l'histoire du Club des Jacobins de Paris, hg. v. François-Alphonse Aulard, 6 Bde, Paris 1889 - 97, hier Bd. IV, 61.

50 Annales patriotiques et littéraires de la France N° 36 (15. Februar 1790).

51 *Saint-Just,* Discours et Rapports, hg. v. Albert Soboul, Paris 1957, 75.

eines *bonheur commun minimal*. Die republikanischen Institutionen müssen auf diese Weise das Glück sichern, das nun greifbar und machbar ist. Tugend und notfalls auch Terreur gehörten zu den Instrumenten der revolutionären Regierung.

Die Vorstellung vom *bonheur commun minimal* berührte sich auch mit der Vorstellungswelt der Sansculotten in den Pariser Sektionen und bildete nach dem Thermidor die Legitimationsgrundlage für die sozialrevolutionäre Gesellschaftskonzeption und erhoffte politische Praxis des Gracchus Babeuf. Die „unbekümmerte Schlichtheit[53]" der *Carmagnole* („Il faut raccourcir les géants et rendre les petits plus grands, tous à la même hauteur, voilà le vrai bonheur") umspannte verschiedene Elemente traditioneller Wirtschafts- und Gesellschaftsvorstellungen auf dem Lande und in der Stadt, verband Erinnerungen an kollektive Praktiken mit Elementen einer korporativen Tradition und diese wiederum mit dem messianischen Traum von einer verkehrten Welt.

Auch die Verbindung von Tugend und Glück begegnet uns in der Welt der Sansculotten, in einem Moralismus, der sich zunehmend des rousseauistischen Vokabulars bediente, aber ebensogut aus der traditionalen Volkskultur stammte. Dazu gehörten auch die Vorstellung von der rächenden Wirkung von Gewalt und der Wunsch nach Volksjustiz im Namen von Tugend und Glück. Nicht aus der Idee individueller Rechte leitete sich die sansculottische Gleichheits- und Glücksvorstellung her, sondern aus der Vorstellung sozialer Einbindung und sozialer Identität. Daraus entwickelten sich schließlich auch eine soziale Ungeduld und ein politisches Mißtrauen, was der Regierung durch Nationalversammlung und Konvent vorwarf, bislang nur vom nahen Glück geredet, aber auch nach vier Jahren nur Elend beschert zu haben.

Eine frühkommunistische Prägung erhielt die jakobinische Konzeption vom *bonheur commun* und zusammen damit auch deren gegen den Besitzindividualismus gerichtete sansculottische Variante durch Babeuf. Ziel seiner auf die Verwirklichung des *bonheur à tous* gerichteten Zukunftsgesellschaft war die Garantie einer Sicherung der Grundbedürfnisse aller: „A chacun sa suffissance, mais rien que sa suffisance", ließe sich die Maxime dieses frugalen Modells zusammenfassen, das einen „état de félicité stable[54]" durch „institutions plébéiennes" garantieren sollte, d.h.

52 *M. Robespierre,* Le Défenseur de la Constitution (2. Dez. 1792), in ders.: Œuvres de Maximilien Robespierre, Bd. IV, hg. v. Gustave Laurent, Paris 1939, 112; zit. nach *Françoise Theuriot,* La conception robespierriste du bonheur, in: Annales historiques de la Révolution française 40 (1968), 207 - 226, hier 210.

53 *Michel Vovelle,* Die Französische Revolution. Soziale Bewegung und Umbruch der Mentalitäten, Frankfurt a.M. 1985, 115.

54 *Gracchus Babeuf,* Le Tribun du Peuple, ou le Défenseur des droits de l'homme. Prospectus, o.O. Herbst 1794.

eine Wirtschafts- und Sozialordnung auf der Basis einer egalitären Distribution und teilweise auch vergesellschafteten Produktion, die sich vor allem durch Überschaubarkeit und Statik auszeichnete und damit nicht nur den Gegenentwurf zum liberalen Marktmodell bildete, sondern sich darüber hinaus auch als Endziel der Geschichte verstand und sich damit als sozialradikales Vermächtnis an das 19. Jahrhundert vererbte. Zur Abwehr aller Feinde des *bonheur commun* und zur Verhinderung neuer Formen der Ungleichheit wurde im Babouvismus, in Verlängerung der jakobinischen Notstandsdikatur, das Modell einer sozialistischen Diktatur entwickelt – „pour assurer à jamais le bonheur du Peuple par la vraie démocratie[55]."

Spätestens im Thermidor, aber auch schon in der Jakobinerzeit wurde die Instrumentalisierung und Polarisierung des Begriffs des Glückes deutlich. Die aufklärerische Idee verkam zum Kampfbegriff der politischen Fraktionen und Parteien, die sich gegenseitig „une fausse idée du bonheur[56]" vorwarfen. Das war ein neues Kapitel in der Diskussion um den „Mißbrauch der Wörter", die seit der Mitte des Jahrhunderts geführt wurde. Babeuf drehte den Vorwurf der konservativen Seite, die Revolution entstelle und mißbrauche bekannte Begriffe, um und sprach seinerseits von einem „dictionnaire des palais, des châteaux et des hôtels", „que les mêmes expressions offrent presque toujours l'inverse de signification qu'on leur reconnait dans les cabanes[57]."

Daß die sozialradikale, plebejische Vorstellung vom *bonheur de la masse* etwas anderes meinte, als was bürgerliche Revolutionäre unter einem individualistischen Konzept von *bonheur* und *nation* verstanden hatten, war längst deutlich geworden; und die allgemeine Ernüchterung bzw. Desillusionierung hatte dazu geführt, daß die Männer von 1789, soweit sie später zu der neuen bürgerlichen, brumairianischen Elite gehörten, ihre Vorstellungen vom bürgerlichen Glück präziser und enger definierten. In einem Aufruf von 1798 hieß es nun, daß das Glück „se trouve dans l'affermissement de l'ordre social, dans l'obéissance aux lois, dans l'inviolabilité de la propriété, dans la prospérité des arts et du commerce[58]."

Die Erfahrung einer konfliktreichen Realität hat dem schwärmerischen Traum vom Glück ein Stück der Illusion genommen und dazu geführt, daß nicht wenige der aufklärerischen Reflexionen über das Glück nun als Schimäre bezeichnet wurden.

---

55 *G. Babeuf,* Le Tribun du Peuple N° 42 (13. April 1796), 294.

56 La Philosophie des Sans-Culottes, o. O. 1795, 25.

57 *Babeuf,* Le Tribun du Peuple N° 34 (Dezember 1795), 116.

58 *Antoine-Nicolas Ludot,* Aux citoyens du département de l'Aube à l'occasion des élections prochaines, o. O. 1798; zit. nach *Giesselmann,* Brumairianische Elite (Anm. 48), 234.

Begriffe, Texte, Kontexte: der Terminus und die Idee der *Civilisation* in der *Esquisse d'un tableau historique des progrès de l'esprit humain**

Von Georges Benrekassa, Paris

Um nicht sofort mit theoretischen Erwägungen zu beginnen, wollen wir uns einleitend mit zwei Beobachtungen aus der Praxis begnügen, die jedermann zugänglich sind. Bei semantischen Untersuchungen gibt es zuerst einmal die Schwierigkeit, ein für allemal von der unabänderlichen Definition eines Begriffes in einem Text auszugehen, und zwar schon deshalb, weil wir in unserem literarischen Arbeitsgebiet sehr oft an Grenzen operieren müssen, wo man überhaupt erst anfängt, es mit einem „politischen" Begriff zu tun zu haben. Weiter ist es unmöglich, innerhalb eines Textes ein für allemal durch einfache Regeln festzulegen, was ein Kontext ist (ein Anspruch, den die Linguistik gelegentlich erhoben hat), vor allem aber methodologisch die Vorgangsweisen zu fixieren, die es erlaubten, einigermaßen subtil die Kontextualität oder die mehrfachen Kontextualitäten eines Terminus zu analysieren.

Um die Überlegungen zu veranschaulichen, zu denen diese beiden Beobachtungen führen, könnte man beispielsweise den Begriff *sûreté* im *Esprit des Lois* mit seinen juridischen und politischen Nebenumständen untersuchen und gleichsam den Raum konstruieren, in dem Montesquieu einen Terminus spielen läßt, der für seine Konzeption der Freiheit grundlegend und viel komplexer ist, als man annehmen könnte. Wir haben es vorgezogen, den Terminus *civilisation*[1] in der *Esquisse d'un tableau*

* Aus dem Französischen von Andreas Pfersmann.

1 Die Schwierigkeiten, frz. *civilisation* angemessen ins Deutsche zu übersetzen, erhellt der umfangreiche Sammelband *Kultur und Zivilisation* (Europäische Schlüsselwörter 3) München 1967. Bekannt ist, daß im Deutschen die bis zur Mitte des 19. Jahrhunderts lange Zeit synonym gebrauchten Termini *Kultur* und *Zivilisation* von Nietzsche bis Spengler scharf differenziert wurden. Im und um den ersten Weltkrieg erfuhr dieser Gegensatz eine nationalistische Färbung, und die deutsche, verinnerlichte (Geistes-)Kultur wurde der oberflächlichen, bloß äußerlichen, romanischen *Zivilisation* entgegengestellt. Im heutigen Sprachgebrauch ist dieser Antagonismus weitgehend verschwunden. Wir haben daraus folgende, pragmatische Konsequenzen gezogen: Immer wenn sich der Autor auf den historischen Terminus bei Condorcet und Diderot bezieht, wird der französische Ausdruck beibehalten. Wo der prozeßhafte Charakter der *civilisation* und die Sittenverfeine-

historique des progrès de l'esprit humain von Condorcet zu untersuchen, dem ersten politischen Werk, das vierzig Jahre nach der Einführung dieses Neologismus in Frankreich durch den *Ami des Hommes* einen zentralen Gebrauch davon macht. Es handelt sich um den Begriff in einem eher knappen und in sehr kurzer Zeit verfaßten Text, der bereits Gegenstand zahlreicher berühmter Analysen gewesen ist.

I.

Um den systematischen und historischen Ort unserer Problematik zu skizzieren, müßte man annehmbare Vergleichspunkte wählen, und das ist nicht einfach. Wie zum einen Cristina Coggi gezeigt hat, macht Abbé Nicolas Baudeau in den *Ephémérides du citoyen* (1765 - 1788) von dem Terminus *civilisation* einen reichlichen und interessanten Gebrauch. Dabei gibt sich Baudeau als Fortsetzer des Wortschöpfers, des Physiokraten Marquis de Mirabeau, indem er weit über die einfache ursprüngliche Wortbedeutung einer Vervollkommnung der „öffentlichen Ordnung" *(police)* und der „Höflichkeit" *(politesse)* durch die Religion hinausgeht[2]. Wie zum anderen Michèle Duchet gezeigt hat, hing dieser Zivilisationsbegriff zusammen sowohl mit den Anstrengungen der Physiokraten, die „Wilden" seßhaft zu machen und mühevoll zu erziehen, als auch mit ihrer allgemeinen ökonomischen Anthropologie[3]. Aus der Perspektive unserer semantischen Untersuchung, welche die am weitesten fortgeschrittenen Formen der militanten Philosophie betrifft, ist ein relevanteres Zeugnis vorzuziehen, das weitgehend mit dem selben Fragenkreis zu tun hat und in erster Linie auf das zivilisierende Handeln der *Philosophie* zielt: die *Histoire des deux Indes*. Von 1770 bis 1780 in vielen Ausgaben und Auflagen erschienen, ist sie u.a. eine Geschichte des Zugangs der nicht-europäischen Welt zum Kulturzustand (im Gefolge der europäischen Welt) und zu Formen der bürgerlichen Gesellschaft mit realer historischer Dimension.

Vorab kann man schon zwischen den verschiedenen Ausgaben des Werkes eine wichtige Veränderung festhalten, insofern als man für die erste Auflage von 1770 über eine vollständige Konkordanz verfügt. *Civi-*

---

rung im Vordergrund stehen, optieren wir in der Regel für *Zivilisierung* bzw. *Zivilisation*. Liegt der Akzent hingegen auf dem Zustand (etwa im Gegensatz zur Barbarei), haben wir uns zumeist für *Kultur* entschieden (Anmerkung des Übersetzers).

2 Vor allem in einem Vortrag beim 9. Internationalen Kongreß zum Zeitalter der Aufklärung in Münster (im Juli 1995), der gekürzt in den Studies on Voltaire and the Eighteenth Century, Oxford, erscheinen wird.

3 Vgl. die grundlegende Untersuchung von *Michèle Duchet*, Anthropologie et Histoire au siècle des Lumières, Paris 1971.

lisation erscheint hier ein- oder zweimal: zuerst als offensichtliche Wiederaufnahme der Prägung Mirabeaus („Tout ce qui lie et civilise les hommes est religion[4]“), dann und vor allem im Zusammenhang mit den Indianern Nordamerikas, die nicht nur von den übermächtigen Bedingungen der Natur erdrückt, sondern auch für immer von der kolonialen Vergewaltigung gezeichnet sind:

„Tout retrace une maladie dont la race humaine se ressent encore. La ruine de ce monde est encore empreinte sur le front de ses habitants. C'est une espèce d'hommes dégradée et dégénérée dans sa constitution physique, dans sa taille, dans son genre de vie, dans son esprit peu avancé pour tous les arts de la *civilisation*[5].“

Der Ausdruck *Arts* verweist hier auf die feststehende Wortreihung *Arts et Sciences,* wie man sie aus der *Encyclopédie* kennt, hat aber vielleicht einen anderen Bedeutungsumfang. Denn im Kontext bezieht sich „civilisation“ weniger auf den Gegensatz zwischen zivilisierten Lebensformen und Wildheit gemäß der ursprünglichen Tradition als vielmehr auf eine mehr oder weniger vollkommene „Kultur“ im Sinne der modernen Anthropologen: die *civilisation* ist deutlich mit Instanzen verbunden, die nicht ausschließlich mit Moral oder Mentalitäten beziehungsweise mit Lebensformen zu tun haben, die deren Fortschritt ausdrücken.

In der Neuauflage der *Histoire des deux Indes* von 1780 dagegen hat das Wort *civilisation* eine ganz andere Bedeutung. Betrachten wir eine wesentliche Passage über Rußland, welche Diderot beigesteuert hat. Das Beispiel hatte er bereits im fünften Buch der *Histoire des deux Indes* gewählt, und zwar in einer Passage aus dem Jahre 1772 (vor seiner Reise zu Katharina) für die zweite Auflage von 1774. Für den Terminus, der uns interessiert, handelt es sich um ein rückläufiges Beispiel; man beobachtet es bereits bei d'Argensons *Considérations,* wo das Wort *civilisation* in einer späten Ausgabe erscheint, während in der Erstausgabe nur von *police* die Rede gewesen war[6]. Diderot schreibt:

„L'affranchissement, ou, ce qui est le même sous un autre nom, la civilisation d'un empire, est un ouvrage long et difficile. Avant qu'une nation ait été confirmée par l'habitude dans un attachement durable pour ce nouvel ordre de choses, un prince peut par ineptie, par indolence, par préjugé, par jalousie, par prédilection pour les anciens usages, par esprit de tyrannie, anéantir ou laisser tomber tout le bien opéré pendant deux ou trois règnes. Aussi tous les monuments attestent-ils que la civilisation des Etats a été plus l'ouvrage des circon-

---

4 *Guillaume-Thomas-François Raynal:* Histoire philosophique et politique des établissemens et du commerce des Européens dans les deux Indes, Bd. I - VI, Amsterdam 1770, hier Bd. I, 88.

5 *G.-T.-F. Raynal,* Histoire... des deux Indes, (Oktavausgabe), Bd. I - IX, Genf 1780, hier Bd. IV, 175. (In der Ausgabe von 1770, Bd. VI, 198.)

6 Die bereits 1737 verfaßten Considérations sur la France von René Louis Marquis d'Argenson haben zwei vollkommen verschiedene Verbreitungen erfahren, einmal 1764 und einmal 1784, wo *politesse* durch *civilisation* ersetzt wird.

stances que de la sagesse des souverains. Les nations ont toutes oscillé de la barbarie à l'état policé, de l'état policé à la barbarie, jusqu'à ce que des causes imprévues les aient amenées à un aplomb qu'elles ne gardent jamais parfaitement[7]."

Ein etwas seltsamer, aber symptomatischer Text: die politische Macht kann überdeterminierend sein, sie kann aber auch wirkungslos bleiben; das gewünschte Gleichgewicht ist bis zu einem gewissen Grad mit einer Summe glücklicher, aber auch ungewisser Ereignisse verbunden, ist also nie gesichert; sicher ist nur der immer mögliche Rückfall in die Barbarei. Dahinter steht jedoch eine ziemlich komplexe Auffassung: sie verbindet den Zugang zur Zivilität durch die *Zivilisation* der Sitten mit der Organisation der *societas civilis* (der „citoyenneté") und charakterisiert die *Zivilisation* von vornherein als einen ständigen Emanzipationsprozeß. Dies läßt sich gut einige Seiten weiter beobachten, wo Diderot auf die in Sankt Petersburg herrschende religiöse Toleranz zu sprechen kommt; er greift hier zwar die Formulierung und die Definition von Mirabeau erneut auf, verwandelt sie aber auf ihrem eigenen Terrain, und zwar ziemlich abseits von ihrer impliziten Philosophie:

„Cette tolérance dans la capitale seroit un grand cheminement à la civilisation, si dans le reste de l'empire les peuples ne croupissaient pas dans les plus grossières superstitions [...][8]."

Was Diderot zum Anlaß nimmt, für diese *Zivilisierung* der übrigen russischen Bevölkerung die Bildung eines Lehrkörpers zu fordern, der aus aufgeklärten und nützlichen Priestern bestünde...

Man versteht, wie trivial einfach es wäre, dem eben Gesagten – und zwar zugunsten Diderots – die *Esquisse d'un tableau historique des progrès de l'esprit humain* von Condorcet gegenüberzustellen, vor allem für Menschen eines Jahrhunderts, die ständig gezwungen waren, über die Nachbarschaft, ja die Verwandtschaft von Kultur und Barbarei nachzudenken. Wenn man dagegen „internen" und „externen" Kontext, Text und „Intertext" immer verbinden, aber auch das Werk und seine Differenz stets zusammensehen muß, so wird unser Ansatz etwas darüber hinausgehen; und wenn wir die Idee einer diskreten Konfrontation zwischen Diderot und Condorcet nicht ganz fallen lassen, um daran zu erinnern, daß der Kontext Konflikte nicht ausschließt, so müssen wir unser Verfahren vor allem auf die Analyse des systematischen Ortes und der Rolle des Begriffes *civilisation* in der *Esquisse* ausrichten und dabei vor allem die Schwierigkeiten untersuchen, die seine Verwendung Condorcet bereitet. Der entscheidende konzeptuelle Sprung, von dem dieser Text zeugt, sollte dergestalt deutlich werden.

---

7 *Raynal,* Histoire... des deux Indes, Genf 1780, Bd. IV, Buch XIX, 482.

8 Ebenda, 485.

II.

Der Ausgangspunkt ist einfach zu formulieren: die *civilisation* ist zugleich ein Zustand (der stabile Zugang zu einem vervollkommneten Zustand gesellschaftlicher Umgangsformen und zur *societas civilis,* der uns eine neue und authentische menschliche Identität verleiht) und ein Prozeß (die zivilisatorischen Kräfte in ihrer Wirksamkeit und Hierarchie). Mit anderen Worten: sie ist ein spezifisches Gleichgewicht, das nicht unbedingt in sich abgeschlossen ist und nur eine privilegierte Elite betrifft. *Civilisation* bezeichnet nicht nur eine historische Vollendung sowohl im politischen Bereich wie im Bereich der kollektiven Mentalitäten, sondern auch die individuelle Vorbildlichkeit und das „Genie", das mehr oder weniger große Kreise in der Erfindung neuer kultureller Formen entwickeln. Zunächst erscheint es logisch, das eine nicht vom anderen zu trennen. Aber man bemerkt bald, daß diese Logik ziemlich labil ist, und daß man die grundlegende Leistung der *Esquisse* und - parallel dazu - ihr Verhältnis zum Standpunkt Diderots nur dann begreift, wenn man das Konzept der *civilisation* nicht als Voraussetzung, sondern als Ergebnis einer Reflexion versteht. Bei Condorcets Argumentation gilt es vier Phasen oder Bedeutungsniveaus zu unterscheiden.

1. Es kann vorkommen, daß in Condorcets Wortgebrauch der einfache Sinnbezug vorzuherrschen scheint, wonach *civilisation* als Endzustand das klare Ergebnis eines genau definierten Prozesses ist. Man hat den Eindruck, daß es sich in der berühmten Stelle der zehnten Epoche der *Esquisse* so verhält:

> „Nous trouverons dans l'expérience du passé, dans l'observation du progrès que les sciences, que la civilisation, ont faits jusqu'ici, dans l'analyse de la marche de l'esprit humain et du développement de ses facultés, les motifs les plus forts de croire que la nature n'a mis aucun terme à nos espérances[9]."

Civilisation erscheint hier jedoch nicht einfach als globaler Endzustand. Der mehrfach gebrauchte Terminus wird beinahe redundant mit dem Begriff *sciences* verwendet, und beide werden in ein und denselben Fortschritt einbezogen, der sie auf der Ebene der historischen Feststellung verbindet. Und diese Feststellung findet ihre Bestätigung in der Analyse, in der rationellen Erfassung einer ununterbrochenen Dynamik und eines in Expansion begriffenen menschlichen Potentials. Wenn dieses System in sich kohärent ist, so erscheint es dennoch zugleich

---

9 *Jean-Antoine-Nicolas Caritat,* marquis de Condorcet, Esquisse d'un tableau historique des progrès de l'esprit humain, hrsg. v. Monique u. François Hincker, Paris 1966, 255. Wir haben uns für diese „alte" Ausgabe der Editions sociales entschieden, weil sie dem Manuskript 885 der Pariser Bibliothèque de l'Institut folgt und die authentischen Stellen integriert, die in der Ausgabe Aragos von 1847 aufgenommen sind, obwohl ihre Herkunft ungesichert ist.

voluntaristisch; denn es wird mit einer Perspektive verbunden, die nicht nur Philosophie und Geschichte genau zur Deckung bringt, sondern auch und vor allem zum unvermeidbaren Register des Glaubens und der Hoffnung übergeht und sich damit einer „natürlichen" Teleologie annähert. Das Auftauchen des Wortes „nature", das alle nur möglichen Operationen erlaubt, ist auffallend. So verstanden hat der Zivilisationsprozeß jenen prekären und umkehrbaren Aspekt verloren, der ihm bei Diderot anhaftet - ein Beispiel für die oft beschriebene Säkularisierung der durch wissenschaftliche Ansprüche verjüngten Eschatologie. Es bleibt gleichwohl eine relative Innovation: die philosophische *ultima ratio* bestätigt de facto den Kulturzustand als ein unaufhörliches *work in progress,* als ein *working in process;* und in dieser Logik sind es die grundlegenden Momente der *Zivilisation,* die sich weiterentwickeln, ohne sich zu verleugnen.

2. Diese erste Argumentationsebene, die ziemlich genau dem entspricht, was jedermann vom Credo Condorcets weiß oder ablehnt, erschöpft das semantische Problem jedoch keineswegs; man muß vielmehr über die eben gezogenen Schlüsse hinausgehen. In der selben zehnten Epoche seiner Schrift stellt Condorcet eine *Frage,* welche die Bedeutungserweiterung und das mögliche Verständnis des Begriffes *civilisation* in ganz anderer Weise vorantreibt; eine Frage, die dem rousseauistischen Radikalismus nahe steht, ohne daß man Condorcets Antwort auf einen liberalen Optimismus reduzieren könnte. Die Beziehung zwischen *civilisation* als Kulturzustand und *civilisation* als Zivilisierungsprozeß erweist sich nun als viel problematischer:

> „Cette inégalité que les premiers progrès de la société ont augmentée, et pour ainsi dire produite, tient-elle à la civilisation même ou aux imperfections même de l'art social[10]?"

Daß es mit dieser „Sozialwissenschaft" („art social") eine Art Steuerungstechnik der Gesellschaftsentwicklung gibt, die sich vom Zivilisierungsprozeß unterscheidet, ihn aber überragt, ist für jeden, der die Summe der Arbeiten Condorcets kennt, eine Selbstverständlichkeit. Vor allem aber gibt es zwischen den beiden Begriffen *civilisation* und *art social* zugleich Konflikt und Verwandtschaft, Heterogenität und mögliche Verbindung. Nicht nur daß die *Zivilisation* ein durchaus ungewisses Ergebnis haben kann; auch als kultureller und politischer Prozeß ist sie nicht eins. Die Antwort, die Condorcet auf seine Frage geben wird, klärt uns auf: sie nimmt den Terminus *civilisation* wieder auf und versucht ihn in den internen Kontext seiner Philosophie zu integrieren, und zwar gerade in jenen Artikulationspunkt, der sie prekär zu machen droht. Die de facto herrschende Gleichheit muß zwar das letzte Ziel des *art social*

10 Ebenda, 259.

bleiben, aber es versteht sich von selbst, daß sie sich in einem totalen Gegensatz zur natürlichen Expansion des Zivilisationsprozesses befindet. Der *art social* wird jedoch „eine Ungleichheit, die im allgemeinen Interesse liegt," isolieren, und diese Ungleichheit „wird den Fortschritt der *Zivilisierung,* des Bildungswesens, der Industrie fördern, ohne weder Abhängigkeit noch Demütigung noch Verarmung nach sich zu ziehen[11]."

Die Fortschritte der *Zivilisation,* die in Condorcets Frage als möglicher Grund der Korruption aufscheinen, haben somit in seiner Antwort zu einem glücklichen Ergebnis geführt, zu einer Harmonie von Pädagogismus und universaler ökonomisch-sozialer Tätigkeit. Es sei erlaubt, daran zu erinnern, daß wir hier von der Subtilität und der Wirksamkeit der kantischen „ungeselligen Geselligkeit[12]" weit entfernt sind; und es ist wahrscheinlich, daß Condorcets *art social* einigen als Produkt eines intellektuellen Experimentierens rein ideologischer Prägung erscheint, als ideologischer Artefakt im strengen Sinn. Wir begnügen uns damit, zugunsten Condorcets die Evidenz der „Purifizierung" zu unterstreichen, die er für den Zivilisationsprozeß als notwendig erachtet und deren Ungenügen – an und für sich – ihm historisch ein Problem zu sein scheint.

3. Um auf einer dritten Ebene aufzuzeigen, welche Probleme der Terminus *civilisation* Condorcet bereitet und wie er jedesmal, um ihn zu denken, besondere Schwierigkeiten seiner Verwendung zu überwinden hat, muß man zum Anfang der *Esquisse* zurückgehen, bemerkenswerte Züge des Wortgebrauchs im weiteren Verlauf des Werkes verfolgen und dabei zu klären versuchen, ob *civilisation* einen Zustand oder einen Prozeß meint.

– Was den Kultur*zustand* anlangt, kann man relativ rasch vorangehen. Man bemerkt sofort, worin Condorcets Konzept sich sehr deutlich von dem unterscheidet, was im Jahrhundertverlauf, etwa bei Voltaire, das Adjektiv *civilisé* und das transitiv gebrauchte Verbum *civiliser* implizierten. Bei Condorcet verweist der Begriff *civilisation* im Sinn von „Übergang zu einem Kulturzustand", der dann im Syntagma *état de civilisation* aufscheint, auf alles, was mit der Organisation der Gesellschaft zu tun hat: auf die Beziehungs- und Aktivitätstypen, welche die kollektive Existenz voraussetzt und die sich aus ihr ergeben. Man hat sich von der Höflichkeit und der Sittenkultur entfernt, wenn auch die Analysen von Norbert Elias im *Prozeß der Zivilisation* und seine weberianischen Verweise zum Verständnis dieser Zusammenhänge ihre Bedeutung bewahren. Im Vorwort der *Esquisse* liest man folgendes:

---

11 Ebenda.

12 Vgl. *Immanuel Kant,* Ideen zu einer allgemeinen Geschichte in weltbürgerlicher Ansicht, (Kant, *Werke,* hrsg. v. Wilhelm Weischedel 6), Frankfurt/M 1964, Vierter Satz.

„Le premier état de civilisation [...] est celui d'une société peu nombreuse d'hommes subsistant de la chasse et de la pêche [...][13]."

Und in der ersten Epoche ist die Rede von Gesellschaften, bei denen „sich die Zivilisation beinahe auf eine einfache Familiengesellschaft reduziert[14]." Nebenbei gilt es festzuhalten, daß man sich damit weitgehend der zweiten Bedeutung genähert hat, die das Wort *civilisation* im 19. Jahrhundert annehmen wird. Und die gewaltige kollektive Arbeit der Geschichte bleibt (aber wie?) der Grund, von dem sich der *art social* abhebt, wenn es eine solche Steuerungstechnik der Gesellschaftsentwicklung gibt.

– Was die Entwicklung oder besser den Zivilisations*prozeß,* wie die Philosophen gelegentlich sagen, anlangt, so liegen die Dinge viel komplexer. Zwei Syntagmen verraten seine allgemeine Existenz und seinen impliziten Status (wir haben seinen expliziten Status bereits mit der postulierten Verbindung von Zustand und Prozeß angesprochen): *degré de civilisation* (Zivilisationsgrad oder -stadium) und *époques de la civilisation* (Kulturepochen). Das Konzept der Stadien *(degrés)* eines Fortschrittsphänomens im Bereich der Sitten, das die Gewalt kontrolliert und begrenzt und ein geregeltes Leben in der Gemeinschaft etabliert, postuliert eine Verkettung von Änderungen, die gleichfalls – freilich auf einer anderen Ebene als vorhin – mit dem zu tun haben, was die Anthropologen im 20. Jahrhundert „Kultur" genannt haben. Unter vielen anderen Beispielen kann man aus der dritten Epoche der *Esquisse* folgenden Beleg anführen: „der Zivilisationsgrad, den uns die Wilden heute noch zeigen" (was deutlich über die Opposition Wilder/Kulturmensch hinausführt); und korrelativ dazu in der selben Epoche „die Völker, die einen hohen Zivilisationsgrad erreicht haben[15]". Kultur und Naturvölker bilden hier nur einen scheinbaren Gegensatz, denn es handelt sich um einen korrelativen Gegensatz, der letztere in die Entwicklung einbezieht („erreicht haben"). Es ist vor allem der Terminus *époque,* in Verbindung mit dem Auftauchen des bestimmten Artikels („les époques de *la* civilisation"[16]), der Probleme bereitet: so wie Condorcet dieses Wort, das Buffon selbst der *Historia sacra* und ihren Transformationen entlehnt hatte, verwendet, enthält es eine Globalität, eine Einheit der Vergangenheit und der Gegenwart und zugleich einen geschichtlichen Zeitrhythmus. Das Wort *époque* gehört zu einem Typ der Gedächtnispädagogik, zur Verwandlung der Ereignisse in Dinge, die eintreffen, zur Vorstellung eines

13 *Condorcet,* Esquisse (Anm. 9), 77.

14 Ebenda, 88.

15 Ebenda, 99 - 115.

16 *Civilisation* wird bei Condorcet nie durch einen unbestimmten Artikel determiniert, auch nicht – und das ist noch bemerkenswerter – durch ein Adjektiv.

Horizontes unserer Geschichte, und es führt uns entschieden hinter die Unruhe zurück, die etwa die – ständig von der Bedrohung der Diskontinuität gezeichnete – voltairesche Konzeption der „Jahrhunderte“ *(siècles)* hervorrufen kann.

Mehr noch: wie die Analyse eines Beispiels aus der dritten Epoche der *Esquisse* erweist, verdankt Condorcets erweitertes Konzept der *civilisation* seine Existenz dem Wort *époque* in einem neuen Kontext:

> „Nous pouvons observer encore ici[17] l'origine de la féodalité qu'on a retrouvé presque sur tout le globe aux mêmes époques de la civilisation; toutes les fois qu'un même territoire a été occupé par deux peuples entre lesquels la victoire avait établi une inégalité héréditaire [...][18]“

Die *civilisation* ist hier ein allgemeines Phänomen aller Gesellschaften, die an ein und derselben Bewegung der Geschichte teilhaben; es bezeichnet einen Prozeß, der sich in koordinierter Form auf verschiedenen Ebenen und in verschiedenen Räumen manifestiert. Vor allem aber überschreitet die durch den Terminus *époque* implizierte Geschichtsvorstellung sich in einem fort selbst, ohne ihren Grundcharakter preiszugeben; und man sieht, wie sich in diesem Text, ausgehend von der Kondition der besiegten Ackerbauervölker, eine archaische Vorstellung vom Typ der „germanischen Legende“ (die entscheidende Verwandlung der Ruinen des Römischen Reiches durch die siegreichen Franken) in eigenartiger Weise mit einer Zukunftsvision verbindet, die im Ansatz scharfe Debatten über den universalen Charakter der Feudalität enthält: eine Rhythmisierung der Geschichte, die – um mit Rousseau zu reden – zur Einleitung des „Jahrhunderts der Krisen und Revolutionen[19]“ gehört. Noch eine Anstrengung, und man wird zu den positivistischen „Zuständen“ *(états)* oder zu den „Stadien“ *(stades)* übergehen, die einer ganz anderen Inspiration entspringen. Der Zivilisationsprozeß, der auf dem zweiten Niveau der Analyse von Condorcet bestimmte Unterscheidungsprobleme (*civilisation* im Gegensatz zu *art social*) enthält, geht in eine globale Perspektive über, die sowohl das ewige Erzählschema des Aufklärungskampfes als auch die erste Ebene der allgemeinen Prinzipien umfaßt, die Zivilisierung und ständig fortschreitende Humanisierung verbindet. Hier vereinigt letztlich ein einziger Prozeß in sich die Folge der Kulturzustände, und zwar im Verlauf einer Entwicklung, die einer noch unbekannten Logik gehorcht. Man näherte sich dem Plural *civilisations* (Kulturen): man entfernt sich nicht davon, sondern man überschreitet ihn bereits in signifikanter Weise.

---

17 Es handelt sich um ein abstraktes Moment eines allgemeinen historischen Musters.

18 *Condorcet,* Esquisse (Anm. 9), 106.

19 Vgl. das dritte Buch des Emile, in: *Jean-Jacques Rousseau,* Œuvres complètes, hrsg. v. Michel Launay, Bd. 3, Paris 1971, 138.

4. Damit kehrt das Konzept der *civilisation* (als Zivilisierungsprozeß) also wieder, allerdings auf einer viel höher gelegenen Ebene, der vierten Ebene unserer Analyse. Indem er sich mit dem Auftauchen entscheidender, kritischer Punkte in der Geschichte verbindet, gewinnt der Terminus eine andere Bedeutung und eine neue Tragweite. Es handelt sich nicht mehr um den Terminus ad quem des zweiten Niveaus: die natürliche Ungleichheit, die theoretisch (ideologisch) von einem unklaren *art social* resorbiert wird und zugleich das neutralisiert, was Hegel als das Tragische der Geschichte denken wird. Der Begriff enthält nun vielmehr die Notwendigkeit, zu einem Denksystem überzugehen, das innerhalb der mehr oder minder parallelen Entwicklung der Vervollkommnungen der *societas civilis,* der Sittenkultur und der intellektuellen und geistigen Fortschritte entscheidende *Schwellen* der *Zivilisation* unterscheidet, bei deren Überschreitung der Zustand und der Prozeß der *civilisation* einen neuen Sinn erhalten muß. Der Begriff hat so gleichsam in noch evidenterer Form Anteil an der Schöpfung seines Kontextes, den man im Rahmen eines Werkes nie als von außen aufgezwungen ansehen kann. Bereits in der zweiten „Epoche" der *Esquisse,* wo er zum Rousseau des ersten *Discours* auf Distanz geht, erwähnt Condorcet „den spannungsgeladenen und schwierigen Übergang von einer groben Gesellschaft zum Kulturzustand *(état de civilisation)* der aufgeklärten und freien Völker" – ein Übergang, der keine Degeneration sei, sondern eine „notwendige Krise" im graduellen Fortgang der Menschheit zur „absoluten Perfektionierung[20]". Und er verbindet das nicht nur mit der „Ausdehnung" *(étendue),* sondern auch mit der „Reinheit" *(pureté)* der Aufklärung... Wenn die Krise – der medizinischen Begriffstradition entsprechend – sowohl ein Moment der Ausscheidung schädlicher Stoffe und der Ungewißheit als auch eine (äußerst variable) Rhythmisierungsform der Zeit ist, so bedeutet die aus dieser Krise erstehende *Zivilisation* ein zentrales und völlig neuartiges Phänomen. Und diese Heraufkunft der neuen *Zivilisation* verlangt eine qualitative Veränderung in der aufklärerischen Befreiung, die man nicht länger einfach auf einen Gegensatz zwischen Kenntnissen und wahrer Prima Philosophia zurückführen kann. Ungeachtet der Widersprüche, die er politisch hic et nunc erfuhr, hat Condorcet diese *Zivilisation,* welche die Aufklärung ideologisch in die Revolution integriert, in der achten „Epoche" der *Esquisse* wesentlich genauer und tiefsinniger charakterisiert:

„[...] nous sommes arrivés au point de civilisation, où le peuple profite des lumières, non seulement par les services qu'il reçoit des hommes éclairés, mais parce qu'il a su s'en faire une sorte de patrimoine, et les employer immédiatement à se défendre contre l'erreur, à prévenir ou satisfaire ses besoins, à se préserver des maux de la vie ou à les adoucir par des jouissances nouvelles[21]."

---

20 *Condorcet,* Esquisse (Anm. 9), 97 - 98.

21 Ebenda, 200.

Dieser Text legt großes Gewicht auf die Vorherrschaft des Rechtes auf Glückseligkeit, das Jefferson den amerikanischen *Insurgents* verkündet hatte. Vor allem jedoch handelt er vom *unmittelbaren* Gebrauch der Aufklärung, was nicht „spontan" oder ohne „zeitliches Intervall" bedeutet, sondern „unmittelbar", ohne Bevormundung, ohne die notwendige Vermittlung „befugter Stimmen", möge es sich nun um solche von Betreuern oder von verkleideten Geistlichen handeln. Die neue Bedeutung, welche die Idee der zivilisatorischen Handlung in entscheidender Weise bereichert, hängt hier nicht mehr oder nicht mehr ausschließlich von der Konstruktion eines ideologischen Artefakts ab, das Harmonisierungen erzwingt, sondern vom einzig wirklich zivilisatorischen Ehrgeiz, die aufklärerische Befreiung mit einer Art Sieg über die menschliche Not zu vereinen.

III.

Von diesem Aperçu aus wollen wir zwei Arten von Schlußfolgerungen ziehen oder besser: zwei Perspektiven öffnen.

– Vom bereits relativ alten Begriff des *zivilisierten Individuums* hin zu jenem der *civilisation* haben wir eine große Distanz zurückgelegt. Heißt das, daß Condorcet eine ganze implizite Problematik des Gegensatzes *zivilisiert / unzivilisiert* hinter sich lassen kann, die er im übrigen so deutlich überschreitet? Das ist alles andere als gewiß. Im selben Maße, wie die Idee der *civilisation* sich fortan sowohl mit der Aufklärung als auch mit einer Glückseligkeit verbindet, die viel mehr bedeutet als das „öffentliche Wohlbefinden", gewinnt sie die Dimension einer fortgesetzten Schöpfung, und in einer neuartigen, viel dramatischeren und beunruhigenderen Weise sieht man den alten Gegensatz *Zivilisation / Nicht-Zivilisation* wieder auftauchen. Es handelt sich nicht einmal um Hierarchie oder Verachtung für den Barbaren; worum es geht, ist die Unfähigkeit, das zu begreifen, was *außerhalb* der erträumten Kultur liegt, was sie berührt und ihr ihre Grenzen aufzeigt. Es versteht sich, daß das transitiv gebrauchte Verbum *civiliser* die namentliche Angabe eines belebten Agens oder eines agierenden, herrschenden Prinzips des Zivilisationsprozesses erforderlich macht und daß dann die Schwierigkeiten auftauchen: das Problem ist, nebenbei gesagt, viel älter als das Auftreten des Substantivs *civilisation*. Condorcet erwähnt die Evolution des Kolonialreichs im Gefolge der Unabhängigkeit der Neuen Welt:

> „Peut-on douter que la sagesse ou les divisions insensées des nations européennes, secondant les effets lents, mais infaillibles des progrès de leurs colonies, n'amènent bientôt l'indépendance du nouveau monde? Et dès lors, la population européenne prenant des accroissements rapides sur cet immense territoire, ne

doit-elle pas civiliser ou faire disparaître, même sans conquête, les nations sauvages qui y occupent encore de vastes contrées[22]?"

Nicht mehr als seine Vorgänger, nicht mehr als wir selbst vermag Condorcet in vollständiger Weise annehmbare Rollen des Zivilisierten und des Zivilisierbaren zu bestimmen: Rollen, die sich ständig ändern. Als ob die an die Hottentotten gerichtete Ansprache in der *Histoire des deux Indes* oder die berühmte Fußnote im *Discours sur l'origine de l'inégalité* immer das letzte Wort in der Sache zu sein drohten... Das labile Spannungsverhältnis *Zivilisation / Barbarei* findet immer neue Anwendungsgebiete.

– Ist diese Grenze einmal angegeben, möchten wir nützliche Vorsichtsmaßnahmen ergreifen gegen falsche Interpretationen dieser kurzen Studie, aber auch gegen eindeutige Schlußfolgerungen, die der von uns eben zitierte Text veranlassen könnte. Wir haben in keiner Weise versucht, bei Condorcet etwas nachzuweisen, was manche – ausgehend von einer rhetorischen und disziplinierenden Konzeption der Kohärenz – Inkohärenzen nennen würden. Ebensowenig ging es uns bei einem in Entwicklung befindlichen Begriff wie *civilisation* bloß um den Nachweis von „Abweichungen", wie ihn Althussers berühmte Studie über den *Contrat social* geführt hat[23]. *Civilisation* ist zwangsläufig mit Konzeptionen der Geschichte und der Kultur verbunden, die nicht homogen sein können und die Gegenstand einer Vermittlungsarbeit sind. Dabei sehen wir gelegentlich Kompromißbildungen am Werke, die unverzichtbar sind, um dem Begriff seine historische Wirksamkeit zu verleihen. Das könnte und kann schlicht und einfach ideologisch und in konjunktureller Weise an eine gesellschaftliche Praxis gebunden sein. Man kann die Dinge aber auch anders verstehen. Weil sie die Einheitlichkeit der Kontexte, die der Terminus *civilisation* sammelt, erfindet oder hervorruft, sich letztlich als wohltätige Gewähr des ganzen Vormarsches der Aufklärung durchsetzen und die Aufklärung daran hindern muß, sich auf einen leeren Pädagogismus zu stützen, verlangt etwas ist im Text der *Esquisse* die Parteinahme des impliziten Leser und ruft sie gleichsam hervor. Dieser implizite Leser, das sind Sie, das bin ich: er ist ein enormes Trugbild und zugleich die allernächste, die lebendigste Realität. Diese Realität besteht aus dem Wunsch, die anthropologische Wahrheit (die *Kultur-Zivilisation,* auf allen Ebenen) wiederherzustellen, und sie besteht aus dem Willen, einen höheren Humanisierungsprozeß (die vom Standpunkt der Entwicklung der geistigen Fähigkeiten mit der Aufklärung verbundene Kultur) theoretisch zu fassen; sie besteht weiterhin aus der Erkenntnis der grundle-

22 Ebenda, 255.

23 *Louis Althusser,* Sur le „Contrat social" (Les Décalages), in: L'Impensé de Jean-Jacques Rousseau, (Cahiers pour l'Analyse 8), Paris 1966, 5 - 42.

genden Bedeutung der *Zivilisierung* (Sittenkultur) und der *societas civilis* (die *Zivilisation* der Regierungsformen und der Höflichkeit) wie auch aus dem Appell an eine verklärte Befreiungszivilisation, die Aufklärung und Glück vereint. Jenes Trugbild ist uns mehr als vertraut, es ist alles andere als „trügerisch" im banalen Wortsinn, es ist untrennbar verbunden mit dem Kampf gegen die Barbarei – ein Kampf, der nicht die Waffen streckt, weder gegen die Barbarei in- und außerhalb von uns selbst noch gegen die Barbarei innerhalb der Kultur. Eine wesentliche Schwierigkeit bleibt indessen, und Condorcet konnte sie nicht erkennen, obwohl er nach Swift und Voltaire kam: die Schwierigkeit, daß es entscheidend notwendig ist, möglichst nicht nur Begriffe, sondern auch Konflikte „unideologisch" zu denken – Konflikte, die uns aggressiv machen, nicht nur aus dem einfachen Grund, weil sie unser gutes Gewissen stören. Denn es gibt ein instabiles und umkehrbares, internes und externes Spannungsverhältnis zwischen *Zivilisation* und *Barbarei,* das die Philosophie des 18. Jahrhunderts – die zu einer bestimmten philosophischen Kohärenz gelangte Aufklärung – nicht zu denken vermochte. Wie Jean Starobinski nachdrücklich festgestellt hat[24], vermag nur der Borges der *Historia del guerrero y de la cautiva* und des *Informe de Brodie* dazu etwas zu sagen – paradoxerweise wohl deswegen, weil er es, im Gegensatz zu Condorcet, einsam und nicht solidarisch tut.

24 Vgl. das Kapitel über den Zivilisationsbegriff und seine Geschichte in *Jean Starobinski,* Le Remède dans le mal, Paris 1990, ohne welches die vorliegende Studie nicht zustande gekommen wäre.

Die Dekadenz von *Dekadenz*

Von Wolfgang Klein, Berlin

Dekadenz gehört zu den Begriffen, deren Sinn durch das 18. Jahrhundert teilweise verändert, ja in einigen modernen Aspekten überhaupt formiert worden ist. Seine politisch-sozialen Dimensionen im Aufklärungszeitalter müssen im folgenden nicht im einzelnen dargestellt werden: Der Nicht-Spezialist kann hier so beeindruckt wie beruhigt auf den reichen Artikel verweisen, den Dieter Gembicki zum *Handbuch politisch-sozialer Grundbegriffe in Frankreich 1680 - 1820* beigesteuert hat. *Dekadenz,* so lernt er dort, ist im zur Rede stehenden Zeit-Raum in großer Fülle als „Korrelationsbegriff"[1] zu dem sich ausbreitenden *Fortschritt* gebraucht worden. Der Begriff hat jedoch weit über das damalige Frankreich und das Politisch-Soziale hinaus in mehreren geographischen und mehreren Diskursbereichen der europäischen Kultur gewirkt, und das von der Renaissance bis an die Gegenwart heran. Für den Dekadenz-Artikel eines *Historischen Wörterbuchs ästhetischer Grundbegriffe,* das am Zentrum für Literaturforschung in Berlin vorbereitet wird, haben mich diese Weiterungen zu interessieren. Will die Repräsentation dieser Geschichte nicht den schon die *Encyclopédie*-Autoren beschäftigenden[2] Gefahren der uferlosen Beschreibung erliegen und selbst als Geschichte strukturiert bleiben – also vor der großen und eventuell widerstreitenden Menge der Befunde nicht in die Beliebigkeit der assoziativen Darstellung, in die der bloßen Aufreihung oder in die der willkürlichen Reduktion ausweichen –, braucht diese eine organisierende Frage. Aufklärerischer Tradition zufolge müßte sie den Gegenstand des Fragens in seinen wesentlichen inneren Dimensionen und äußeren Bewegungen erfassen, und sie müßte sich finden lassen.

---

1 *Dieter Gembicki,* Corruption, Décadence, in: Handbuch politisch-sozialer Grundbegriffe in Frankreich 1680 - 1820, hrsg. v. Rolf Reichardt u. Hans-Jürgen Lüsebrink, Heft 14/15, München 1993, 59.

2 Vgl. den Artikel „Description" von *Louis Jean Marie Daubenton,* in: Encyclopédie ou Dictionnaire raisonné des Arts et des Métiers, hrsg. v. Denis Diderot u. Jean Le Rond d'Alembert, 17 Bde., Paris (Neufchâtel) 1751 - 1765, hier Bd. IV (1765), 858. An der Stanford University hat dazu im Januar 1996 eine Konferenz stattgefunden.

Im folgenden soll überlegt werden, ob diese strukturierende Frage in unserem Fall aus der Feststellung gewonnen werden kann, daß der Dekadenzbegriff heute selbst der Dekadenz anheimgefallen ist.

Bei einer solchen Ausgangshypothese darf nicht verschwiegen werden, daß entgegengesetzte Befunde und Erwartungen zur aktuellen Diskussionslage durchaus formuliert worden sind. Vor nicht allzu langer Zeit haben Manfred Pfister und Bernd Schulte-Middelich z.B. gemeint, die Anziehungskraft des historischen Feldes, auf dem *Dekadenz* zum Programm wurde, werde in dem Maße wachsen, „in dem die ökonomischen, politischen und ideologischen Widersprüche unserer Gegenwart als unzugänglich für rationale Analyse und instrumental planende Vernunft erfahren werden[3]." Stefan Fuchs hat jüngst unter dem Titel *Dekadenz* ein beeindruckendes Buch veröffentlicht, in dem er in Adornoscher Tradition „emphatische Artifizialität"[4] im 19. Jahrhundert studierte und zum Mittel von Widerstand über das industrielle Zeitalter hinaus proklamierte. Denken wir aber an das Bemühen von Jacques Derrida, die Differenzen zwischen „Destruktion" und „Dekonstruktion" ins Licht zu rücken und sich von „Aufrufen zum Bruch, zur Destruktion des Vergangenen, zum Vergessen" fernzuhalten[5]. Betrachten wir die Jubiläums-Nummer 500 des *Merkur*, in der Karl Heinz Bohrer – wiederum die „Phänomenalität des Ästhetischen" gegen das „Nichtidentische" aufrichtend – sich als „Opponent von Geschichtsphilosophie" definiert[6] und Christian Meier auf die Frage, ob nach dem „fin de siècle" nun das „end of history" komme, ausdrücklich „jeden Gedanken an ein Ende der Geschichte" zurückweist und auf den „Anfang" setzt, der in der Geschichte jedem Ende zu folgen pflege[7]. Und vergessen wir nicht, wie Heiner Müller – nach der deutschen Vereinigung in seinem Schreiben blockiert – sein Verständnis dafür formulierte, daß Theodor Mommsen jenen Teil seiner *Römischen Geschichte*, der den klassischen Ort der Dekadenz, die römische Kaiserzeit, hätte darstellen sollen, nie ausarbeitete: Mommsen habe diese Zeit so ekelhaft gefunden wie Müller seine Gegenwart. „Wer wollte das aufschreiben/Mit Leidenschaft Haß lohnt

---

3 Die „Nineties". Das englische Fin de siècle zwischen Dekadenz und Sozialkritik, hrsg. v. Manfred Pfister u. Bernd Schulte-Middelich, München 1983, 9.

4 *Stefan F.-J. Fuchs*, Dekadenz. Versuch zur ästhetischen Negativität im industriellen Zeitalter anhand von Texten aus dem französischen und englischen Fin de siècle, Heidelberg 1992, 165.

5 Vgl. *Helga Geyer-Ryan*, Recht, Literatur und Dekonstruktion, in: Nach der Aufklärung? Beiträge zum Diskurs der Kulturwissenschaften, hrsg. v. Wolfgang Klein u. Waltraud Naumann-Beyer, Berlin 1995 (Zitat 248).

6 *Karl Heinz Bohrer*, Die Ästhetik am Ausgang ihrer Unmündigkeit, in: Merkur 500 (Oktober/November 1990), 862, 855.

7 *Christian Meier*, Vom „fin de siècle" zum „end of history"? Zur Lage der Geschichte, in: ebenda, 823.

nicht Verachtung läuft leer[8]." Lieber nichts schreiben also als die Dekadenz beschreiben, proklamieren oder bekämpfen. Die Ableitung von Ausgangsbestimmungen ist immer ein problematisches Geschäft. Hier soll mit solchen bloßen Autoritätsbeweisen dennoch behauptet werden: Die Reize des Verwesenden sind nicht unter den neuen Bestimmungen, die der Moderne ihre Macht bestreiten. Die gegenwärtige Kultur definiert sich nicht im Maße und nicht als Gegensatz von Dekadenz. Der Dekadenz-Begriff gehört der Vergangenheit zu.

Warum aber scheint es sinnvoll, sich darüber so zu wundern, daß die Darstellung einer Begriffsgeschichte darauf aufbaut? Schließlich spielen viele Termini in einer bestimmten Zeit eine Rolle und werden dann vergessen oder überleben ohne emphatische Bedeutungen. Das gegenwärtige Zurücktreten von *Dekadenz* läßt sich ihnen gegenüber deshalb als Fokus der Darstellung benutzen, weil die heute diskursbestimmenden Moderne-Kritiken bei genauerer Betrachtung auf zumindest drei Bereiche verweisen, in denen der Begriff in seiner Geschichte bedeutsam wurde: auf den des historischen Fortschrittsdenkens, auf den des ontologischen Universalismus und auf die Frage, ob die Vernunft wirklich die einzige, oder wenigstens die wichtigste menschliche Fähigkeit vor z.B. der künstlerischen Imagination sei. Diese drei Bereiche sollen im folgenden betrachtet werden, um schließlich eine Erklärung für das triste Ende eines eher dunklen Begriffes vorzuschlagen.

I.

Beginnen wir mit dem Geschichtsdenken. Wenn im 18. Jahrhundert das Paar *Fortschritt/Dekadenz* so häufig gemeinsam auftrat, daß es schon als „Floskel oder Versatzstück"[9] bezeichnet werden muß, so scheint das mit der heutigen Fortschrittskritik wenn nicht identisch, so zumindest parallelisierbar. Zwar muß bedacht werden, daß damals die mehrere Jahrhunderte währende Periode noch nicht zu Ende war, in der „das zyklische Modell einen zentralen Platz" in der Geschichtsreflexion eingenommen[10] und das Weltbild in den Kategorien von Aufstieg, Höhepunkt, Niedergang und Zusammenbruch strukturiert hatte. Antike Zeitalter-, Niedergangs- und Kreislaufkonzeptionen (Hesiod, Platon, Polybios) waren nach dem Mittelalter neu wirksam geworden, die christliche Eschatologie von Augustins *De Civitate Dei* – der „überwältigenden Ant-

---

8 *Heiner Müller,* Mommsens Block, in: Sinn und Form 2 (1993), 211.

9 *Gembicki,* Corruption, Décadence (Anm. 1), 23.

10 *Jochen Schlobach,* Zyklentheorie und Epochenmetaphorik. Studien zur bildlichen Sprache der Geschichtsreflexion in Frankreich von der Renaissance bis zur Frühaufklärung, München 1980, 343.

wort“ auf den Vorwurf der Schuld der Christen am Niedergang Roms durch die Überlegung, daß „im Christentum der Niedergang eines irdischen Reiches eine zweitrangige Angelegenheit sei“ – war zurückgetreten, ihr apokalyptisches Moment diversifiziert[11]. Dem zyklischen, in seinem Grunde „statischen“[12] Zeitbegriff entsprach ein ebenfalls durch Kreislaufvorstellungen strukturierter Naturbegriff[13], und in beider Sinne konnte gesagt werden: „Alles, was wir sehen, ist durch seine so offensichtliche Unbeständigkeit natürlich der Veränderung und folglich Dekadenz, Verderben und Untergang unterworfen[14].“ Für die Künste galt ebenfalls seit langem, daß sie wie der menschliche Körper „geboren werden, wachsen, verfallen und sterben“[15]. Der Zyklus war es schließlich, der es den frühneuzeitlichen Menschen ermöglichte, Kriege und politische Krisen gedanklich zu bewältigen: In den *Discorsi sopra la prima decada di Tito Livio* griff Machiavelli „zu den Beispielen der Alten zurück“, um seine Gegenwart „bei der Einrichtung der Republiken, bei der Erhaltung der Staaten“ vor Niedergang zu bewahren[16]; über Türken-, Religions- und Dreißigjährige Kriege blieb das Muster wirksam bis in die universalgeschichtliche Unterweisung des Dauphin „nicht nur über das Aufsteigen und über den Sturz der Reiche, sondern auch über die Gründe ihres Fortschritts und über die ihrer Dekadenz“[17]; noch Voltaire arbeitete, sei es im *Essai sur l'histoire générale* (1753/56), in der *Histoire de l'Empire de Russie* (1759) oder dem *Précis du siècle de Louis XV* (1769), ständig mit einem solchen Dekadenz-Begriff. Vor diesem Hintergrund relativiert sich z. B. die begriffsgeschichtliche Bedeutung von Montesquieus *Considérations sur les causes de la grandeur des Romains et de leur décadence* (1734). „Dekadenz“ wird dort selbstverständlich, wenn auch selten genutzt, aber nirgends in seinen Inhalten diskutiert; die Schrift ist als staatstheoretische Reflexion über „eine langsame Art des Eroberns“ und eine Regierungskunst, wo „jeder Mißbrauch der Macht immer korrigiert werden kann“[18], eher ein längerer Essay in der

---

11 Vgl. *Paul Widmer,* Die unbequeme Realität. Studien zur Niedergangsthematik in der Antike, Stuttgart 1983 (Zitat 37).

12 *Reinhart Koselleck,* Das achtzehnte Jahrhundert als Beginn der Neuzeit, in: Epochenschwelle und Epochenbewußtsein, hrsg. v. Reinhart Herzog u. Reinhart Koselleck, München 1987, 275.

13 Vgl. *Udo Krolzik,* Zeitverständnis im Spiegel der Natur, Wandlungen des Zeitverständnisses und der Naturwahrnehmung um 1700, in: Selbstverständnisse der Moderne, hrsg. v. Günter Figal u. Rolf-Peter Sieferle, Stuttgart 1991.

14 *Antoine de Montchrestien,* Traicté de l'œconomie politique, s.l. 1615, 16.

15 *Giorgio Vasari,* Delle vite de'più eccelenti pittori, scultori e architettori (1550), Florenz 1948, 249.

16 *Niccolò Machiavelli,* Vom Staate oder Betrachtungen über die ersten zehn Bücher des Tit. Livius (1531), in: Machiavelli, *Sämmtliche Werke,* Bd. 1, Karlsruhe 1832, 6.

17 *Jacques Bénigne Bossuet,* Discours sur l'histoire universelle (1681), in: Bossuet, Œuvres, Paris 1979, 953.

Vorbereitung des *Esprit des Loix* (1749), als daß sie zur Begriffsgeschichte von *Dekadenz* Neues beitrüge. Auch Rousseaus erster Diskurs wirkt im Kontext des zyklischen Denkens weniger neu als in dem des progressiven.

Wenn man dies bedenkt und zugleich berücksichtigt, daß heute durchaus andere gedankliche Grundorientierungen vorherrschen, bleibt dennoch die Frage, ob dem obigen Zwar nicht das Aber endlich folgen muß. Ist aber nicht dennoch *Dekadenz* heute geeignet, *Fortschritt* nicht nur zu ergänzen, sondern zu korrigieren? Man braucht doch nur daran zu denken, wie Condorcet in seiner klassischen Apologie des Fortschritts aus dem Zyklus endlich ausbrechen zu können meinte – „Die Vervollkommnungsfähigkeit des Menschen ist unbegrenzt" –, wie er selbst aber am Schluß seine ganze gedankliche Konstruktion ein „Asyl" des philosophe nannte, „in das der Gedanke an seine Verfolger ihm nicht folgen kann", ein „Elysium, das seine Vernunft sich zu schaffen wußte und das seine Liebe zur Menschheit mit den reinsten Mächten verschönt"[19] –; und wie er kurz nach der Niederschrift dieses Satzes dann doch den unreineren Mächten nicht entkam und in deren Gefängnis starb. Man braucht sich doch nur die Art zu vergegenwärtigen, in der die Herolde des Fortschritts im 19. Jahrhundert sich zu *Dekadenz* äußern zu können beanspruchten – Pierre Larousse z.B., der in seinem großen Wörterbuch so kühn wie beschränkt behauptete: „Nein, Dekadenz ist nirgends möglich, so solidarisch sind die Völker durch die Gemeinsamkeit ihrer Schicksale geworden!" – und der Rousseaus Kulturkritik als „Grille eines Humoristen" abtat: „Behaupten, daß alles gut ist, wenn es aus den Händen der Natur kommt, und daß in den Händen des Menschen alles entartet; dem Fortschritt der Aufklärung die Dekadenz der Völker zuordnen; die Menschheit zu ihrer Wiege zurückführen, um sie leben zu lehren, und ihr als einziges Gesetz inmitten der Wälder den Code der Wildheit geben – das heißt den Geschmack am Paradox etwas weit treiben und sich über den gesunden Menschenverstand etwas zu sehr mokieren. Es ist wirklich ärgerlich, daß der wilde Genfer bei seinen Wanderungen nicht bis zu den Kannibalen Neuseelands vorgestoßen ist, [...] um über sein Traumideal nachzusinnen[20]." Es ist doch kein Wunder, sondern hat Gründe in der Realität, daß die Verteidiger der Aufklärung heute nicht mehr bereit sind, wie Werner Krauss vor dreißig Jahren das Entstehen einer Fortschrittstheorie zu den unbestreitbaren Errungenschaften des Aufklärungsjahrhunderts zu

---

18 *Charles Louis de Montesquieu,* Œuvres complètes, Bd. 2, Paris 1976, 108, 115.

19 *Marie Jean Antoine Nicolas Caritat de Condorcet,* Esquisse d'un tableau historique des progrès de l'esprit humain (1795), Reprint Hildesheim 1981, 358, 363.

20 *Pierre Larousse,* Décadence, in: Larousse, Grand dictionnaire universel du XIXe siècle, Bd. 7, Paris 1870, 207.

zählen – einer Theorie, die jener Dekadenz-Vorstellung das Ende bereite, derzufolge die ständige „Drehung des Glücksrades" irgendwann „alles Erreichte wieder zunichte" mache[21]. Weit zurückhaltender, ja fast schon entgegengesetzt weist Jochen Schlobach in den heutigen Debatten darauf hin, daß „die Gleichsetzung von Aufklärung und Fortschrittstheorie" eine „polemische Vereinfachung" sei, die vor allem die Tatsache verkenne, daß dem historischen Denken im 18. Jahrhundert, von Montesquieu über Diderot bis zur Revolution, eine zyklische Geschichtsvorstellung zugrunde lag[22]. Eine neue Welle der Dekadenz scheint sich hier abzuzeichnen, mit Zuflüssen aus dem 18. Jahrhundert selbst. Um nochmals zur anderen Seite zu schauen: Als Jean Monnet nach dem 2. Weltkrieg die französische Planification begründete, tat er das unter der Losung: „Modernisierung oder Dekadenz"[23]. Für Monnet war das eine rhetorische Frage. Warum sollen wir, nach dem, was wir inzwischen erlebt haben und wissen über die Kosten dieser Modernisierung, nicht der anderen Antwort neues Gewicht geben? Auch wenn man Modernisierungsnotwendigkeiten in Situationen wie denen, in der Monnet arbeitete, eingestehen wird – besser als der Optimist Pierre Larousse und seinesgleichen kennen wir heute „die Unbeständigkeit jedes Höhepunkts"[24], ja seine Gefahren. Warum sollte – nach dem Scheitern jenes Fortschritts – nicht jetzt die Dekadenz proklamiert werden?

II.

Zum Universalismus. Wenn das 18. Jahrhundert von einer Geschichtsvorstellung beherrscht war, in der *Dekadenz* einen nicht zu vernachlässigenden Platz einnahm, so läßt sich das von dieser anderen begriffsgeschichtlich wichtigen Dimension nicht sagen. Mit *Dekadenz* ist zeitweise die Erfahrung einer fragmentierten Wirklichkeit formuliert worden. Wie die Negation des Fortschritts könnte die Verabschiedung eines ontologischen und sozialen Universalismus dem Begriff neues Leben in den Kontexten der Postmodernität ermöglichen. Deren Kritik an der Aufklärung würde sie bestärken, wenn sich am Horizont des 18. Jahrhunderts diese Verabschiedung noch nicht abzeichnete.

---

21 *Werner Krauss,* Der Streit der Altertumsfreunde mit den Anhängern der Moderne und die Entstehung des geschichtlichen Weltbildes (1966), in: Krauss, Aufklärung I. Frankreich, hrsg. v. Winfried Schröder, Berlin/Weimar 1991, 5.

22 *Jochen Schlobach,* Aufklärung und Kultur im Geschichtsdenken des 18. Jahrhunderts, in: Nach der Aufklärung? (Anm. 3), 3 - 5.

23 Vgl. Modernisation ou décadence. Etudes, témoignages et documents sur la planification française, hrsg. v. Berard Cazes u. Philippe Mioche, Aix-en-Provence 1990.

24 *Vladimir Jankélévitch,* La décadence, in: Revue de métaphysique et de morale 4 (1950), 355.

Tatsächlich galt da noch immer die schon von La Rochefoucauld formulierte Sorge, daß in dekadenten Reichen „alle Einzelnen sich auf ihre eigenen Interessen beschränken und vom allgemeinen Wohl abwenden“[25] könnten, und war das Bemühen, „das Ganze zu ordnen“, so bestimmend wie im *Contrat social:* „Aus der öffentlichen Aufklärung erwächst die Einheit von Verstehen und Wollen im gesellschaftlichen Körper, daraus das genaue Zusammengehen der Teile und schließlich die größte Kraft des Ganzen[26].“

Mehr als hundert Jahre nach dieser ganzheitlichen Willenserklärung erst wurde „die Erfahrung der Fragmentierung“[27] formuliert – und zwar mit Hilfe des Dekadenz-Begriffs. Das begann nicht auf der Ebene des politisch-sozialen Denkens, sondern zeichnete sich, in der Folge der Romantik, in einigen Bemerkungen und der literarischen Praxis der Brüder Goncourt ab. Berühmt wurde es durch eine Reflexion zur Literaturgeschichte von Paul Bourget. In einem Essay über Baudelaire sprach Bourget im November 1881 von einem „Stil der Dekadenz [...], wo die Einheit des Buches sich auflöst, um der Unabhängigkeit der Seite Platz zu machen, wo die Seite sich auflöst, um der Unabhängigkeit des Satzes Platz zu machen, und der Satz, um der Unabhängigkeit des Wortes Platz zu machen“. Es wird bis heute häufig übersehen, daß dieser Satz keineswegs eine Apologie moderner Kunst war, sondern ein Bedenken formulierte, das voll in der Tradition der aufklärerischen Bemühung um die Ganzheitlichkeit des „sozialen Organismus“ stand. Unmittelbar vor dem zitierten Satz über den Stil, und als dessen Basis, findet sich ein biologistisch verpacktes politisches Menetekel – formuliert im Ableitungsstil positivistischer Wissenschaftlichkeit: „Das Individuum ist die Zelle der Gesellschaft. Damit der Gesamtorganismus (organisme total) mit Energie funktioniert, ist es nötig, daß die ihn bildenden Organismen mit Energie funktionieren, aber mit einer untergeordneten Energie; und damit diese minderen Organismen selbst mit Energie funktionieren, ist es notwendig, daß ihre sie bildenden Zellen mit Energie funktionieren, aber mit einer untergeordneten Energie. Wird die Energie der Zellen unabhängig, ordnen die Organismen, die den Gesamtorganismus bilden, ihre Energie der Gesamtenergie ebenfalls nicht mehr unter, und die entstehende Anarchie führt zur Dekadenz des Ganzen[28].“

---

25 *François de La Rochefoucauld,* Réflexions ou Sentences et Maximes morales (1665), in: La Rochefoucauld, Œuvres complètes, Paris 1980, 496.

26 *Jean Jacques Rousseau,* Œuvres complètes, Bd. 3, Paris 1964, 393, 380.

27 *Andrew Hewitt,* Fascist Modernism, Aesthetics, Politics, and the Avant-Garde, Stanford 1993, 14.

28 *Paul Bourget,* Psychologie contemporaine. Notes et portraits. Charles Baudelaire, in: La Nouvelle Revue, November 1881, 412f.

Das politische Schlüsselwort hier ist „Anarchie“: Wenige Monate zuvor war der russische Zar Alexander II. einem Attentat erlegen – die Leser der gutbürgerlichen Zeitschrift, in der Bourgets Text erschien, dürften daran gedacht haben, als sie so über Baudelaire lasen. Sozialontologisch verallgemeinert aber wurden diese Befunde erst durch ihren berühmtesten Leser, Friedrich Nietzsche. Von *Dekadenz* im eingeführten Sinne des Niedergehens von Hochkulturen hatte Nietzsche schon seit längerem gelegentlich gesprochen. Seine Bourget-Rezeption[29], die zu einer wesentlichen Begriffsveränderung beitragen sollte, setzte unmittelbar nach dem Erscheinen der *Essais de psychologie contemporaine* (darunter des Baudelaire-Essays) als Buch 1883 ein und richtete die These vom Dekadenz-Stil als Auflösung der Einheit des Kunstwerks vorerst gegen Wagners Idee von Musik, wie Nietzsche sie sah: „*Stil* des *Verfalls* bei Wagner: die einzelne *Wendung* wird *souverän,* die Unterordnung und Einordnung wird zufällig. Bourget[30].“ Ein Brief an Carl Fuchs, jetzt auf Mitte April 1886 datiert, blieb in der gleichen Perspektive. 1888 erst, in Nietzsches letztem bewußtem Jahr, wurde sie erweitert. Auslösend dafür war die intensive Lektüre eines gerade erschienenen Buches des Pariser Psychopathologen Charles Féré über *Dégénérescence et criminalité*[31]. Die nervenmedizinische Tradition, aus der Féré kam und die Nietzsche kannte, und ihre prägende Rolle für den Herrschaftsdiskurs jener Jahre können hier nicht ausgebreitet werden; an beider Ende stand der nationalsozialistische Entartungsbegriff. Nietzsche jedenfalls notierte als Resümee seiner Lektüre in einem langen Fragment, daß „die zunehmende Civilisation [...] nothwendig auch die Zunahme der morbiden Elemente, des *Neurotisch-Psychiatrischen* und des *Criminalistischen* mit sich bringt[32]“. Dieser Gedanke pointierte frühere Nihilismus-Diagnosen; die skeptischen Beobachtungen Bourgets könnten ihm zugeordnet werden. Der Verallgemeinerung standen jedoch weiterwirkende andere Überzeugungen Nietzsches entgegen, und in beider Aufeinandertreffen wurde das Fragmentierungsproblem als ontologisches formuliert. Denn Nietzsche, der Dekadenz als „unentbehrlich für menschliche Steigerungsmöglichkeiten“[33] sah, vermochte Férés düsteren Entartungsdiagnosen keines-

29 Vgl. *Joëlle Stoupy,* „Maître de l'heure“. Die Rezeption Paul Bourgets in der deutschsprachigen Literatur um 1890, Bern u. a. 1996.

30 *Friedrich Nietzsche,* Nachgelassene Fragmente, in: Nietzsche, Briefwechsel. Gesamtausgabe, hrsg. von Giorgio Colli u. Mazzino Montinari (im folgenden zitiert: *KGA*), Abt. I - III in 20 Bänden, Berlin 1975 - 93 hier Bd. VII/1, 688.

31 Vgl. *Hans Erich Lampl,* Vivre et mourir – debout. Texte zu Friedrich Nietzsche, Cuxhaven 1993.

32 KGA, Bd. VIII/3, 158.

33 *Wolfgang Müller-Lauter,* Artistische décadence als physiologische décadence. Zu Friedrich Nietzsches später Kritik am späten Richard Wagner, in: Communicatio fidei. Festschrift für Eugen Biser, Regensburg 1983, 288.

wegs uneingeschränkt zu folgen. „Die abartenden Naturen sind überall da von höchster Bedeutung, wo ein Fortschritt erfolgen soll[34]." Ein Jahrzehnt später fügte er hinzu: „Damit es Kunst giebt, damit es irgend ein ästhetisches Thun und Schauen giebt, dazu ist eine physiologische Vorbedingung unumgänglich: der Rausch." Und: „Die Kunst ist das grosse Stimulans zum Leben[35]." Dieser Widerspruch zwischen Morbidität und Leben wurde für Nietzsche existenzbestimmend. In kaum zählbaren Fragmenten, im *Fall Wagner*, in der *Götzen-Dämmerung*, in *Ecce homo* suchte er sich zu entschieden: Er formulierte Absagen an eine dégénérescence, die er immer wieder auch „décadence" nannte und die ihm als „ein kosmopolitisches Affekt- und Intelligenzen-Chaos"[36], als „Niedergang der organisirenden Kraft"[37] zunehmend bedrohlich erschien. „Wagner est une névrose[38]." Nietzsche will keine sein.

Als unendlich schwierig beschrieben, aber dennoch erstrebt wird hier: Universalität. Nietzsche nannte es verallgemeinernd die „erste Vorschule zur Geistigkeit", auf „einen Reiz *nicht* sofort [zu] reagiren, sondern die hemmenden, die abschliessenden Instinkte in die Hand [zu] bekommen[39]." Und er nahm nun Bourget nochmals – und erstmals in einer Veröffentlichung – auf: „Womit kennzeichnet sich jede *litterarische* décadence? Damit, dass das Leben nicht mehr im Ganzen wohnt. Das Wort wird souverain und springt aus dem Satz hinaus, der Satz greift über und verdunkelt den Sinn der Seite, die Seite gewinnt Leben auf Unkosten des Ganzen – das Ganze ist kein Ganzes mehr." Der Gedanke ging aus dem Kreis der Kunst entschieden ins *grundsätzlich* Problematische: „Jedes Mal Anarchie der Atome, Disgregation des Willens, ‚Freiheit des Individuums', moralisch geredet, – zu einer politischen Theorie erweitert ‚*gleiche* Rechte für Alle'. Das Leben, die *gleiche* Lebendigkeit, die Vibration und Exuberanz des Lebens in die kleinsten Gebilde zurückgedrängt, der Rest arm an Leben. [...] Das Ganze lebt überhaupt nicht mehr: es ist zusammengesetzt, gerechnet, künstlich, ein Artefakt[40]." Die Absage an die bürgerliche Gesellschaft und den demokratischen Staat ist unverkennbar. Daneben die an dekadente Künstlichkeit. Demgegenüber umfassender Lebensdrang. Der Dekadenz – die er als erster als fragmentierte Existenz verstand – wollte Nietzsche sich nicht überlassen.

---

34 *Friedrich Nietzsche,* Menschliches, Allzumenschliches (1878), in: KGA, Bd. IV/2, 192.

35 *F. Nietzsche,* Götzen-Dämmerung (1888), in: KGA, Bd. VI/3, 110, 121.

36 *F. Nietzsche,* Nachgelassene Fragmente, in: Nietzsche, Sämtliche Werke. Kritische Studienausgabe, hrs. von Giorgio Colli u. Mazzino Montinari, Bd. 1 - 15, 2. durchges. Aufl., München 1988, hier Bd. 13, 17.

37 *F. Nietzsche,* Der Fall Wagner (1888), in: KGA, Bd. VI/3, 41.

38 Ebenda, 16.

39 *F. Nietzsche,* Götzen-Dämmerung (Anm. 34), 102.

40 *F. Nietzsche,* Der Fall Wagner (Anm. 37), 21.

Seine Bemühung um das Ganze statt um das „niedergehende“ Leben nannte Nietzsche am Schluß „die Herren-Moral (‚römisch‘, ‚heidnisch‘, ‚klassisch‘, ‚Renaissance‘) [...] als die Zeichensprache der Wohlgerathenheit, des *aufsteigenden* Lebens, des Willens zur Macht als Princips des Lebens[41]“. Zu Recht hat Christian Lavagno in einer Kritik der Nietzsche-Sicht Foucaults die Frage gestellt, „ob die Lehre vom Übermenschen und vom Willen zur Macht tatsächlich eine Dezentrierung oder nicht vielmehr eine Potenzierung des Subjekts impliziert[42]“. Wie vereinfacht aber ist diese Frage geschichtlich an Nietzsche gerichtet worden, wie sehr wurde das Problematische, Nichtabgeschlossene, Zerrissene, das er sah, ja verkörperte, niedergetreten! Zu einer Seite durch jene, die Nietzsches Ruf zu gesteigertem Leben in borniert-aggressiver Allwissenheitsanmaßung aufnahmen und den durch Nationalismus und Rassismus aufgeladenen medizinischen Entartungsdiskurs endlich 1933 zum Herrschaftsinstrument machten. Zu einer anderen aber auch dort, wo das Aufbegehren dagegen, daß in der gesellschaftlichen Welt „die Subjekte [...] zerlegt“[43] wurden, nicht als entscheidende Gemeinsamkeit mit Nietzsche akzeptiert, sondern „dem Proletariate“ (mit pathetischem Schlußvokal) das geschichtliche Erzeugen der „organischen Einheit der Person“ und der „Gesellschaft als Totalität“ ebenso zugetraut wurde wie das damit verbundene Überwinden jeder „sich in der Form von Zweifel, Verzweiflung und so weiter ausdrückenden *Dekadenzerscheinung*[44]“. Georg Lukács, von dem hier die Rede ist, schwor der überzogenen Revolutionserwartung bald ab und untersuchte statt des Proletariates die Kunst auf ihre Möglichkeiten hin, „den unmittelbaren Anschein des Lebens mit dem Durchsichtigwerden der Erscheinungswelt, mit dem Glanz des Wesens organisch“ zu vereinigen[45]; seine große Konzeption (zu der als Monument nicht rationalistischer Dumpfheit, sondern erschütterter Aufklärung über schlimmste Erfahrung auch das umstrittene Buch über *Die Zerstörung der Vernunft,* 1954, gehört) kam nach 1945 im Osten Deutschlands zu breiter humanisierender Wirkung. Aber die behauptete generelle „gesellschaftliche Zusammengehörigkeit von Überfeinerung der entleerten Individualität und entfesselter Bestialität“[46] ließ sich nicht

---

41 Ebenda, 44f.

42 *Christian Lavagno,* Rekonstruktion der Moderne. Eine Untersuchung zu den philosophiegeschichtlichen Moderne-Konzeptionen von Habermas und Foucault (Manuskript 1995), 12.

43 *Georg Lukács,* Geschichte und Klassenbewußtsein (1923), in: Lukács, Werke, Bd. 2, Neuwied/Berlin 1968), 264.

44 Ebenda, 331, 275, 299, 374.

45 *G. Lukács,* Die Eigenart des Ästhetischen (1963), Bd. 2, Berlin/Weimar 1981, 286.

46 *G. Lukács,* Marx und das Problem des ideologischen Verfalls (1938), in: Lukács, Karl Marx und Friedrich Engels als Literaturhistoriker, Berlin 1952, 91.

beweisen, und, schlimmer noch, der Theoretiker des Kampfes gegen die Entfremdung schob die Dimensionen der praktischen Entfremdung, die um ihn herum bis zur Vernichtung von Menschen führte, ebenso von sich wie die Tatsache, daß mit Versatzstücken seiner Theorie schlimme Kulturpolitik gemacht wurde.

Das führt zurück zu den diesen Beitrag organisierenden Fragen. Wenn auf die angedeuteten Weisen die Austreibung des Problematischen und einer Kultur des Fragments, wie sie aus dem Dekadenzbegriff entwickelt worden waren, als kaum machbar, ja tief diskreditiert zu bilanzieren ist – weshalb sollte das fragmentarische Element im Dekadenzdenken, das am Ende des 19. Jahrhunderts als ontologisches Problem freigesetzt worden ist, nicht zu den Konstruktionsprinzipien unserer heutigen Kultur gezählt werden? Wird das Ende der Bemühungen um Totalität heute nicht zu Recht konstatiert – da doch die Realität in sich immer stärker differenziert erscheint und die sozialen Bemühungen, die Einheit dennoch zu zwingen, in menschenfeindlichen Totalitarismus führten? Wäre Nietzsche nicht, gegen seinen anderen Teil, gerade als décadent zu preisen?

III.

Was nun drittens die ästhetische Seite der Begriffsgeschichte betrifft, so ist bei der Frage nach einer möglichen Aktualität natürlich nicht an die lange Reihe von Klagen über eine Dekadenz der Künste zu denken, die zu nichts anderem dienten, als Normen, Regeln und Dogmen über den „eigentlich" guten Geschmack zu bestätigen oder zu kräftigen. Auf dieser Ebene gibt es kaum Sinnunterschiede zwischen der Geschichte der Staaten und der der Literatur, zwischen Moral und Architektur usw. Alles konnte *Dekadenz* genannt werden – einfach, weil es den herrschenden Vorstellungen über das, was sein oder werden sollte, nicht entsprach. Der Abbé d'Aubignac 1640 mit seinem „Projekt zur Wiederherstellung des Französischen Theaters, einschließend die Gründe seiner Dekadenz[47]"; Désiré Nisard, der 1834 „einen Luxus stilistischer Nuancen" wie den der lateinischen Dekadenz-Dichter „völlig überflüssig für die Erziehung der Menschheit" nennt[48]; Andrej Shdanow, der 1946 – mit beachtlich größerer Macht – meint, Anna Achmatowa und Michail Sostschenko lenkten mit ihren „dekadenten, nichtigen, ideenlosen und oberflächlichen Werken" nur von der Gegenwartsaufgabe ab, „unsere Jugend im Geiste einer grenzenlosen Ergebenheit für die Sowjetord-

---

47 *François Hédelin d'Aubignac,* La pratique du théâtre (1657), München 1971, 13.

48 *Désiré Nisard,* Etudes de mœurs et de critique sur les poëtes latins de la décadence (1834), Bd. 2, Paris 1849, 287f.

nung" zu erziehen[49] – es gibt einige Gründe zu hoffen, daß all das, so einflußreich und bisweilen unheilvoll es geschichtlich war, keine Zukunft hat.

Eine andere Reihe von Überlegungen aber kann unsere Aufmerksamkeit weiter beanspruchen. Auch sie kommt von weither. In seinen *Maximen* schrieb La Rochefoucauld an der schon zitierten Stelle auch von „Luxus und zu großer politesse" als sicherem Anzeichen für den Verfall von Staaten[50], und fast gleichzeitig sah Samuel v. Pufendorff die byzantinischen Kaiser zu häufig „in Wollüsten ersoffen, ganz weibisch"[51], um ihren Staat gut zu regieren. Was sich hier abzeichnete, aber noch entschieden abgelehnt wurde, war die Ahnung eines Bruches einiger kultureller Formen mit dem, was man für natürlich und vernünftig hielt. Über das Ancien Régime hinaus wurden die Anzeichen dieses Bruches in Frankreich bis in die Krise des Klassizismus zu Beginn des 19. Jahrhunderts als *Dekadenz* auf der Negativseite verbucht. Dabei waren die Beschreibungen dessen, was da als problematisch angesehen wurde, schon früh recht genau. Über „fehlende Naivität", „affektierten Stil", „neue Wortschöpfungen", „delikate Späße und Klatsch" klagte Rémond de Saint-Mard – als Gelegenheitsschriftsteller und Salonlöwe prädestiniert, Zeitstimmungen festzuhalten; im Namen des „Naturschönen" wandte er sich gegen „jenes Monster, das alle menschlichen Mächte nicht niederzuhalten vermögen, den Luxus"[52]. Bei Seneca machte der Abbé Le Moine d'Orgival (zwei weitere Bücher über antike Gerichts- und Kanzelberedsamkeit sind ihm zu verdanken) aus: „eine geschraubte, dunkle, aufgeblähte Diktion voller Pomp und Prahlerei", „nichts Natürliches, nichts Einfaches: alles ist geschminkt und übertrieben", „ausgefeilter und blumiger Stil, blendende Ausdrucksweise", „außergewöhnliche, oft gräßliche Schönheiten", „Griff nach gekünstelten Wörtern und neuen, außergewöhnlichen Gedanken", „übertriebenes [...] Raffinement"; zusammenfassend: „Man ließ die Naturschönheiten, um gesuchten Verzierungen nachzulaufen[53]."

Sieht man über den tadelnden Grundzug der Charakterisierungen hinweg, waren hier bereits die Bestimmungen sehr weitgehend versammelt, mit denen 120 Jahre später Gautier den Ruhm Baudelaires als *des*

---

49 *Andrej Shdanow,* Doklad o žurnalach „Zvezda" i „Leningrad". Sokrascennaja i obobоščennaja stenogramma (1946), Moskau 1952, 8, 25.

50 *La Rochefoucauld,* Réflexions (Anm. 25), 496.

51 *Samuel v. Pufendorff,* Einleitung zu der Historie der vornehmsten Reiche und Staaten, so jetziger Zeit in Europa sich befinden (1682), Frankfurt/Main 1709, 46.

52 *Toussaint Rémond de Saint-Mard,* Réflexions sur la poésie [...] suivies de trois lettres sur la décadence du goût en France, Den Haag 1734, 329, 336f.

53 *Henri Le Moine d'Orgival,* Considérations sur l'origine et le progrès des belles lettres chez les Romains, et les causes de leur décadence, Paris 1749, 149f., 152.

dekadenten Dichters begründen sollte. Eine Aufwertung des Luxus wehrten die Aufklärer – mit der gelegentlichen Ausnahme Voltaires – zwar ab. Dennoch aber wurden die Weichen für den Aufstieg des Dekadenz-Begriffes bis zum Ende des 19. Jahrhunderts in dieser Zeit gestellt: mit der Lizenzierung des Schrecklichen als eines literarischen Gegenstandes und eines ästhetischen Wertes. Literarische Motive und Werke, in denen – nachdem schon die Gegenreformation die Schönheit des Märtyrertums propagiert hatte – seit der zweiten Hälfte des 18. Jahrhunderts das Schreckliche Schönes aufwies, sind von Mario Praz schon vor Jahrzehnten, nicht ohne gelegentliche Bekundungen von Ekel, zusammengetragen worden: Das „Grauen als Quelle von Lust und Schönheit", „die von Schmerz, Verderbtheit und Tod gezeichnete Schönheit", „das Böse" mit dem „Stigma gefallener Schönheit", der „Kult der gefallenen Schönheit" und sadistisches „Wohlbehagen" fanden sich bei Richardson, Diderot und Heine, Milton, Chauteaubriand und Shelley, Schiller, Goethe und vielen anderen[54]. Nach Burkes Überlegungen zum Erhabenen galt „eine Art von Schrecken" als „Übung der feineren Teile unseres Systems" und schien fähig, „Frohsinn hervorzubringen[55]". Die aufkommende Ästhetik des Schrecklichen[56] war sensualistisch geprägt; am weitesten getrieben wurde sie von Sade. Eine neue Schönheitsvorstellung trat zu der bisherigen hinzu, gebunden an Anti-Natur und das Erhabene Satans. Blumen konnte nun auch das Böse treiben. Mit der Befreiung der künstlerischen Subjektivität durch Genie- und Autonomie-Ästhetik war all dies verbunden. Im 19. Jahrhundert kamen steigernd und in anderer Richtung folgenreich – worauf hier nicht eingegangen werden kann[57] – die Entdekkung der Nervosität und die Entstehung der Psychiatrie hinzu (die moderne französische Bedeutung des ersten Wortes datiert der *Robert* auf 1838, die des zweiten auf 1842).

Von den Anzeichen des Wandels sei die lakonische Ironie Stendhals hier erwähnt, der 1822 die bisher genutzten Waffen gegen die Herrscher der Vergangenheit kehrte. „Man schreibt mir aus Paris," notierte er, „daß man dort [...] rund tausend Bilder gesehen hat, die Sujets aus der Heiligen Schrift darstellen, gemalt von Malern, die nicht sehr daran glauben,

---

54 *Mario Praz,* Liebe, Tod und Teufel. Die schwarze Romantik (1930), München 1988, 45, 65, 69, 111, 99.

55 *Edmund Burke,* A Philosophical Enquiry into the Origin of our Ideas of the Sublime and Beautiful (1757), London 1958, 136.

56 Vgl. *Carsten Zelle,* „Angenehmes Grauen". Literaturhistorische Beiträge zur Ästhetik des Schrecklichen im 18. Jahrhundert, Hamburg 1987.

57 Vgl. *Robert A. Nye,* Crime, Madness, & Politics in Modern France: The Medical Concept of National Decline, Princeton 1984; *Ursula Link-Heer,* „Le mal a marché trop vite". Fortschritts- und Dekadenzbewußtsein im Spiegel des Nervositätssyndroms, in: Fortschrittsglaube und Dekadenzbewußtsein im Europa des 19. Jahrhunderts, hrsg. v. Wolfgang Drost, Heidelberg 1986, 45 - 67.

bewundert und beurteilt von Leuten, die gar nicht daran glauben, und schließlich bezahlt von Leuten, die auch nicht daran glauben." Absatz, und dann: „Danach sucht man das Warum für die Dekadenz der Kunst[58]." Das erhabenste der malerischen Genres in dieser Weise mit den Vorwürfen gegen die niedrigsten Produktionen der Kunst zu verknüpfen war zu diesem Zeitpunkt noch unerhört. Wo das Erhabene zum Dekadenten erklärt war, wurde es aber denkbar, das Dekadente zum Programm zu machen. Statt der Natur, der Gesundheit, des Fortschritts gewannen das Künstliche, das Kranke, das Dekadente an Wert.

Charles Nodier hat mit seinem Lobpreis des Phantastischen 1832 „als erster so etwas wie ein dekadentes literarisches Selbstbewußtsein formuliert[59]." Gautier und Flaubert folgten im selben Jahrzehnt. Letzterer schwärmte in den *Mémoires d'un fou* (1838) vom kaiserlichen Rom, „dieser schönen Königin, die sich in der Orgie wälzt[60]," und bekannte achtzehnjährig in einem Brief vom 15. Juli 1839: „Ich liebe es sehr, Männer [...] wie Nero, wie den Marquis de Sade zu sehen[61]" – später legte er Logiergästen gerne einen Band Sade auf den Nachttisch. Er war es auch, der 1853 in einem Brief das jahrhundertelang verschollene Adjektiv „décadent" als erster schriftlich wiederbelebte, es positiv besetzte und zur Ästhetisierung eines nichtkünstlerischen Phänomens verwendete – mit Wörtern, die dem Klassizismus einige seiner Wertbegriffe entwanden: „Was für ein mittelmäßiger Mensch, dieser Lamartine! Die Schönheit des dekadenten Napoleon hat er nicht begriffen, diesen Zorn des Giganten gegen die Knirpse, die ihn erdrücken. Nichts Bewegendes, nichts Gehobenes, nichts Malerisches[62]." Vier Jahre später verfeinerte Baudelaire die Bestimmungen in seinen *Notes nouvelles sur Edgar Poe,* wo er gegen „diese rätsellosen Sphingen, die die heiligen Pforten der Klassischen Ästhetik bewachen," zu Felde zog: „Jedesmal, wenn das unwiderlegbare Orakel ertönt, kann man sicher sein, daß es sich um ein amüsanteres Werk als die *Ilias* handelt. Es ist dann die Rede von einem Gedicht oder einem Roman, dessen Teile alle geschickt auf Überrraschung hin angelegt sind, dessen Stil wunderbar geschmückt ist, wo alle Mittel der Sprache und der Prosodie von unfehlbarer Hand genutzt sind." Und er fuhr fort: „In den Spielen dieser verlöschenden Sonne werden einige poetische Geister neue Freuden finden; sie werden blendende Kolonnaden, Kaskaden schmelzenden Metalls, Paradiese aus

58 *Stendhal,* De l'amour, Bd. 2 (1822), in: Stendhal, Œuvres complètes, Genf/Paris s.d., 215.

59 *Erwin Koppen,* Dekadenter Wagnerismus. Studien zur europäischen Literatur des Fin de siècle, Berlin/New York 1973, 23.

60 *Gustave Flaubert,* Œuvres complètes, Bd. 11, Paris 1974, 482.

61 Ebenda, Bd. 12, 358.

62 Ebenda, Bd. 13, 404.

Feuer, eine traurige Pracht, die Wollust des Bedauerns, alle Zauber des Traumes, alle Erinnerungen des Opiums entdecken[63]." Der klassische Ort für den neuen Stilbegriff *Dekadenz* ist mit der Eloge erreicht, die Gautier dem toten Baudelaire an den Beginn der ersten Werkausgabe setzte – den Dekadenz-Stil als einen extremer kultureller Fülle kennzeichnend und den „besonderen Geschmack des Dichters am Künstlichen[64]" als zentralen Gewinn hervorhebend. Verlaine schrieb das dann fort.

Es ist bekannt, daß nach alledem eine Welle des „Dekadentismus" in den 1880er Jahren Frankreich erfaßte, von dort aus Italien, England, Österreich und weitere Länder erreichte und im Ästhetizismus des Fin de siècle auslief. *Dekadenz* war hier – wenn auch nur für eine Minderheit und für kurze Zeit – zu einem positiv besetzten ästhetischen Begriff geworden.

Vor kurzem hat Walter Moser in den kulturellen Diskussionen unserer Tage eine „Rückkehr zum Barock" festgestellt und so beschrieben: „Eine positive Bewertung von Komplexität, Heterogenität, von ästhetischen Mischungen und Unreinheiten, [...] kumulative, eklektische Vorgehen, [...] eine starke Bejahung des Sinnlichen und Sensuellen, eine Hinwendung zum Körperlichen, [...] ein Verschleiß von Zeichen, ohne daß dieser in eine Ökonomie des Ertrags und der Kapitalisierung eingebunden wäre. Eine vielfache Abkehr von einer mimetischen Ästhetik, [...] Künstlichkeit positiv bewertet und lustvoll gespielt, [...] das spielerische und respektlose Umgehen mit vorgegebenen kulturellen Materialien, [...] Wirklichkeitseffekte [...] auf Wirkung bedacht: Verführung, Luststeigerung[65]." Geht all das nicht in die Richtung der zitierten Vorstellungen von Baudelaire, Gautier und ihren Gefährten? Beschreibt es nicht treffend die Bibel der Dekadenz, Joris-Karl Huysmans' *À rebours* (1884)? Kann diese Künstlichkeit nicht unter „die Bemühungen um die Entwicklung der Phantasiefähigkeit" gezählt werden, die Karlheinz Barck mit manchem anderen heute für wesentlich hält für die „potenziert bedrohte Menschheit des wissenschaftlichen Zeitalters[66]"? Die Italiener haben den Terminus „decadentismo" doch schon in den zwanziger Jahren geadelt, indem sie ihn zum „fast vollständigen Synonym für unseren Modernismus" machten[67]. Zum dritten Mal also die durchgehende Frage dieses

63 *Charles Baudelaire,* Œuvres complètes, hrsg. v. Marcel A. Ruff, Paris 1968, 346.

64 *Théophile Gautier,* Notice, in: Charles Baudelaire, Les Fleurs du Mal (Baudelaire, Œuvres complètes I), Paris 1868, 26.

65 *Walter Moser,* Barock (Manuskript 1995), 9f.

66 *Karlheinz Barck,* Poesie und Imagination. Studien zu ihrer Reflexionsgeschichte zwischen Aufklärung und Moderne, Stuttgart/Weimar 1993, 5, 1.

67 *Matei Calinescu,* Faces of modernity. Avant-Garde, Decadence, Kitsch, Bloomington/London 1977, 219.

Beitrags: Warum finden sich diese Vorstellungen und dieses Programm eines ausdrücklich dekadenten Ästhetizismus in der gegenwärtigen Kultur nicht wieder?

* * *

Weil, und ich komme zum Resümee, zum einen die Geschichte von Begriffen ihr eigenes Gewicht und ihre besondere Logik hat. Sie autorisiert nicht so einfach Vorstellungen, die aus ihrem großen Reservoir gefischt und von den Kontexten ihrer Entstehung und ihrer Existenz, von ihrem semantischen Feld getrennt werden. Man kann sehr gut den Ästhetizismus betonen, die Bedeutung des Fragments akzentuieren, die Fortschrittskritik unterstreichen – all das ist Teil des heutigen Dekadenz-Begriffs. Dennoch aber bleibt der Begriff an die zyklische Geschichtsauffassung gebunden. Paul Widmer sagt es genauer, gestützt auf die Analyse antiker Vorstellungen: „Niedergangskonzeptionen orientieren sich an einer Norm" und enthalten folglich Wertdifferenzen. Sie sind des weiteren durch einen „Verweis auf die Zukunft" charakterisiert. Und sie können schließlich nur gedacht werden „in Relation zu [ihrem] Gegenbegriff ‚Aufstieg' oder dessen neuzeitlicher Version ‚Fortschritt'[68]". Norm, Wert, Zukunft, Fortschritt – alles Worte, die in der Kultur unserer Tage kein absolutes Bürgerrecht mehr genießen. Die Tatsache, daß *Dekadenz* hier ebenfalls keinen Platz erringen konnte, zeigt, daß Widmer recht hat: Selbst wenn der Begriff als Negation all dessen definiert wird – das Gewicht seiner Geschichte ist groß. Seine Existenz ist an die seines Gegenparts gebunden. Mit seiner – selbst negativen – Bindung an den Fortschritt sterben seine Fragment-Dimension und sein Ästhetizismus.

Wo aber liegt die Differenz zu jenem Ende des letzten Jahrhunderts, als eine relativ bedeutende Gruppe von Schriftstellern sich ein einziges Mal in der Geschichte als dekadent begriff und so auch auftrat? Nicht allein in einer größer gewordenen kritischen Energie gegenüber Werten, Normen und Fortschritt. Ein zweiter Aspekt scheint mir entscheidend, um das Ende der Spiele mit dem Niedergang zu erklären. Man spielt nicht mit dem Ende, wenn es das Ende aller Wirklichkeit werden, wenn es erlebt werden kann. Nach Auschwitz und Hiroshima, mit den Bildern verhungernder Menschen in unserer (nicht in einer dritten) Welt und im Wissen um die zu Ende gehenden Ressourcen wird der fröhliche Ästhetizismus der Dekadenz unhaltbar. „Er kannte die Schlachtfelder des Geistes, im Grunde wollte er keine anderen kennen[69]", konnte Heinrich

68 *Paul Widmer,* Die unbequeme Realität. Studien zur Niedergangsthematik in der Antike, Stuttgart 1983, 17, 27, 30.

69 *Heinrich Mann,* Nietzsche (1939), in: Nietzsches unsterbliche Gedanken, eingeleitet von Heinrich Mann, ausgewählt von Golo Mann, Berlin 1992, 10.

Mann über Nietzsche noch schreiben. Inzwischen stehen diese anderen Felder des Schlachtens vor aller Augen. „Katastrophe“ oder „Apokalypse“ sind die entsprechenden Begriffe.

Eine sehr entschiedene Kritik der modernen Zeiten ermöglicht es mir, die erzählte Geschichte an die Aufklärung zurückzubinden. „Noch nie war und noch nie gab sich die Menschheit so böse wie im 20. Jahrhundert“, konnte man kürzlich im Vorwort zu einer Reihe von Studien über die „Renaissance des Bösen“ lesen. Der Text fährt fort: „Das Projekt der Moderne schreitet weiter blind voran[70].“ Dem ersten Satz ist kaum zu widersprechen. Dem zweiten könnte hinzugefügt werden: Die Dekadenz von *Dekadenz* zeigt, daß dieses Projekt ganz so blind denn doch nicht ist. Es sucht die Fähigkeit zur Selbstkritik zu bewahren, sucht sich nötigenfalls umzuformulieren. Den in Wichtigem durch das 18. Jahrhundert bestimmten Begriff nicht mehr zu akzeptieren, zeugt von einer Haltung, von einem Streben in aufklärerischem Geist.

---

70 Die andere Vernunft. Zur Renaissance des Bösen, hrsg. v. Alexander Schuller u. Wolfert von Ruhden, Berlin 1993, VII.